本书为河南省科技厅软科学研究项目“河南省公租房融资机制研究”（项目编号：162400410382）成果

河南省公租房融资机制研究

李宝龙　著

中国社会科学出版社

图书在版编目（CIP）数据

河南省公租房融资机制研究/李宝龙著．—北京：中国社会科学出版社，2018.8

ISBN 978－7－5203－3388－7

Ⅰ.①河…　Ⅱ.①李…　Ⅲ.①住宅经济—融资机制—研究—河南　Ⅳ.①F299.276.1

中国版本图书馆 CIP 数据核字(2018)第 237558 号

出 版 人　赵剑英
责任编辑　李庆红
责任校对　周　昊
责任印制　王　超

出　　版　中国社会科学出版社
社　　址　北京鼓楼西大街甲 158 号
邮　　编　100720
网　　址　http：//www.csspw.cn
发 行 部　010－84083685
门 市 部　010－84029450
经　　销　新华书店及其他书店

印　　刷　北京明恒达印务有限公司
装　　订　廊坊市广阳区广增装订厂
版　　次　2018 年 8 月第 1 版
印　　次　2018 年 8 月第 1 次印刷

开　　本　710×1000　1/16
印　　张　14
插　　页　2
字　　数　231 千字
定　　价　59.00 元

前　言

本书是2016年度河南省科技厅软科学研究项目“河南省公租房融资机制研究”（编号：162400410382）的最终研究成果。在美国2007年次贷危机之后，为了降低次贷危机对我国社会经济的不良影响，中央政府采取了通过增加固定资产的投资规模来拉动经济增长的方法。其中的一项举措就是在2009年第一次推出“公共租赁住房”（即公租房）这一全新的概念和后续一系列相关的政府政策。顾名思义，公租房不同于廉租房和经济适用房。简单地讲，廉租房的租金水平最低，低于公租房的租金水平，廉租房可以被认为是为城镇最低收入家庭提供庇护的“安全网”；经济适用房则与廉租房和公租房不同，经济适用房不是以出租为主要目的，而是以出售为主要目的，但是经济适用房的出售价格低于市场上面流通的商品房。

从时间顺序的角度出发，经济适用房出现最早，其目的在于帮助那些买不起商品房的人买上房子，实现“有住房”的目标。但是经济适用房的特殊性质有扰乱商品房市场的“嫌疑”；并且，通过不同渠道的反馈，经济适用房的确存在或多或少的指标分配不合理、不合规、不合法的情况。廉租房随后出现，其目的在于帮助那些肯定买不起房子，同时也租不起房子的城镇最低收入家庭能够租得起房子，实现“有房住”的目标。但是廉租房一经推出，就有官方报道说廉租房空置率较高，其原因在于廉租房的入住要求较为苛刻，使得符合入住条件的人寥寥无几。但是，从“有住房”（买房子）到“有房住”（租房子）这一政策导向的转变是正确的，也是值得肯定的。这三者当中，公租房出现得最晚，尽管发展历程不到十年，但是公租房现在已经成为我国保障房建设事业的主要力量。所以，公租房肯定属于保障房的范畴，并且是具有租赁性质的保障房，其租金价格水平高于廉租房，但是一定低于市场上商品房的租金价格水平，并且是潜在公租房租户能够承受的价格水平。公租房的保障对象最初设计是“新就业职工”，包括两个大的类别，一是新就业的大学毕业生，二是农民工群体。由于公租房存在时间较短，相较来说依然是一种新的保障房形式，加之实践中进行分配入住的公租房数量依然偏少，所以，总的来讲，公租房的相关议题研究还处于起步阶段。但是，在理论研究领域，公租房的相关议题一直都被看作是研究热点。

本书的基本内容包括以下五项内容。

第一，介绍本书相关研究领域的背景、意义和发展现状等（详见第一章）。公租房在我国存在历史较短，不到十年，但是公租房事业的发展却是突飞猛进，令世界刮目相看。目前公租房建设项目的资金来源已经从政府财政资金投入为主转变为以银行贷款为主，但是仍然有必要扩展公租房建设项目的融资渠道，有必要采取创新型的融资渠道为公租房事业的发展提供更多的资金。

第二，对理论研究领域的文献进行了综述和评述，包括现有研究成果的主要观点，已经解决的理论问题，以及相互之间的区别和不同，详见第二章的内容。

第三，在一定的调查研究工作的基础之上（详见第三章），进行了相关议题的理论分析（详见第四章），随后，结合公租房建设领域的客观事实和数据开展了实践分析（详见第五章），并针对河南省公租房融资现状与制度环境进行了分析和论述（详见第六章）。

第四，结合融资领域的实际情况，构建了河南省公租房多元融资模式（详见第七章），并提出了河南省公租房融资机制创新的模式和路径（详见第八章）。

第五，在融资的基础之上，过程管理问题也是河南省公租房投融资建设中值得思考的问题，有必要建立健全公租房的投资管理体系（详见第九章）。而在公租房项目建成之后的后期管理过程当中，如何实现公租房的有效流转、合理退出，将在很大程度上增加公租房的有效供给，确保公租房这一公共资源不会被低效率地配置（详见第十章）。

当然，由于笔者的能力、精力有限，也无法将前人尚未解决的问题进行全面的梳理，更不可能将所留下的理论和实践的空白进行填补，因此，本书依然存在一定的不足，希望大家能批评指正。

目　录

第一章　绪论 ………………………………………………………………… 1

第一节　研究背景与研究意义 ………………………………………………… 1

一　研究背景 ……………………………………………………………… 1

二　研究问题 ……………………………………………………………… 4

三　研究意义 ……………………………………………………………… 7

第二节　研究方法与内容 ……………………………………………………… 8

一　研究方法 ……………………………………………………………… 8

二　研究内容 ……………………………………………………………… 9

三　主要创新点 …………………………………………………………… 11

第二章　相关文献综述 ………………………………………………………… 12

第一节　公租房融资问题研究现状及评述 …………………………………… 12

第二节　公租房租金定价问题研究现状及评述 ……………………………… 16

第三节　公租房融资问题中的关键理论分析 ………………………………… 21

第四节　基于 CNKI 文献检索工具和层次分析法的文献分析 ……………… 23

一　文献分析的理论基础 ………………………………………………… 23

二　文献分析的过程及结果 ……………………………………………… 24

三　小结 …………………………………………………………………… 28

第五节　国外公租房融资问题最新研究对我国的启示 ……………………… 28

一　国外最新研究文献的综述 …………………………………………… 28

二　国外最新研究文献的经验与借鉴 …………………………………… 31

三　小结 …………………………………………………………………… 34

第六节　本章小结 ……………………………………………………………… 34

第三章　公租房相关议题的调查研究 …… 36
第一节　调查研究的准备工作 …… 36
第二节　调查研究实施中的注意事项 …… 37
第三节　调查研究的实施过程 …… 38
第四节　调查研究结果的分析 …… 39
第五节　建议与对策 …… 41
第六节　本章小结 …… 42
第四章　公租房建设中融资问题的理论分析 …… 43
第一节　研究模型的构建 …… 43
第二节　信息对称的情况 …… 44
第三节　信息不对称的情况 …… 45
一　信息不对称的描述 …… 45
二　风险水平为0的情况 …… 47
三　风险水平为1的情况 …… 47
四　结论与启示 …… 49
第四节　本章小结 …… 51
第五章　公租房建设中融资问题的实践分析 …… 52
第一节　公租房租金定价实践 …… 52
一　我国主要城市的经验总结 …… 52
二　河南省的经验总结 …… 53
三　汇总分析 …… 53
第二节　资金时间价值引入及分析 …… 54
一　资金的时间价值理论 …… 54
二　基于建筑安装成本的分析 …… 54
第三节　相关的政策分析 …… 61
第四节　河南省公租房租金定价问题研究 …… 62
一　河南省公租房建设的政策框架及发展趋势 …… 62
二　河南省公租房租金定价的现实问题 …… 63
三　进一步完善河南省公租房租金定价制度的建议 …… 64

四　小结 …………………………………………………… 66
第五节　本章小结 ………………………………………………… 66

第六章　河南省公租房融资现状与制度环境分析 ………………… 68

第一节　“十二五”期间的回顾与评价 ……………………… 68
一　公租房融资的政策特点 ………………………………… 68
二　行政命令方式及其特点 ………………………………… 69
三　公租房融资活动的主要事件及其特点 ………………… 75
四　公租房融资现状的不足及建议 ………………………… 78
第二节　“十三五”发展的展望与预测 ……………………… 80
一　“十三五”展望 ………………………………………… 80
二　2017 年 1—10 月份河南房地产行业发展情况 ………… 80
第三节　本章小结 ………………………………………………… 82

第七章　河南省公租房多元融资模式选择研究 ………………… 85

第一节　贷款 ……………………………………………………… 85
一　商业银行贷款 …………………………………………… 85
二　项目贷款 ………………………………………………… 87
第二节　债券的发行 ……………………………………………… 88
一　地方政府债券发行的特点 ……………………………… 88
二　地方政府债券发行的法律依据 ………………………… 90
三　地方政府债券发行的趋势探讨 ………………………… 91
第三节　BOT 融资模式 …………………………………………… 92
一　BOT 融资模式的理论分析 ……………………………… 92
二　公租房建设项目 BOT 融资的可行性分析 ……………… 95
三　公租房建设项目 BOT 融资的主要优点 ………………… 97
四　BOT 融资模式的基本形式 ……………………………… 98
五　实施过程当中的注意事项 ……………………………… 102
六　BOT 融资模式的特殊应用 ……………………………… 103
第四节　PPP 融资模式 …………………………………………… 107
一　PPP 融资模式的理论分析 ……………………………… 109
二　PPP 融资模式的实践分析 ……………………………… 118

三　公租房建设项目 PPP 融资的可行性分析 …………………… 121
四　公租房建设中 PPP 融资模式与 BOT 融资模式的对比分析 …………………………………………… 124
第五节　本章小结 …………………………………………… 127

第八章　河南省公租房融资机制创新研究 ………………… 128

第一节　ABS 融资模式 ………………………………………… 128
一　ABS 融资模式的理论分析 ……………………………… 128
二　公租房建设项目 ABS 融资的可行性分析……………… 132
三　ABS 融资模式和 BOT 融资模式的对比分析 ………… 133
第二节　REITs 模式 …………………………………………… 136
一　REITs 模式的理论分析 ………………………………… 136
二　我国 REITs 模式的发展现状 …………………………… 139
三　公租房建设项目 REITs 融资的可行性分析 ………… 148
第三节　本章小结 ……………………………………………… 152

第九章　河南省公租房投融资建设中的过程管理问题研究 ………… 153

第一节　项目前期阶段的投资管理研究 …………………… 153
一　公租房建设项目的策划与前期决策 ………………… 153
二　公租房建设项目的可行性研究 ………………………… 156
三　公租房建设项目的设计管理 …………………………… 159
第二节　项目招投标阶段的投资管理研究 ………………… 162
一　公租房建设项目的招投标 ……………………………… 162
二　公租房建设项目的合同管理 …………………………… 163
第三节　项目实施阶段的投资管理研究 …………………… 166
一　公租房建设项目施工前准备工作 ……………………… 166
二　公租房建设项目施工现场管理 ………………………… 167
三　公租房建设项目施工的目标管理 ……………………… 170
第四节　项目收尾阶段的投资管理研究 …………………… 173
一　公租房建设项目的竣工及移交 ………………………… 173
二　公租房建设项目的后评价 ……………………………… 177
第五节　本章小结 ……………………………………………… 179

第十章　博弈视角下公租房退出机制的量化研究 …… 180
第一节　建立公租房退出机制的必要性研究 …… 180
第二节　研究模型的构建 …… 181
第三节　博弈问题的分析 …… 183
一　最后阶段的博弈 …… 183
二　中间阶段的博弈 …… 184
三　不同选择的对比分析 …… 185
四　模型研究的结论 …… 186
第四节　对策建议 …… 187
一　建立健全个人信用体系 …… 187
二　监督管理方法的创新 …… 188
第五节　本章小结 …… 189
结　论 …… 190
附录1　调查问卷 …… 193
附录2　调查问卷的各项数据采集 …… 199
参考文献 …… 207
后　记 …… 214

第一章 绪论

第一节 研究背景与研究意义

一 研究背景

古往今来，住房问题一直都是一个关系社会经济发展和稳定的重要问题。从现有的理论研究领域来说，在近现代史上，住房问题成为一个令人关注的研究议题是在人类社会步入工业化和城市化阶段之后才出现的。[①] 具体到中国的情况而言，在改革开放之后，中国的社会经济获得了巨大的发展，导致了现代意义上的城市化进程不断加速，城市规模不断膨胀。我国社会经济领域的工业化和城市化进程取得的巨大成就既是我国社会经济大繁荣的结果，同时也是我国社会经济进一步大繁荣的原因。城市化产生的巨大经济能量导致城市人口在短期内迅速增加。此外，我国仍然处于社会主义的初级阶段，同时基于国外经验，相应的，我国尚处于城市化的初级阶段。由此可见，我国的城市化进程还将会不断加速，这一过程将在未来持续数十年。伴随着城市人口的不断增长，住房问题必将成为政府和社会不得不面对的严重问题。也正是因为这样的原因，我国先后出现了经济适用房、廉租房和公租房等不同的保障房概念。这足以说明我国政府对住房问题的重视。这是因为，如果不重视解决住房问题，必将直接导致严重的社会经济问题。比如，高房价可能会降低区域经济对外来人口的吸引力，导致该区域缺乏劳动力从而最终降低区域经济的发展水平。这一现象或问题不断扩大，从宏观角度去

---

① 许志强：《1840—1914 年伦敦贫民窟问题与工人住房建设分析》，《史学集刊》2012 第 1 期。

看，住房问题将会对我国进一步深化发展和改革产生阻碍作用，同时还会对我国政府计划在21世纪实现的伟大崛起和民族复兴造成不利影响。所以说，有必要努力解决住房问题，并对其他相关问题进行积极协商，那么，住房问题的解决则必将成为推动我国社会经济更进一步发展的基本保障。同时，为了解决该问题，不管推出什么样的政策概念，都必须落脚在房屋的建设上，而这种固定资产投资也一定能够推动我国社会经济的发展，可能成为我国中长期社会经济发展中新的增长点。

我国政府以“为人民服务”为宗旨和目标，不断推出新的住房政策解决人民群众面临的住房问题。1994年，国务院正式启动了我国的城镇住房制度改革的历程。在此之后，经过了十几年的短期发展，我国城镇居民的住房条件得到了极大的改善。比如，人均住房面积等指标迅速地上升。这一结果说明我国政府进行城镇住房制度改革的必要性和正确性，体现出了城镇住房制度市场化改革方向的合理性和科学性。当然，不可否认的是，这一结果彰显了中国社会经济发展所取得的重大成就，代表着我国社会经济繁荣发展的一项重大成果。但是，必须承认，随着时间的推移，新的情况和新的问题不断涌现。伴随着我国社会经济的高速发展，城市规模不断扩大，城市人口不断增加，住房问题仍然存在。但是，现在的住房问题已经发生了变化，不同于以往。目前的住房问题已经由“分不到房”这一旧的问题转变为“买不起房”这个新问题。为了解决这个问题，我国政府曾经大力提倡经济适用房，但是存在很多问题，实施效果也不太显著；并且，我国政府也多次在全国范围内通过政府政策（如限购、限贷等政策）压低商品房的价格，但是总是出现房价最终上涨的“怪圈”。因此，如果非要把住房问题看成是“买不起房”这一问题，通过我国政府的实践努力所形成的经验来看，住房问题在短期内将得不到有效的解决，并且会产生很多的伴生问题。但是，如果能够转变政府政策的思路，从“人人有住房”转变为“人人有房住”，也就是说，不再努力让每个人都拥有房屋的产权证书，而是努力让每个人都有合适的地方居住，住房问题就变得容易解决了。

2009年3月5日，当时的国务院总理温家宝同志在政府工作报告中提出要“积极发展公共租赁住房”。这是我国历史上首次由政府提及公租房，算是开天辟地的第一次。就我国目前的情况而言，公租房还没有一个统一的严格定义，但是根据可以查阅的由政府部门制定的各类文件，公租房就是指保障性租赁住房，但是又不同于廉租房。因此，公租房主要是指提供给中低收入家庭的廉租房之外的保障性租赁住房，是一种相对新型的保障性租赁住房。在实际分配入住环节，公租房的租金要么低于市场租金价格水平，要么是在承租者能承受的价格范围内向新就业职工出租。其中，新就业职工一般是指应届大学毕业生和农民工群体。在实际操作当中，新就业职工也可以是某地新涌入的就业群体，可能包括往届大学毕业生和在不同企业之间转换工作的农民工群体。在公租房概念产生之后，就受到了社会的广泛关注，也吸引了众多研究者的注意力，更有观点认为公租房真正实现了住房保障的全面覆盖。并且，中央政府已经多次明确提出要加强以公租房为重点的保障性安居工程建设。在中央政府的大力倡导之下，各级地方政府通过大量财政资金的投入，推动公租房建设事业的迅速发展，并在银行贷款的支持之下，在较短时间内建设完成了众多的公租房建设工程项目。但是，公租房建设事业需要巨大资金的支持，就单个公租房建设工程项目而言，所需资金也往往上亿，并且一旦建成就会形成巨大的沉没成本无法变现和流动。在这一背景之下，如果以政府财政资金为主来建设公租房，可能造成政府财政资金紧张的局面。因此，为了更好地发展公租房建设事业，需要从不同的渠道获取公租房的建设资金，吸引社会资金、社会主体参与以公租房为重点的保障性安居工程建设。①②③

具体到河南省的实际情况，河南省历来是人口大省，全省范围内人口流动频繁，各个主要城镇均存在大量外来务工人员，每一年的应届大学毕业生数量也非常多。因此，在党中央、国务院的指示和号召之下，河南省也相应提出了重点发展公租房的建设目标，并在2011年颁布《关于加快发展公共租赁住房的意见》（豫政〔2011〕52号）。并且，在国家宏观层面上一系列政策文件的指引之下，在河南省保障房建设领域，已经启动了廉租房、经济适用房、公租房的并轨工作，也就是一般所说的“三房合一”。在“三房合一”工作完成之后，社会保障性住房只租不售。结合国家的大政方针，河南省社会保障性住房的发展方向和

---

① 李克强：《大规模实施保障性安居工程，逐步完善住房政策和供应体系》，《求是》2011年第8期。

② 王保安：《大力推进保障性安居工程建设》，《求是》2011年第22期。

③ 黄奇帆：《政府如何平衡公租房的建设资金》，《求是》2011年第24期。

重点就是公租房。不仅如此，河南省已经提出了公租房建设事业的发展目标，最终使20%的城市人口能够居住在公租房里。这一目标是非常惊人的，直观地判断该目标是难以实现的，甚至是无法实现的。但是，为了该目标的实现，需要长期不断地投入建设资金支持公租房的建设事业。显然，在这一目标的指引之下，如何长期不断地向公租房的建设领域提供足够的资金就是一个现实问题。而单凭政府的财政资金和银行贷款是远远不够的，必须引入社会资金，多渠道、多元化地为公租房建设事业融通资金，从而合理解决公租房建设中的资金短缺问题。同时，公租房建设事业必须优先考虑“为人民服务”，因此，公租房的租金定价水平必须偏低，从而适应公租房承租者收入水平较低的客观现实。但是社会资金的流动优先考虑投资回报水平，因此，如何对社会资金提供足够的激励就是一个重要的研究议题。因此，本书所要开展的河南省公租房融资机制研究，目的即是如何激励社会资金进入公租房的建设领域，解决公租房建设中客观存在的融资问题。

二　研究问题

通过研究背景的论述，可以发现，由于公租房建设事业的发展需要大量的投资，如何为公租房的建设筹措资金就是一个需要解决的现实问题，而这就概括为公租房的融资问题，涉及公租房融资的机制和体制等一系列问题。具体来讲，这一问题的解决就是以公租房为对象，开展融通资金的活动，即通过不同的方法和途径筹集和融通到公租房建设领域所需资金的经济活动。如果公租房的融资问题得以顺利解决，将有助于公租房建设项目按照事先的设计和规划进行实施和投入运营，还有助于公租房建设项目达到和满足社会公众的期待和要求。在我国，北京、上海、重庆等地的公租房建设事业取得的成效较好，属于国内的典范。其中，重庆市公租房建设运营的相关经验被社会各界和理论研究领域津津乐道。在公租房建设运营方面，重庆市的主要特点就是以“公”为主，“公建公有”是重庆市的主要特色。在重庆市，公租房管理局是当地公租房运营管理的行政主管部门，负责包括公租房融资在内的各项工作。[①]

---

① 曾德珩、温晓娟：《国内外公租房运营管理制度比较研究》，《城市发展研究》2012年第19期。

为了做好公租房的融资工作，重庆市政府充分论证，在国内创造性地提出了“1+3”的资金筹措模式，解决了公租房融资中存在的客观问题，保障了重庆市公租房的顺利建设和实施。① 就“1+3”模式而言，“1”就是政府的财政拨款和政府的土地储备等，还包括重庆市制定的一系列优惠政策。由于重庆市政府的大力支持，不仅提供税费减免，而且无偿提供建设用地，直接大幅度地降低了公租房的建设成本，实现了较好的公租房建设事业的推动作用。“3”就是政府通过银行贷款、基金融资、保险融通等三个方式来筹集资金。为了满足这些不同渠道获得的资金对投资回报的需求，重庆市通过以下三个途径进行还本付息。第一，通过收取的公租房租金进行还本付息。第二，公租房建设项目的配套商业设施可以作为商品房买卖，所获得的收入也可以用于还本付息。第三，重庆市政府大胆决策、积极创新，允许承租人租住公租房5年期满之后，可以选择以“成本价+银行利息”（其中成本价是指土地成本、建安成本等综合成本，并交纳部分税费）购买其所租住的公租房以满足其自住需求。并且，购买公租房时可选择一次性付款和分期付款。具体而言，一次性付款后，购买者不再支付公租房租金；分期付款后，购买者需要按照规定缴纳未付款面积的租金。显然，通过公租房的出售所获得的收入也可以用于还本付息。因此，重庆市目前基本上不存在公租房的融资问题，重庆市政府基本上能够利用现有的资金来源筹集公租房的建设资金解决资金短缺的问题。

当然，重庆市的做法并没有在全国全面推行，但是，一般认为重庆市的公租房建设事业一直处于全国的前列，相应地，重庆市公租房投融资实践也具有一定的借鉴价值。就全国的情况而言，公租房建设所需资金的来源主要包括政府财政拨款和银行贷款，此外，还有少量的债券、公积金等可以用于公租房的建设活动。很明显，以上几种融资手段在短期内都是非常有效的，这可以通过众多的公租房建设项目的建成并投入使用来验证。所以说，通过政府的直接介入，不管是政府财政预算资金的使用，还是申请银行贷款等都是比较容易操作的，都可以解决公租房建设事业发展初期的融资问题，有助于公租房相关政策的落实，满足相关人民群众的现实需求。但是，从长期来看，考虑到我国城市化进程的

---

① 杨继瑞、黄潇：《公租房制度建设的一个典型案例剖析》，《经济纵横》2012年第1期。

长期性和复杂性，由于公租房建设事业的规划极其庞大，的确离不开巨额资金的投入。仅仅凭借现有的融资渠道难以实现公租房建设事业的可持续发展。所以，有必要重新审视政府在公租房建设事业中的主导地位。由于公租房的特殊性质，政府在公租房建设事业当中必须处于主导地位，也必须发挥这一主导地位，但是，这一主导地位并不代表政府必须以政府财政的直接投入作为公租房建设投融资中的主要资金。这一主导地位可以是政策主导或管理主导，结合本书的研究内容，政府主导下的公租房建设中融资问题是可以通过引入社会资金来获得有效解决的。这也可以通俗地理解为，政府部门利用其主导地位，用政府部门以外的资金来投资建设公租房项目。

公租房可以被看作是一种准公共产品，根据目前的实践看，提供公租房是政府的职责。[①] 但是，政府并不需要直接去建设公租房项目。在准公共产品领域，政府绝对处于主导地位；但是，在公路等基础设施建设领域，政府经常利用其主导地位，通过引入政府部门以外的社会资金来开展项目投融资建设活动，此举不仅已经形成了比较成熟的经验，并且取得了良好的效果。而在基础设施建设领域，社会资金进入的方式非常多，参见表 1－1。[②] 具体来讲，这些融资模式包括 DBTO、BOT、DBFO（PFI）、BOOT、PPP、Privatization 和 TOT 等多种不同的融资模式及组合。同时，由于具体建设项目性质类别差距较大，实践当中还有其他很多融资模式得到了成功的应用。本书是对河南省公租房融资机制的研究，研究的出发点就是通过融资机制的建立将政府部门以外的社会资金引入公租房的建设领域。考虑到本书研究的特殊目的，在以上所提及的融资模式中，只有 DBTO、BOT、DBFO（PFI）和 PPP 这四种模式是可能适用的。社会资金的投资方向和领域取决于投资回报，投资回报水平越高则投资意愿越强烈。而公租房建设项目的特许期和其租金定价水平共同构成了投资回报的基础。这二者是公租房融资问题的两个方面，如果其中的一个问题得到了有效的解决，另一个问题也就顺势而解了；同时，这两个问题必须同时获得合理的解决。所以，公租房融资机制研

① 李严昌：《对我国公租房的行政学思考》，《行政论坛》2011 年第 4 期。

② 万冬君、王要武、姚兵：《基础设施 PPP 融资模式及其在小城镇的应用研究》，《土木工程学报》2006 年第 6 期。

究所涉及的两个关键问题是公租房建设项目特许期的制定和其租金定价水平的确定，即不管采用何种融资模式，在满足政府公租房事业建设目标的前提下，需要合理确定公租房建设项目的特许期和其租金定价水平，在此基础之上，通过优惠政策等多种手段对社会资金的提供者进行成本补偿，满足其对投资回报的要求。

表 1－1　　融资模式的比较

模式名称	中文含义	设计—建设	融资	运营—维护	资产所有权	持续时间（年）
DBTO	设计—建设—移交—运营	私	私	公	公	15
BOT	建设—运营—移交	私	私	私	公	20—30
DBFO（PFI）	设计—建设—出资—运营	私	私	私	公	20—30
BOOT	建设—拥有—运营—移交	私	私	私	私（暂时）	20—30
PPP	公私合营	公/私	公/私	公/私	公/私	项目生命周期
Privatiza－tion	私有化	私	私	私	私	项目生命周期
TOT	移交—运营—移交	公	公	私	公	15—20

三　研究意义

时任国务院总理温家宝同志在国务院《政府工作报告》中提出要“积极发展公共租赁住房”之后，在 2010 年 6 月 13 日，由住建部等 7 个部委联合制定颁布了《关于加快发展公共租赁住房的指导意见》。该文件将新就业职工和符合条件的外来务工人员纳入公租房的保障范围。其中，新就业职工一般是指应届大学毕业生群体，外来务工人员一般是指农民工群体。在实际操作当中，新就业职工也可以是某地新涌入的就业群体，可能包括往届大学毕业生和在不同企业之间转换工作的农民工群体。该文件的内容和对文件的解读也就凸显了本书所具有的重要意义。伴随着我国城市化的不断发展，房价早已成为广大人民群众关注的话题，一定程度上不利于我国社会经济更进一步地发展，并且导致我国城市中低收入群体生活质量的下降。[①] 因此，解决这类群体的住房问题，已经成为了我国社会经济发展道路上不可回避的重大问题。以农民工群体为例，通过租住公租房，可以显著改善城市农民工住房状况，一定程度上可以促进农民工群体朝着市民化的方向发展，实现居住权利的公平共享以及社会稳定。[②] 而国外也有类似的研究结论。比如，Freedman 和 Owens（2011）研究发现，在城市贫民区兴建公租房将显著降低贫困地区的犯罪活动[③]，这些研究在一定程度上可以揭示公租房建设所具有的重大意义和作用。

本书的研究内容是对河南省公租房融资机制开展研究。针对公租房建设活动中存在的资金短缺问题，应首先明确公租房融资机制中的核心问题，在理论上理清公租房融资机制的形成原理，并力求研究成果的合理解读，从而为公租房融资机制的建立提供有效的理论依据，帮助实践领域加快建设以公租房为重点的保障性安居工程。因此，在一定程度上，本书弥补了现有公租房融资问题研究的些许不足，丰富了现有的研究成果。从实践角度出发，本书同样具有一定的意义。首先，有利于进一步完善我国建筑业相关的机制和体制，改善相关的法律制度环境，具有一定的参考借鉴价值；其次，通过公租房融资渠道的拓展，可以降低政府财政面临的压力，还可以为社会资金提供更多的投资选择；再次，公租房融资机制研究肯定有利于我国的公租房建设实践与国外公租房建设实践相接轨，能够发挥吸引国际投资的作用；最后，有利于河南省保障性安居工程建设，也有利于中原经济区的发展。

第二节　研究方法与内容

一　研究方法

作为一本专著，本书是以理论研究和描述为主，辅之以必要的实践

---

① 左停、王丽丽：《人口流动背景下我国中心城市的公租房建设》，《中国行政管理》2011 年第 6 期。

② 金萍：《论新生代农民工市民化的住房保障》，《社会主义研究》2012 年第 4 期。

③ Freedman, M. and Owens, E. G., "Low - income housing development and crime", *Journal of Urban Economics*, Vol. 70, No. 2, 2011.

数据的应用和实际事实的采纳。这是因为公租房建设事业具有特殊的社会属性和保障功能，本书还必须兼顾公租房建设事业的实际情况，所以说必须在一定程度上兼顾必要的实证研究，从而对公租房建设事业中的融资问题进行有针对性的研究。因此，本书主要利用文献资料开展研究，收集了大量与本书相关的书面资料和电子资料。在分析文献资料的基础之上，初步奠定了本书的研究基础。除此之外，在本书的撰写过程当中，通过实地走访和调查研究，对具体的公租房建设工程项目及其相关的数据分析（比如说，在实际施工活动过程当中收集施工成本数据，在房屋租赁市场上收集实际的租金定价数据等），为本书提供了定量依据。并且，本书还基于调查问卷对相关问题进行了初步的调查研究，为本书的撰写提供了清晰的思路和客观的事实。

二　研究内容

第一章绪论。本章的内容主要涉及研究问题的提炼，研究方法的介绍，研究内容的阐述和研究创新的提出等。

第二章相关文献综述。本章追溯相关的研究文献和资料，确定相关理论研究的脉络和思路，形成可以参考的思路和理论依据。

第三章公租房相关议题的调查研究。本章通过调查问卷的使用获取了公租房相关议题的基本事实资料，为下一步的研究打下了可靠的事实基础，并为本书的完成提供必要的参考和借鉴。第一，本章详细地阐述了公租房相关议题调查研究的准备情况。第二，对公租房相关议题调查研究的执行情况及其存在的问题进行了说明。第三，对调查研究结果进行了分析和论证。第四，给出了合理解释和说明。

第四章公租房建设中融资问题的理论分析。本章阐述了公租房融资机制理论分析的基础。在此基础之上，构建了相应的理论研究模型，并对模型建立相关的研究假设进行了充分的解释和说明。最后，在理论上进行推导、分析和论证的基础之上，本章得出了重要结论，并对该结论进行了合理的解释和说明。

第五章公租房建设中融资问题的实践分析。本章首先对我国公租房租金定价水平的实际执行情况进行了调查研究，并进行了归纳分类，结论是我国现行的公租房租金定价水平普遍偏高。随后，基于资金的时间价值进行了分析和论证，结论是，为了激励社会资金进入公租房的建设领域，在合理的投资回报水平的要求之下，现行的公租房租金定价水平偏低。最后，针对前面所述的租金价格差问题进行了分析和论证，并结合公租房融资机制相关的政府政策进行了更进一步的讨论。

第六章河南省公租房融资现状与制度环境分析。在前面的章节里面已经部分涉及河南省公租房的融资现状和制度环境，本章着重对十二五期间公租房融资问题相关的政策进行重点解读，并对十二五期间公租房融资活动进行总结和分析，确定十二五期间公租房融资活动的特点，并提出相应的建议。再者，本章将对十三五期间公租房融资问题相关的政策进行展望，并对十三五期间公租房融资活动进行预测。

第七章河南省公租房多元融资模式选择研究。公租房建设事业的资金需求量巨大，为了实现公租房建设的可持续性发展，更好地满足广大公租房租户的利益需求，需要广泛利用社会资金参与公租房建设项目建设。因此，需要转变以往那种以政府财政为基础，以银行贷款为主体的公租房建设投融资模式，需要尝试建立广泛吸纳各市场参与主体的多样化、多元化融资渠道。本章主要探讨公租房的多元融资模式，运用新型融资模式（如 BOT 模式等）为保障性住房建设提供资金支持，尝试建立政府主导、社会投入的多元化公租房融资机制和体系。

第八章河南省公租房融资机制创新研究。上一章开展了河南省公租房多元化融资模式选择研究，其中所涉及的融资渠道有很多，但是都属于现行法律法规架构内可以选用的投融资渠道。本章将要进行河南省公租房融资机制创新研究。着力点在于将那些目前尚不能运用在公租房投融资建设领域的融资工具引入公租房的投融资建设领域。具体而言，涉及 ABS 融资模式和 REITs 模式。当然，在目前发展阶段，金融工具在公租房投融资中应用较少，主要原因在于缺乏政策支持、专项立法和相应的成功经验。而一些发达国家已形成了由政府财政和社会多种主体共同参与、运用各种金融工具、多渠道筹集资金的市场化运行机制。因此，有必要对其进行探讨和论证。

第九章河南省公租房投融资建设中的过程管理问题研究。在融资规模一定的前提之下，加强投资管理，则可以起到有效使用资金的目的。同时，提高投资管理水平，直接导致资金使用的节约，相当于间接增加了融资规模。本章对河南省公租房投融资建设中的过程管理进行研究，主要针对公租房投资建设过程中的资金使用及安排开展研究，确保公租房融通资金的有效使用。由于在现有的公租房建设项目建设工作当中，政府财政资金的使用是公租房建设项目建设主要资金来源，因此，本章从政府财政资金使用的角度出发开展河南省公租房投融资建设中的过程管理问题研究。

第十章博弈视角下公租房退出机制的量化研究。公租房一旦建成就形成了固定资产，该项资产沉没成本巨大。在现有公租房建设运营模式之下，公租房建成之后只能通过长期运营来收回成本。因此，如果公租房的承租者在不符合租住公租房的条件之下仍然继续租住在公租房里面，将会造成社会资源的浪费，因此有必要加强对其退出机制的研究，从而确保公租房租住环节的良性循环发展。

三 主要创新点

就主要创新性工作而言，本书的主要创新点可以概括为以下两点。

其一，在对公租房建设中融资问题的理论与实践分析中，一方面，在理论上构建了研究模型，在对研究模型建立的研究假设进行了解释和说明的基础之上，进行了推导。最终确定了政府与社会资金投资方之间的相互关系，即作为委托人的政府如何合理确定社会资金投资方的风险水平，同时，确定政府支付给社会资金投资方的固定收入。另一方面，在实践上结合实际当中收集到的各种数据（包括租金价格和建筑安装成本等），基于资金的时间价值进行了计算，得出的结论是，现行的公租房租金定价标准偏低，不能够起到激励社会资金进入公租房建设领域的作用。为了解决该问题，政府部门需要进行政策创新，提高各项补贴的额度，增加相关的优惠政策，降低与公租房建设相关的各项成本（包含税费结构和税费水平），引导社会资金进入公租房建设领域，同时努力降低公租房的租金定价水平。

其二，在河南省公租房融资现状与制度环境分析的基础之上，一方面，开展了河南省公租房多元融资模式选择研究，努力转变以往那种以政府财政为基础，以银行贷款为主体的公租房建设投融资模式，尝试建立广泛吸纳各市场参与主体的多样化、多元化融资渠道，建立“政府主导、市场运作、社会参与”的多元化公租房融资机制和体系。另一方面，开展了河南省公租房融资机制创新研究，着力点在于将那些目前尚不能运用在公租房投融资建设领域的融资工具引入公租房的投融资建设领域，并对这些金融工具应用过程中存在的缺乏政策支持、专项立法和相应的成功经验分别进行了探讨和论证。

第二章　相关文献综述

第一节　公租房融资问题研究现状及评述

英国政府通过注册社会地主（Registered Social Landlords）的模式将社会资金引入公租房的建设领域，Stone（2003）认为该模式的融资成本偏高，公租房建设应当以政府投资为主，通过建立国家公租房信托基金的形式为公租房项目的兴建提供资金。①

吴海瑾（2009）认为公租房的建设资金可以包括住房公积金增值部分和规定比例的土地出让金纯收入，除此之外，为了确保公租房建设工程项目的兴建，还应该提供必要的财政预算资金。②

Don（2009）通过量化分析和论证，建议逐步减少公租房领域的补贴以避免社会福利的损失。③

王琨（2010）提出应以政府部门掌握的资金渠道为主来为公租房的建设融通资金。④

郭士征等（2010）建议建立以财政预算为主体的筹资渠道为公租

① Stone，M. E.，"Social Housing in the UK and US：Evolution，Issues and Prospects"，Goldsmiths University of London，2003 年，http：//uranus. gold. ac. uk/media/Stonefinal. pdf，2014 年 3 月 29 日。

② 吴海瑾：《城市化进程中流动人口的住房保障问题研究——兼谈推行公共租赁住房制度》，《城市发展研究》2009 年第 12 期。

③ Don，H.，"Agenda for the housing market"，*De Economist*（*Netherlands Economic Review*），Vol. 157，No. 2，2009.

④ 王琨：《中心城市公共租赁住房实施比较及研究》，《建筑经济》2010 年第 7 期。

房建设事业提供资金支持，同时以土地出让金为基础成立专项基金。①

Hoekstra 等（2010）反对西班牙政府出售公租房的做法，认为公租房只租不售更有利于社会保障作用的发挥。②

王利明等（2011）建立了政府与社会资本之间的投资决策博弈模型。给出了社会资本不愿意通过 BOT 模式参与公租房建设的原因，并给出了如何设计相应激励机制的对策建议。③

针对我国公租房建设项目存在的融资问题，冯志艳（2011）建议采用市场化运作的 REITs 模式为公租房建设事业的发展提供资金，并对公租房建设项目 REITs 的运作模式等方面进行了分析和论证。④

史英哲（2011）提出发行指数关联债券（Index Linked Bond）来筹集公租房的建设资金；并且，通过量化模型模拟计算出了政府补贴额度，解释了指数关联债券对政府和债券购买人的激励作用。⑤

Boelhouwer 和 Priemus（2012）指出荷兰住房制度改革难度较大，建议政府应该针对地主设立新的财产税。⑥

王英等（2012）通过建立数学模型分析了公租房建设中各个主体之间的博弈关系，确定了最优均衡，并以此为基础设计出了合理的激励机制，主要结论是提高公租房建设中各个行为主体的投资回报。⑦

为解决公租房建设项目的融资问题，韩瑾和李芊（2012）基于 ABS 融资模式与 BOT 融资模式提出了一种新型的融资模式——TABOT

① 郭士征、张腾：《三元到四维：住房保障体系的构建》，《探索与争鸣》2010 年第 8 期。

② Hoekstra, J. , Saizarbitoria, I. H. and Etxarri, A. E. , "Recent changes in Spanish housing policies: subsidized owner - occupancy dwellings as a new tenure sector", *Journal of Housing and the Built Environment*, Vol. 25, No. 1, 2010.

③ 王利明、刘方强、代建生：《公共租赁房 BOT 融资模式的博弈决策分析》，《经济问题探索》2011 年第 9 期。

④ 冯志艳：《房地产投资信托基金在我国公租房建设中的应用》，《改革与战略》2011 年第 10 期。

⑤ 史英哲：《指数关联债券——城市公租房建设融资的途径探索》，《城市发展研究》2011 年第 7 期。

⑥ Boelhouwer, P. and Priemus, H. , "Housing system reform: the opinion of advisory boards versus political reality in the Netherlands", *Journal of Housing and the Built Environment*, Vol. 27, No. 4, 2012.

⑦ 王英、钟清、顾湘：《公共租赁住房体系运行资金来源问题研究》，《重庆大学学报（社会科学版）》2012 年第 4 期。

融资模式以用于公租房建设投融资活动。[①]

何寿奎（2012）认为采用PPP融资模式解决公租房的融资问题。他在分析公租房PPP融资模式的基础之上，提出建立基于“三方满意”的公租房PPP项目运营机制，以推动PPP融资模式在公租房建设领域的应用。[②]

罗寅（2013）基于国外的经验，结合上海第一个市级公租房项目（即馨宁公寓）的实际情况进行研究，得出结论是PPP融资模式不适合公租房建设投融资活动，这是因为公租房建设工程项目的投资回报偏低；而REITs和ABS融资模式适合公租房建设投融资活动，另外建立专业的公租房政策性银行等也是可行的。[③]

李正伟等（2013）基于重庆市公租房的融资实践，建议运用有限合伙型REITs模式来解决公租房的融资问题。具体而言，首先注入一定资金成立REITs基金管理公司，然后由REITs基金管理公司成立公租房建设项目公司，其次公租房建设项目公司管理建成的公租房项目并负责租金的收取等事项，再次政府部门通过向公租房建设项目公司提供政府补贴等措施以实现公租房项目运作的可持续性，最终拓宽公租房的融资渠道。[④]

钟治峰（2013）基于合肥市公租房建设项目的实际数据，对社会资金的投资回报进行了分析，并且建议公租房建设项目配套建设相应商业设施；为了激励社会资金进入公租房的建设领域，政府部门应当保障公租房建设用地，减免公租房建设相关的税费，降低公租房建设工程项目的融资成本，建立适应公租房建设的基金制度，完善相关的贷款担保制度，尝试进行公租房资产证券化。[⑤]

Priemus和Whitehead（2014）指出荷兰政府投资不足导致公租房的建设投融资效率的降低；而政府政策的反复变化不利于公租房事业的持

① 韩瑾、李芊：《公租房建设中融资模式研究》，《改革与战略》2012年第2期。

② 何寿奎：《社会资金参与公租房建设利益协调机制探讨》，《现代经济探讨》2012年第4期。

③ 罗寅：《我国公共租赁房建设融资模式研究》，《社会科学家》2013年第1期。

④ 李正伟、马敏达、马智利：《有限合伙型REITs在公租房中的应用研究——以重庆市为例》，《经济体制改革》2013年第2期。

⑤ 钟治峰：《社会资本参与公共租赁住房建设的实证研究——以合肥市公租房建设项目为例》，《城市发展研究》2013年第4期。

续发展。①

Kam 等（2013）对不同国家的公租房实践进行了对比研究，认为公租房相关的政府政策应当包括以下四个方面的基本内容。第一，为这种类型住房建设储备土地；第二，这种类型住房的土地价格应该低于市场公开交易的价格；第三，这种类型住房的地理位置应融入其他社区，不应该单独规划设置孤立发展；第四，政府必须提供补贴。此外，Kam 等（2013）还认为公租房的建设投融资活动应当包括以下三个方面。第一，引入社会资金；第二，政府补贴和房屋租金共同构成社会资金的投资回报；第三，为这种类型住房提供相应的用地计划体系。②

作为一种新生事物，研究公租房融资机制的相关文献数量不多，根据以上涉及的研究文献及其研究观点，相关研究可以归纳为几种不同的观点。第一种融资观点是以政府财政资金的投入为主来建设公租房，还可以通过出售配套建设的商业设施对公租房的建设成本进行补偿，同时还应采取各种措施努力降低公租房建设相关的其他各项成本。但是，也有学者建议减少政府补贴，还有学者反对出售公租房。第二种融资观点是发行债券，比如指数关联债券或者 ABS 融资模式。第三种融资观点是申请银行贷款。第四种融资观点是引导社会资金进入公租房建设领域，政府需要提供相应的物质激励，对各种不同的公租房建设项目融资模式进行详细的探讨和分析。第五种融资观点是通过发行证券来解决公租房建设中的融资问题。

显然，第一种观点主要依靠政府财政资金，但是这种做法可能会对政府财政造成一定的压力，不具有可持续性。第二种和第五种融资观点对金融市场的要求较高，而我国金融市场并不发达，在我国推行这些融资模式有非常大的制度障碍。第三种融资观点是通过银行贷款来为公租房建设融资。但是从银行贷款业务的实际操作环节出发，如果把公租房作为一种抵押物，目前并不具有可行性；即便是准许抵押，公租房的变现能力较差，也难以在市场上公开出售。而如果通过政府的影响力来获

---

① Priemus, H. and Whitehead, C., "Interactions between the financial crisis and national housing markets", *Journal of Housing & the Built Environment*, Vol. 29, No. 2, 2014.

② Kam, G., Needham, B. and Buitelaar, E., "The embeddedness of inclusionary housing in planning and housing systems: insights from an international comparison", *Journal of Housing and the Built Environment*, Vol. 28, No. 6, 2013.

取贷款，可能存在还款压力。如果通过政府进行贷款偿还，此举又将公租房贷款演变为政府债务，成为政府的连带责任。第四种观点都是对不同的融资模式进行的探讨。其中，王利明等（2011）认为，针对公租房投资回报较低的缺点，政府部门应设计相应的激励机制以应用 BOT 融资模式①。韩瑾和李芊（2012）则基于 TOT 和 ABOT 融资模式的优缺点创造性地提出了 TABOT 融资模式，并对该融资模式进行了可行性分析②。何寿奎（2012）则认为 PPP 融资模式是可行的③。但是罗寅（2013）则认为由于公租房建设项目的投资回报较低，PPP 融资模式不适合于公租房建设投融资活动④。

通过以上文献的梳理，不难看出，对具体的公租房建设项目融资模式的探讨没有形成统一的观点，主要原因就是公租房建设项目具有投资回报低的特点，不能满足投资者对利润的要求。因此，有学者提出应该提高投资者的投资回报水平。结合本书第一章中的内容，公租房建设项目的特许期和租金水平共同构成了投资回报的基础。所以，公租房融资机制研究涉及的关键问题就是特许期的确定和租金定价水平的制定，即如何通过政府政策等多种不同途径对社会资金进行成本补偿，满足其对投资回报的要求。由于特许期的确定和租金定价水平的制定是需要共同考虑的问题，对其中一个问题的探讨离不开另一问题的解决。因此，本章以下将针对公租房的租金定价问题研究进行梳理，以期为公租房融资机制研究提供更进一步的理论分析和论证。

第二节　公租房租金定价问题研究现状及评述

公租房是提供给中低收入家庭的保障性租赁住房，所以公租房是一种准公共产品。也正是因为这一独特属性，政府自然而然地确立其在公

① 王利明、刘方强、代建生：《公共租赁房 BOT 融资模式的博弈决策分析》，《经济问题探索》2011 年第 9 期。

② 韩瑾、李芊：《公租房建设中融资模式研究》，《改革与战略》2012 年第 2 期。

③ 何寿奎：《社会资金参与公租房建设利益协调机制探讨》，《现代经济探讨》2012 年第 4 期。

④ 罗寅：《我国公共租赁房建设融资模式研究》，《社会科学家》2013 年第 1 期。

租房建设过程当中的主导地位。由此进一步引申出，由于公租房的兴建和公共利益密切相关，所收取的公租房租金可以用于公租房的建设或对社会资金进行补偿。但是，客观的情况是，在理论上，如果公租房租金定价水平偏高，公租房就会失去其“公共”属性，无法有效保证中低收入家庭的权益；相反，如果定价水平偏低，不能满足合理投资回报的要求，也无法引导社会资金进入公租房的建设领域；如果政府加大对社会资金的补贴额度，政府财政将不得不面临巨大的压力，可能损害其他领域的社会福利支出。所以，如何在低租金和高租金之间做出权衡是制定公租房租金定价水平时需要考虑的现实问题。由于公租房制度在我国存在时间较短，实际建成并投入使用的公租房项目不多，因此目前公租房租金定价水平相关的研究文献数量不多，主要文献及其研究观点列举如下。

Eriksen 和 Rosenthal（2010）建议通过土地、税费等一系列优惠措施提供政策支持，从而帮助降低公租房的租金定价水平①。

曹丽娟（2010）基于“保本微利”的原则，建立了分类定价模式②。这一做法充分考虑到了公租房潜在承租者在收入水平和支出水平上的显著差异，具有一定的合理性，值得参考和借鉴。

Doling 和 Ronald（2010）研究发现，降低公租房的租金水平可以解决租住公租房的老年人收入偏低的问题。③

Decker 和 Dewilde（2010）研究发现，比利时的以房养老模式会导致贫困问题，而公租房的租户面临最大的贫困风险。④

Ommeren 和 Koopman（2011）通过构建模型进行量化研究，得出的主要结论是公租房的承租人愿意支付的平均租金水平接近公租房的建设

---

① Eriksen, M. D. and Rosenthal, S. S., “Crowd out effects of place - based subsidized rental housing: New evidence from the LIHTC program”, *Journal of Pulic Economics*, Vol. 94, No. 11, 2010.

② 曹丽娟：《关于我国城市公共租赁住房租金标准制定的思考》，《价格理论与实践》2010 年第 11 期。

③ Doling, J. and Ronald, R., “Home ownership and asset - based welfare”, *Journal of Housing and the Built Environment*, Vol. 25, No. 2, 2010.

④ Decker, P. D. and Dewilde, C., “Home - ownership and asset - based welfare: the case of Belgium”, *Journal of Housing and the Built Environment*, Vol. 25, No. 2, 2010.

成本。[①] 这一结论意味着公租房的租金定价模式应当是保本无利的，并且，为了降低租金定价水平，必须降低公租房的建设成本。

孟卫东和柳歆（2011）在保本微利的基础之上，针对我国城市公租房具体位置的不同和公租房承租人收入水平的不同，制定了综合定价模式。[②] 在一个城市里，不同地点的公租房收取不同的租金有其合理性的一面，也就是说位置偏远、交通不便、配套不全的公租房小区的租金定价水平应当偏低。而在某一个具体公租房小区里面，承租人的经济状况可能差距较大，这一点也确实需要在公租房的租金定价水平上体现出来。

出于为人民服务的考虑，李宝龙（2012）认为政府应当对公租房的建设给予政策支持，降低公租房建设项目的各项成本，最终降低公租房的租金定价；再通过政府补贴等形式进一步降低公租房的租金定价水平。即在降低公租房租金定价水平的前提之下，为了使社会资金能够获得合理的投资回报，需要通过不同名目的政府补贴和租金定价水平共同对社会资金进行成本和利润补偿。[③]

顾书桂（2012）认为公租房租金市场化将会导致租金定价水平的提高，并最终导致公租房的无效供给。顾书桂认为，公租房租金定价水平应当和劳动力价值相匹配，才能真正发挥公租房的住房保障功能和作用，即低收入者应支付相对应的较低的公租房租金。[④] 这一研究的视角非常独特，同时又具有理论上的合理性。由于就业市场的实际情况千差万别，社会分工也有很大的不同，我国目前尚未形成社会公平工资或社会平均工资，因此，一些行业工资水平偏低，更有甚者，一些中低收入群体不具备劳动能力，比如，鳏寡孤独之类的群体。因此，对于此类群体，公租房的租金定价水平可以低于公租房建设的实际成本，在某些极端情况之下，公租房租金水平甚至可以为0。在实践中，河南省已有文件规定："持有城镇居民最低生活保障金领取证的无自有住房的廉租住

---

① Ommeren, J. V. and Koopman, M. Public housing and the value of apartment quality to households, *Regional Science and Urban Economics*, Vol. 41, No. 3, 2011.

② 孟卫东、柳歆：《城市公共租赁房租金定价机制研究》，《价格理论与实践》2011 年第 12 期。

③ 李宝龙：《我国公租房租金定价机制研》，《价格理论与实践》2012 年第 7 期。

④ 顾书桂：《劳动力价值仍是公租房租金确定的基础——兼论公租房退出机制》，《经济问题》2012 年第 8 期。

房保障家庭，对住房保障面积标准内的租金实行全额补贴。”为了享受0租金的待遇，河南省要求城市家庭人均收入必须低于当地城市居民最低生活保障标准。但是各地市最低生活保障标准并不统一，并且处在动态调整的过程之中。以郑州市为例，2012年城市居民最低生活保障标准是380元/月。因此，郑州市家庭人均收入小于380元的公租房承租家庭可以享受政府的全额补贴政策，不需要缴纳任何租金。

Radzimski（2014）研究发现，波兰的住房政策鼓励人们购买住房，导致了房价的上涨，但不利于有效地增加房屋供应，同时导致区域经济发展不均衡不协调，无力解决新就业职工的住房问题。因此，Radzimski建议增加租赁房屋的数量，同时提供相应的税收优惠政策，以降低租金水平，建立健全公租房租赁市场。①

Tsenkova和Polanska（2014）认为中东欧国家的公租房建设事业是失败的；并且，和商品房市场相比，健全的房屋租赁市场更有利于社会经济的发展。②

综上可知，目前国内外的研究文献对公租房的认识并不统一，有许多相互对立的观点和认识。从公租房租户的角度出发，有学者认为公租房建设事业有利于解决收入水平偏低的问题，还有文献认为公租房的建设会带来更严重的贫困问题，这两种观点截然不同。具体到公租房的租金定价水平而言，相关研究文献的观点也有较大差距，结合我国现有的实践经验，以上研究文献可以归纳为以下三种模式。

第一种公租房租金定价模式是“保本微利”模式。“保本微利”模式下，公租房租金定价水平不仅要确保能够收回建设成本，还要确保能够获得一定的利润用于其他公租房建设工程项目的实施。我国的很多城市和地区均采取了这种租金定价思路。比如，以北京市为例，公租房租金是市场水平的80%，符合“保本微利”的原则，即，通过公租房租金的收取用于补偿公租房建设运营的各项成本。2012年7月，在建成公租房实际的分配入住环节，北京市朝阳区首个公租房建设项目的租金

---

① Radzimski, A., “Subsidized mortgage loans and housing affordability in Poland”, *GeoJournal*, Vol. 79, No. 4, 2014.

② Tsenkova, S. and Polanska, D. V., “Between state and market: housing policy and housing transformation in post – socialist cities”, *Geojournal*, Vol. 79, No. 4, 2014.

是市场价格的85%①，高于北京市建委制定的标准，并且该项目地理位置比较偏远。

第二种公租房租金定价模式是“保本无利”模式。“保本无利”模式下，公租房租金定价水平的确定优先考虑社会公平，并不考虑投资回报等因素，所收取的租金仅用于偿还银行贷款和支付必要的维修维护成本。“保本无利”模式的典范是重庆市，重庆市公租房租金定价水平制定的原则是不超过市场价格的60%，并且，动态调整公租房的租金定价水平来满足公租房租户的实际需要。但是，有学者指出，与公租房租户的心理期望相比，重庆市公租房租金水平仍然偏高。②

第三种公租房租金定价模式是“政府补贴（亏本无利）”模式。在该模式下，公租房根本目的是改善民生，政府通过无偿提供公租房建设用地、减免公租房建设活动相关税费、提供足额政府补贴等多种渠道提供政府政策支持，从而降低公租房的租金定价水平。这种模式的理论依据是租户愿意支付的公租房租金水平接近公租房的建设成本。在实践领域，目前我国大陆地区还没有相应的实践经验。但是，我国香港地区已经积累了这种租金定价模式长期运作并取得成功的实践经验。香港特区政府无偿提供公租房建设用地，在政府安排之下主持征地等各项公租房建设活动，并且这些成本均由香港特区政府承担，都不计入公租房项目的建设成本。因此，我国香港地区30%的居民住宅是公租房，一半的香港人口租住公租房，其租金价格大约为市场价格的30%。③

对以上这三种公租房租金定价模式进行对比分析，基于为人民服务的出发点，为了帮助我国居民实现安居乐业，为了帮助我国社会实现公平正义，结合我国政府历来推崇的政治导向，由于第三种模式下的租金水平最低，这一模式相关的经验也值得参考和借鉴。在2009年两会期间，时任国务院总理温家宝同志不仅提出“积极发展公共租赁住房”，还提出“帮助进城农民工解决住房困难问题”。农民工群体的收入水平

---

① 搜狐财经：《北京朝阳首个公租房今起配租，月租38元/平方米》2012年，www.sohu.com，2012年7月4日。

② 潘雨红、庞家美、熊建华：《重庆市公租房租金定制的难题与对策——以“民心佳园”项目为例》，《建筑经济》2011年第12期。

③ 中国市场研究报告网：《北京公租房将借鉴香港，实行精细化配租管理》，2012年，http://www.ewise.com.cn/Industry/201206/gongzhufang140933.htm，2012年6月13日。

不稳定并且偏低，为了解决他们的住房问题，就必须考虑他们的实际支付能力。而顾书桂（2012）已经指出公租房租金应当和劳动力价值相匹配，从而有效发挥公租房的住房保障功能。很明显，为了满足农民工的住房需求，公租房租金定价水平必须偏低。此外，公租房一般是用低于市场租金价格水平或公租房租户能承受的价格水平向新就业职工出租。所以，公租房的租金价格水平应当偏低，但是具体低到什么程度应视具体公租房租户的实际承受能力而定；并且，如果公租房租户没有任何支付能力，针对他们收取的公租房的租金价格应该为0。显然，低水平的公租房租金定价相关的研究和实践仍然值得借鉴。至少，已经有学者明确指出，公租房的兴建更有利于解决城市居民的住房问题。

第三节　公租房融资问题中的关键理论分析

结合本书的问题情境，如果社会资金进入公租房的建设领域，那么作为公租房项目的发起人，政府和社会资金的提供者（以下简称投资方）之间必然不可避免地存在委托代理问题。这一问题情境是，社会资金需要获得合理的投资回报，但是公租房租金定价水平较低导致其投资回报差。由于政府不能获得投资方的全部信息，那么，投资方在公租房建设和（或）运营期间必然利用其信息优势为其获取利益。所以，为了合理有序引导社会资金进入公租房的建设领域，政府需要提供必要的政府补贴和政府补偿，如各种各样的优惠政策等。因此，政府和投资方之间所形成的委托代理结构就比较复杂。一般情况下，代理人被假设拥有信息优势，其产出水平只和其自身相关。而在本节，代理人就是投资方，其产出水平不仅取决于其自身的行为选择和努力水平，还取决于政府的努力水平（比如说，政策支持）。这可以被认为政府拥有一定的信息优势。在研究领域，早已有文献对代理人拥有信息优势这一假设提出了质疑①，还有文献研究论证了委托人拥有信息优势的情况②；更有甚者，有对委托代理双方同时拥有不同的信息优势的问题进行了研究③，还有研究文献研究双向的道德风险问题④。

在本书中，政府的努力水平包括制定与公租房相关的优惠政策，还包括如何执行这些优惠政策这一信息优势，这是因为投资方并不能观测和预测到政府的行为选择和努力水平。根据信息经济学的基本理论，信息不对称必然导致效率损失。⑤ 那么，本节所描述的委托代理问题框架之中，就非常有必要探讨政府在拥有信息优势的前提下导致效率损失的问题；更进一步讲，就非常有必要探讨如何降低这一效率损失，并努力使其最小化。

---

① Lewis , T. R. , Sappington , D. E. M. , "All – or – nothing information control", *Economics Letters*, Vol. 37, No. 2, 2004.

Lewis, T. R. , Sappington, D. E. M. , "Ignorance in agency problems", *Journal of Economic Theory*, Vol. 61, No. 4, 2004.

Lewis , T. R. , Sappington , D. E. M. , "Insurance, adverse selection, and cream – skimming", *Journal of Economic Theory*, Vol. 65, No. 2, 1995.

Moreno, D. , Wooders, J. , "Prices, delay, and the dynamics of trade", *Journal of Economic Theory*, Vol. 104, No. 2, 2002.

② Malcomson, J. , "Work incentive, hierarchy and internal labour markets", *Journal of political economy*, Vol. 92, No. 3, 1984.

Villeneuve, B. , "Competition between insurers with superior information", *European Economic Review*, Vol. 49, No. 2, 2005.

③ 张维迎：《博弈论与信息经济学》，上海三联书店、上海人民出版社 1996 年版。

刘亮：《基于博弈论的财产保险市场隐藏信息问题研究》，博士学位论文，中国科学技术大学，2006 年。

李宝龙：《基于委托代理理论的监理责任保险赔付问题研究》，博士学位论文，天津大学，2010 年。

④ 申其辉、卢凌燕：《双向道德风险理论研究综述》，《经济学动态》2008 年第 1 期。

郭文新、曾勇：《双边道德风险与风险投资的资本结构》，《管理科学学报》2009 年第 12 期。

朱卫平、刘伟、高志军：《双向道德风险下的物流服务供应链委托代理分析》，《现代财经》2012 年第 5 期。

⑤ 周业安、宋紫峰：《社会偏好、信息结构和合同选择——多代理人的委托代理实验研究》，《经济研究》2011 年第 11 期。

第四节 基于CNKI文献检索工具和层次分析法的文献分析

一 文献分析的理论基础

公租房建设需要巨额的资金，为解决公租房的融资问题，本书基于CNKI文献检索工具和层次分析法开展了研究。首先，应用CNKI文献检索工具确定了9个研究对象；其次，应用层次分析法进行了排序研究；再次，针对排序最高的典型文献进行了详细的剖析，为公租房融资问题的解决提供了一些有益的思考和借鉴。基于CNKI数据库开展的研究较多[①]，基于国外数据库开展的研究也不少[②]，不难发现，引用频率和下载次数等客观指标是常用的选择论文的标准和依据。并且，有学者指出，好的刊物并不一定能提高一般水平论文的被引证次数[③]。因此，有必要通过客观指标选择公租房融资的相关论文作为进一步研究的对象，比如，被引用次数等客观指标就可以很好地帮助选择相关的研究论文。

层次分析法在金融领域的应用较多。比如，Gutiérrez - Nieto等（2011）应用层次分析法从贷款机构角度对社会企业的信用评分系统进行了研究[④]；Mandic等（2014）应用层次分析法对塞尔维亚银行的财务

---

① 李芬、朱紫阳、丁枝秀：《关于中国同行评议研究状况的分析报告——基于CNKI核心期刊的文献研究》，《中国科学基金》2009年第3期。

张爱民、董梅、俞丽辉：《中国平衡计分卡研究的特征分析——基于高引用频率和下载次数的文献研究》，《会计与经济研究》2013年第6期。

蔡迎春：《民国文献研究现状与特征分析——基于国内学术期刊的文献计量研究》，《上海高校图书情报工作研究》2016年第1期。

② 朱振坤、金占明：《转型经济战略管理的文献研究》，《科学学研究》2008年第3期。

黄慕雄、刘广：《美国教育电视研究现状与特点——基于ERIC近15年的文献研究》，《电化教育研究》2010年第10期。

③ 许琦：《一种基于引证网络的文献影响因子计算方法》，《情报理论与实践》2011年第7期。

④ Gutiérrez - Nieto. B, Serrano - Cinca. C and Camón - Cala. J., "A credit score system for socially responsible lending", *Journal of Business Ethics*, Vol. 133, No. 4, 2016.

业绩进行研究并进行了排序[①]；吴方等（2015）应用层次分析法对我国医药上市公司融资偏好及影响因素进行了研究[②]。因此，理论上讲，应用 CNKI 文献检索工具和层次分析法来研究公租房的融资问题具有可行性。

二 文献分析的过程及结果

知网（CNKI）为文献检索提供了便捷的途径。该网络包括的文献种类很多，但是一般认为期刊这个类别最能体现出研究者的核心研究观点和主要学术贡献。在知网网站，一共检索出了 71 篇主题是公租房和融资，篇名是公租房和融资的论文。但是，这些论文有的未被引用，甚至有的未被下载，有些被引用但是内容属于会议简报或行业新闻，或者被引用但被引用次数偏少。因此，本书选择其中被引用次数最多的 9 篇论文进行下一阶段的研究，参见表 2－1。

表 2－1　　相关研究被引用最多的 9 篇文献及相关信息列表　　单位：次

方案	文献名称	被引次数 C_1	期刊类型 C_2
P_1	解决公租房建设融资问题的一揽子方法[③]	37	中文核心
P_2	ABS 融资引入公租房建设的适用性研究[④]	27	一般期刊
P_3	创新公租房投融资制度的探索与思考[⑤]	26	一般期刊
P_4	指数关联债券——城市公租房建设融资的途径探索[⑥]	16	CSSCI
P_5	REITs 在我国保障房建设融资中的运用——以公租房为例[⑦]	13	一般期刊

---

① Mandic. K, Delibasic. B, Knezevic. S and Benkovic. S., "Analysis of the ? nancial parameters of Serbian banks through the application of the fuzzy AHP and TOPSIS methods", *Economic Modelling*, Vol. 43, No. 12, 2014.

② 吴方、施松鹤、贺云：《基于层次分析法的我国医药上市公司融资偏好及影响因素研究》，《中国药房》2015 年第 22 期。

③ 田秋生、李嘉莉：《解决公租房建设融资问题的一揽子方法》，《南方金融》2011 年第 5 期。

④ 韩林：《ABS 融资引入公租房建设的适用性研究》，《合作经济与科技》2011 年第 12 期。

⑤ 庞元：《创新公租房投融资制度的探索与思考》，《中国房地产》2011 年第 1 期。

⑥ 史英哲：《指数关联债券——城市公租房建设融资的途径探索》，《城市发展研究》2011 年第 7 期。

⑦ 董如意：《REITs 在我国保障房建设融资中的运用——以公租房为例》，《中国城市经济》2011 年第 29 期。

续表

方案	文献名称	被引次数 C_1	期刊类型 C_2
P_6	基于房地产投资信托基金的公租房融资模式研究①	12	一般期刊
P_7	公租房房地产信托投资基金融资模式构建②	11	一般期刊
P_8	公租房建设中融资模式研究③	10	一般期刊
P_9	商业银行支持公租房建设的融资模式探析④	10	一般期刊

注：期刊类型是按照 CNKI 网上提示的信息确定的。

而表 2 – 1 中的 9 篇论文就可以被看作是理论研究领域中认可度最高的理论上解决公租房融资问题的 9 个方案，从而呈现出如图 2 – 1 所示的结构。

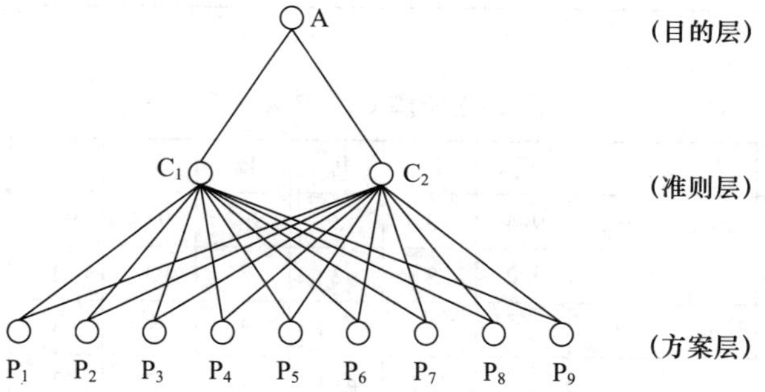

图 2 – 1　公租房融资问题的解决方案结构示意

为了应用层次分析法进行更进一步的研究，需要确定判断矩阵的标度。本书认为被引用次数 C_1 比期刊类型 C_2 重要，这是因为一本低层次期刊发表的一篇多人引用的论文应当比一本高层次期刊发表的一篇无人问津的论文更有价值，本书将被引次数 C_1 的标度设定为 3，期刊类型 C_2 的标度设定为 1。但是，本书仍然赞同高层次期刊比低层次期刊更有

① 彭小兵、王梓：《基于房地产投资信托基金的公租房融资模式研究》，《中国市场》2012 年第 42 期。

② 张桂玲：《公租房房地产信托投资基金融资模式构建》，《对外经贸》2012 年第 4 期。

③ 韩瑾、李芊：《公租房建设中融资模式研究》，《改革与战略》2012 年第 2 期。

④ 王诺扬、罗四平：《商业银行支持公租房建设的融资模式探析》，《经营管理者》2011 年第 16 期。

价值。鉴于此，就期刊类型 C_2 而言，本书将一般期刊的标度设定为 1，将中文核心期刊的标度设定为 3，将 CSSCI 刊源期刊的标度设定为 5。此外，本书对每个方案的被引次数 C_1 除 4 且只取整数确定为每个方案被引次数 C_1 的标度。因此，判断矩阵 A－C、判断矩阵 C_1－P 和判断矩阵 C_2－P 分别如表 2－2、表 2－3 和表 2－4 所示。在这三个表中，各个判断矩阵的各层次单排序（即重要度）计算结果直接列举在表右侧，且均通过了一致性检验（计算过程略）。

表 2－2　　　　判断矩阵 A－C 表

A	C_1	C_2	Wi0
C_1	1	3	0.75
C_2	1/3	1	0.25

表 2－3　　　　判断矩阵 C_1－P 表

C_1	P_1	P_2	P_3	P_4	P_5	P_6	P_7	P_8	P_9	W_i^0 ♂
P_1	1	3/2	3/2	9/4	3	3	9/2	9/2	9/2	9/37 = 0.243
P_2	2/3	1	1	3/2	2	2	3	3	3	6/37 = 0.162
P_3	2/3	1	1	3/2	2	2	3	3	3	6/37 = 0.162
P_4	4/9	2/3	2/3	1	4/3	4/3	2	2	2	4/37 = 0.108
P_5	1/3	1/2	1/2	3/4	1	1	3/2	3/2	3/2	3/37 = 0.081
P_6	1/3	1/2	1/2	3/4	1	1	3/2	3/2	3/2	3/37 = 0.081
P_7	2/9	1/3	1/3	1/2	2/3	2/3	1	1	1	2/37 = 0.054
P_8	2/9	1/3	1/3	1/2	2/3	2/3	1	1	1	2/37 = 0.054
P_9	2/9	1/3	1/3	1/2	2/3	2/3	1	1	1	2/37 = 0.054

表 2－4　　　　判断矩阵 C_2－P 表

C_2	P_1	P_2	P_3	P_4	P_5	P_6	P_7	P_8	P_9	W_i^0 ♂
P_1	1	3	3	5/3	3	3	3	3	3	1/5 = 0.2
P_2	1/3	1	1	1/5	1	1	1	1	1	1/15 = 0.067
P_3	1/3	1	1	1/5	1	1	1	1	1	1/15 = 0.067

续表

C_2	P_1	P_2	P_3	P_4	P_5	P_6	P_7	P_8	P_9	W_i^0 ♂
P_4	5/3	5	5	1	5	5	5	5	5	1/3 = 0.333
P_5	1/3	1	1	1/5	1	1	1	1	1	1/15 = 0.067
P_6	1/3	1	1	1/5	1	1	1	1	1	1/15 = 0.067
P_7	1/3	1	1	1/5	1	1	1	1	1	1/15 = 0.067
P_8	1/3	1	1	1/5	1	1	1	1	1	1/15 = 0.067
P_9	1/3	1	1	1/5	1	1	1	1	1	1/15 = 0.067

根据以上三个表，可以求出各方案的层次总排序（即总重要度），参见表2－5。通过表2－5中所呈现出的总排序，不难看出方案1是目前理论研究领域中关于公租房融资问题研究中认可度最高的一篇论文。通过对该篇文献的详细梳理，该文献的核心观点包括四个方面。第一，构建公租房建设的投融资平台与相应的投融资主体。第二，多渠道（10种渠道）融通公租房建设资金。第三，建立激励与保障机制，提供补贴担保，并减免税费。第四，融资方式的选择顺序，短期内应以配建、BOT（包括其他类似模式）、贷款（包括商业银行贷款、政策贷款和公积金贷款等）等能够立竿见影发挥作用的融资方式为主；长期内应建立健全社会资金循环使用的长效机制，比如设立公租房REITs（信托基金）或发行与公租房投资相关的建设债券。由于公租房是一个新生事物，该文献发表于2011年，是较早公开发表的研究成果，在一定程度上可能对之后的公租房融资问题研究的相关文献都起到了示范作用，而在CNKI网上检索到的相关论文也大都可以被认为是该文献的分支研究或某一方面的深入研究。因此，为了解决公租房的融资问题，也需要从以上几个方面入手，综合运用多种手段和渠道去推动公租房建设事业的更进一步发展。

表2－5　　各方案的层次总排序

C_i / P_j	C_1	C_2	总排序 W
	0.75	0.25	
P_1	9/37 = 0.243	1/5 = 0.2	0.232

续表

C_i / P_j	C_1	C_2	总排序 W
	0.75	0.25	
P_2	6/37 = 0.162	1/15 = 0.067	0.138
P_3	6/37 = 0.162	1/15 = 0.067	0.138
P_4	4/37 = 0.108	1/3 = 0.333	0.164
P_5	3/37 = 0.081	1/15 = 0.067	0.077
P_6	3/37 = 0.081	1/15 = 0.067	0.077
P_7	2/37 = 0.054	1/15 = 0.067	0.057
P_8	2/37 = 0.054	1/15 = 0.067	0.057
P_9	2/37 = 0.054	1/15 = 0.067	0.057

三 小结

公租房在我国的存在历史较短，相关研究文献数量偏少。就公租房融资问题研究而言，本书使用一种创新性的方法和手段对该领域进行了梳理，即基于 CNKI 文献检索工具和层次分析法对公租房融资问题进行研究，确定了学术界在理论上认可度最高的解决公租房融资问题的方式和方法。与此同时，也为下一阶段的研究提出了新的问题。在本书中，所筛选出的文献提出需要多渠道（10 种渠道）融通公租房建设资金，那么，就有必要开展研究，以判断这些不同的融资渠道的相对重要性及可行性，从而为公租房建设事业的更进一步发展提供更好的建议和对策，而这也将是下一阶段研究工作的主要内容。

第五节 国外公租房融资问题最新研究对我国的启示

一 国外最新研究文献的综述

在中国，自从公租房的概念提出之后，相关的研究就在不断地丰富和发展，相关的实践也取得了令人瞩目的成就。尤其在当下，中国政府计划在 2020 年使中国现有标准下 7000 多万贫困人口全部脱贫，其中部分贫困人口的住房问题也将不得不通过公租房的发展来解决。但是，我国公租房的建设规模巨大，因此，所需要的资金规模也非常巨大。此外，就单个公租房建设项目或单套公租房而言，房屋质量将决定租户满意度①和公租房建设项目的可持续性②。很明显，房屋质量需要在一开始兴建公租房的时候加以考虑，而充足的建设资金是确保房屋质量和相关设施达到租户较高满意度的必要前提，同时也是实现公租房建设项目可持续发展的基本保证。但是，如果所需要的资金全部由各级政府承担，政府的财政负担必将过重，以至于不能满足社会对公租房的迫切需求。所以，一方面，有必要探索公租房发展的新模式，即在完善实物补贴（具体的公租房建设项目建设）的基础上，探索非实物补贴（如现金补贴等）的措施和方法。另一方面，有必要将社会资金引入公租房的建设领域，以多元化的融资建设模式向市场供应公租房，通过广泛扩展融资渠道来增加建设资金，实现公租房建设项目的可持续发展③。在公租房领域，国内外不管是在项目前期的融资决策中，还是在项目中期的实施环节，即或是项目建成后的运营管理等均有很大的不同，并没有呈现出趋同的唯一模式，而是呈现出了多元化或者是完全不同的实践做法。仅就公租房的供应而言，国外政府采取了低成本低投入的做法，从而实现了公租房的可持续供应。

一方面，货币补偿，转移支付。为了解决公租房建设中一次性投入资金巨大的问题，欧美发达国家和地区通过转移支付这种货币补偿的形式来向社会公众提供公租房。比如，Fenton 等（2013）研究发现英国公租房的整体规模在不断变小，而政府主要通过对私人房屋的出租者进行补贴的形式向社会提供公租房；同时，英国政府出售公租房（即商品化）导致城市贫困人口和家庭的增加，并迫使贫困人口和家庭往郊

---

① Gan, X., Zuo, J., Ye, K., Li, D., Chang, R. and Zillante, G., "Are migrant workers satis? ed with public rental housing? A study in Chongqing, China", *Habitat International*, Vol. 56, No. 8, 2016.

② Hashim, A. E., Samikon, S. A., Nasir, N. M. and Ismail, N., "Assessing factors influencing Performance of Malaysian Low – Cost Public Housing in Sustainable Environment", *Procedia – Social and Behavioral Sciences*, Vol. 50, 2012.

③ Li, D., Chen, Y., Chen, H., Guo, K., Hui, E. C. and Yang, J., "Assessing the integrated sustainability of a public rental housing project from the perspective of complex eco – system", *Habitat International*, Vol. 53, No. 4, 2016.

区搬移。[①] Carlson 等（2012）对超过 35 万的美国低收入家庭进行了调查研究，发现获得住房代金券资助的家庭能明显地改善生活质量，这些家庭的流动性变得更高，得以搬至更好的社区，并且，家庭成员的构成得以良性调整。[②] Hu 和 Chou（2015）研究发现香港公租房有助于减少贫困，对最贫困的 5% 的家庭在公租房支付上进行直接的现金转移支付将最有利于减少贫困。[③] 除了发达国家和地区以外，许多发展中国家也采取政府补贴的形式对公租房的租户进行补贴。[④]

另一方面，政府主导，公私合营。如果不得不开展公租房的实物建设活动，为了解决政府财政资金不足的问题，其他国家的政府倾向于通过各种途径（比如 PPP 模式[⑤]）将私人资本引入公租房的建设过程当中去。但是，如果完全以私人资本为主来兴建公租房，又会导致一系列的问题。比如，Norris 和 Hearne（2015）对爱尔兰首都都柏林的三个应用 PPP 模式进行重新开发的公租房建设项目进行了对比研究，得出的结论是，PPP 项目的顺利实施有赖于良好经济环境的支持：如果经济环境恶化，政府又不能提供足够的资金支持，则私人开发商不能继续推动 PPP 项目的持续建设。[⑥] 类似的，Copiello（2016）指出，在 PPP 模式下，意大利政府需要向施工总承包企业（即 PPP 模式的承包商）提供激励和支持才能推动公租房的修建。[⑦] 此外，Li 等（2014，2016）认为由于缺乏合适的提供模式和评价模型，中国政府难以激励民营企业和私人资

① Fenton, A., Lupton, R., Arrundale, R. and Tunstall, R., "Public housing, commodi? cation, and rights to the city: The US and England compared", *Cities*, Vol. 35, No. 12, 2013.

② Carlson, D., Haveman, R., Kaplan, T. and Wolfe, B., "Long - term effects of public low - income housing vouchers on neighborhood quality and household composition", *Journal of Housing Economics*, Vol. 21, No. 2, 2012.

③ Hu, F. Z. Y. and Chou, K., "The antipoverty effect of public rental housing in Hong Kong", *Habitat International*, Vol. 46, No. 4, 2015.

④ Buckley, R. M., Kallergis, A. and Wainer, L., "The emergence of large - scale housing programs: Beyond a public finance perspective", *Habitat International*, Vol. 54, No. 5, 2016.

⑤ Tanaphooma, W. and Bart, D., "An overview of public housing characteristics and living satisfactions: old and new public housing project in Bangkok", *Procedia Environmental Sciences*, Vol. 28, 2015.

⑥ Norris, M., and Hearne, R., "Privatizing public housing redevelopment: Grassroots resistance, co - operation and devastation in three Dublin neighbourhoods", *Cities*, Vol. 57, No. 9, 2015.

⑦ Copiello, S., "Leveraging energy efficiency to finance public - private social housing projects", *Energy Policy*, Vol. 96, No. 9, 2016.

本进入公租房的建设领域①。此外，Li 等（2014）发现提高公租房的平均租金最有利于提高公租房建设项目的期望净现值，有利于激励民营房地产开发企业参与公租房建设项目的建设。就租金而言，一方面，公租房租户的边际支付意愿接近公租房的边际成本，如果租金过高将导致公租房租户的支付意愿下降②；另一方面，Li 等（2016）认为如果对公租房的租金进行控制，私人的公租房供应者将会降低公租房供应的质量。为解决这两个方面的问题，政府必须提供足额的补贴。

通过以上的论述，不难看出，外国政府为了解决公租房建设一次性投入巨大的问题，通过货币补偿这种灵活手段让公租房的租户自行到市场上寻找房源，而租户租到的房屋就具有公租房的性质。此举不仅可以解决公租房的建设难题，加快了公租房的供应速度，而且规避了公租房建设当中可能出现的户型设计不合理、公租房位置偏僻、房屋质量差等方面的问题。在需要开展公租房实物建设的情况下，国外政府普遍将社会资金的引入作为主要的资金来源。在政府主导下，通过向社会资金进行政府补贴，确保社会资金的提供者能够实现合理的利润率，从而推动公租房建设项目的持续建设。因此，我国的公租房建设事业要想获得更大的发展需要在资金提供、筹措等环节加大改革调整的力度，以实现公租房建设事业的可持续发展。在此基础上，结合我国公租房建设实践经验，建立公租房的多元化供应模式，以满足广大公租房租户的实际需要。

二　国外最新研究文献的经验与借鉴

（一）转移支付体系的建立

美国自 20 世纪 70 年代中期开始启动“第八部分住房代金券计划”（Section 8 Housing Voucher Program），向美国的低收入家庭提供住房代金券支持，该计划的目标是帮助最低收入的家庭、老年人、残疾人能够在私人住宅租赁市场上具有令人满意的租赁能力，同时帮助获得代金券

---

① Li, D., Chen, H., Hui, E. C., Xiao, C., Cui, Q., & Li, Q., “A real option - based valuation model for privately - owned public rental housing projects in China”, *Habitat International*, Vol. 43, No. 6, 2014.

Li, D., Guo, K., You, J. and Hui, E. C., “Assessing investment value of privately - owned public rental housing projects with multiple options”, *Habitat International*, Vol. 53, No. 4, 2016.

② Ommeren, J. N. V. and Vlist, A. J. V., “Households’ willingness to pay for public housing”, *Journal of Urban Economics*, Vol. 92, No. 3, 2016.

的人和家庭能够迁移到更好的社区。因此，中国政府也可以参考借鉴此类做法，由各地建设行政主管部门或社会保障部门负责资格审查等各项事宜，由财政主管部门直接向需要公租房的人群进行转移支付。而得到转移支付的人群可以在私人房屋租赁市场上进行广泛的对比和选择。这种安排可以绕开开发建设公租房的烦琐过程，避免出现一次性投资规模太大的问题，也可以将房屋质量差、小区环境不佳、地理位置偏僻等一系列问题留给承租者自己在私人房屋租赁市场上自行解决。

具体而言，为了建立健全转移支付体系，第一，需要明确政府的主体地位，确定转移支付体系管理的行政部门，并根据资金需求尽量落实资金来源。第二，建立客观透明的转移支付资格审查标准，并提前公示，原则上以满足最低收入群体的需要为第一要务。第三，为了降低对地方政府财政资金的压力，需要对补贴额度进行动态调整。在总额度不变的前提下，如果申请人数降低，则不需要调整补贴额度，从而实现财政资金的节约；但是，如果申请人数上升，则降低补贴额度或拒绝新的补贴申请，从而实现财政预算不突破。第四，在经济条件许可的前提下，每一年需要对补贴额度进行动态调整，从而适应市场房屋租金水平的变化。第五，转移支付只能以间接形式进行支付，比如通过代金券，或者在符合条件的申请人在签订房屋租赁合同之后，由相关部门将补贴直接支付给房屋的所有者，从而避免补贴资金的不当使用。第六，在不显著增加政府管理成本的前提下，需要对使用转移支付租赁房屋的租户进行随机的监督检查，避免虚假房屋租赁合同的签订或其他违规行为的发生。

（二）社会资金的引入

为人民服务是我国政府的宗旨，具体到公租房领域而言，就是直接为部分人民群众服务，这部分人民群众收入水平较低，只能以低于市场价格的水平向其提供公租房，才能够体现出公租房的价值和意义，也才能够为这部分人民群众服务。但是社会资金是追逐利润的，为了激励社会资金进入该领域，就必须先解决社会资金的投资回报问题。为此，需要参照银行贷款的计算办法（即年金公式），将公租房的建设成本分摊至建成之后的30年的时间里面，逐年回收成本和相应的利润，即换算为每年等额收取的金额，从而满足社会资金对投资回报的要求。但是，通过实际测算，这一等额收取的金额与市场租金水平相差不大，无法体现出公租房的保障功能，而实际收取的公租房租金也只能处在一个较低的水平。因此，只通过实际收取的租金是不能够满足社会资金对投资回报的要求的，政府不仅需要将实际收取的公租房租金支付给社会资金的提供者，而且需要把理论上计算出的等额收取的金额与实际收取租金的差额补贴给社会资金的提供者。

为了激励社会资金进入公租房的建设领域，第一，在公租房建设项目建设之前，政府需要与社会资金的提供者就公租房租金收取模式达成一致，明确公租房的租金水平以及公租房租金转移支付给社会资金提供者的具体方式。第二，双方需要就资金补贴模式达成一致，明确补贴的金额、补贴发放的方式等具体事项。第三，由于时间跨度较大，双方需要就可能出现的、导致每年等额支付的总金额发生变化的情况进行事先的约定和说明。第四，由于可能出现公租房租金水平发生变化或公租房租金收取不足的情况，双方需要事先制订进一步的资金补贴方案和计划，从而帮助社会资金的提供者获得合理投资回报水平。第五，如果政府财政出现紧张局面，导致政府无法支付补贴，那么应当准许社会资金的提供者将公租房进行拍卖，从而获得合同约定的补偿。

（三）其他需要注意的问题

第一，公租房的出售问题。由前文得知，公租房建设项目的良好运作可以帮助减少贫困，在一些国家，公租房的商品化不利于贫困人口和家庭的减少，并且将会增加贫困人口和家庭的生活负担，因此，需要审慎对待公租房的出售问题，确保公租房的保障作用得以有效地发挥。对于由政府资金投资兴建的公租房建设项目或者由政府相关管理部门直接管理的公租房建设项目，就不能出售。由社会资金投资兴建的公租房建设项目，需要按照引入社会资金时签订的协议执行。

第二，公租房的租金定价问题。直接提高公租房的租金将有利于吸引社会资金进入公租房建设领域，但是租金过高必将导致公租房出租难。反之，直接降低公租房的租金将有利于公租房的出租，但是租金过低必将导致无法有效吸引社会资金进入公租房建设领域。由于公租房的特殊性质和定位，公租房的租金定价水平必须偏低才能满足公租房租户的实际需要。因此，政府需要对社会资金的提供者提供足额的补贴，从而满足社会资金的提供者对投资回报水平的要求。

第三，政府的支持。不管是建立转移支付体系，还是引入社会资金，政府在其中都发挥着核心作用。一方面，政府需要建立转移支付的管理体系，明确工作任务和工作职责，并为该体系的良好运作提供基本的财政支持。另一方面，在引入社会资金之初，政府相关部门需要测算未来进行补贴补偿的额度，从而确保能够对社会资金的提供者给予合理的激励和支持，最终确保公租房建设项目的顺利实施和可持续发展。除此之外，对于社会资金的提供者，在其参与其他政府项目的招投标活动时给予一定的政策倾斜，不仅可以起到激励作用，还可以起到良好的社会示范作用。

三　小结

伴随着我国社会经济更进一步的快速发展，公租房建设事业更是需要获得更大的发展，从而更好地满足社会经济的现实需要。由于公租房建设事业建设规模巨大，资金需求同样较大。为解决该问题，完善我国公租房融资机制，本书在对国外文献进行梳理的基础上，提出了具体的建议和对策。一方面，有必要探索公租房发展的新模式，即在完善实物补贴（具体的公租房建设项目建设）的基础上，探索非实物补贴（如现金补贴等）的措施和方法。另一方面，有必要吸纳社会资金建设公租房项目，采取多元化融资模式向市场供应公租房，不断扩展融资渠道，增加建设资金，实现公租房建设项目的可持续发展。

第六节　本章小结

本章对本书所开展研究的理论基础进行了高度概括和分析。通过文献综述，首先明确了本书研究对象的性质及特点，即公租房具有准公共品属性，且其自身的投资回报较差。通过对公租房融资问题研究的综述，较好地梳理出了本书的研究脉络。这一研究脉络所涉及的两个主要问题是公租房特许期的制定和公租房租金定价水平的制定，即如何在推动公租房建设事业发展的前提下，通过各项优惠政策对社会资金进行补贴，从而提高社会资金的利润率。其次，探讨了公租房的租金定价问题，以期为公租房融资问题的解决提供必要的理论基础和依据。再次，本章对公租房融资问题相关的关键理论进行了梳理，建立了后续章节理论分析的基础，为后续的研究工作做出了理论准备。又次，本章基于

CNKI 文献检索工具和层次分析法对相关文献进行了分析和评述，可以确定目前理论研究领域中关于公租房融资问题研究中认可度最高的一篇论文[①]，该论文的核心观点是多渠道为公租房建设提供资金，综合运用多种手段和渠道去推动公租房建设事业的更进一步发展。最后，本章在对国外文献进行梳理的基础上，对国外经验进行了归纳和总结，并提出了具体的建议和对策。一方面，有必要探索公租房发展的新模式，即在完善实物补贴（具体的公租房建设项目建设）的基础上，探索非实物补贴（如现金补贴等）的措施和方法。另一方面，引导社会资金进入公租房的建设领域，通过多元化的融资模式向市场供应公租房，不断扩展融资渠道，增加建设资金，实现公租房建设项目的可持续发展。通过本章的相关文献综述，展望了本书以下针对公租房融资问题开展的研究工作。基于本章的内容和观点，建立了本书的理论基础。基本上可以得出结论：社会资金的引入将推动我国的公租房建设事业的发展。

---

① 田秋生、李嘉莉：《解决公租房建设融资问题的一揽子方法》，《南方金融》2011 年第 5 期。

第三章　公租房相关议题的调查研究

第一节　调查研究的准备工作

公租房是一种新生事物，备受社会各界的关注，反复出现在各级政府部门推出的政策文件中，并且也是学术研究领域的研究热点，相关的理论上的研究成果层出不穷。在现实生活当中，公租房的建设被认为是解决“住房难”问题的有效手段，很有可能成为推动经济中长期增长的动力。而国家主席习近平同志不管是在就职之初，还是在十九大报告之际，都把注意力放到了弱势群体身上，而弱势群体中必然存在对公租房的迫切需求。鉴于此，有必要进行一定的调查研究，了解相关群体及个人对公租房的需求，并尽可能对这些要求和需求进行定量描述，努力形成对公租房建设有益的思考和借鉴，希望能够有助于公租房融资问题的解决和公租房融资机制的建立。当然，即便调查研究当中存在无法定量描述的部分，比如说定性描述的部分，不管回答是否确切或合乎常理，本书都考虑和采纳，或者说进行调整之后加以应用。

尽管有必要进行一定的调查研究，但是围绕公租房融资问题开展调查研究难度比较大。尤其是公租房相关的实践经验相对较少，难以针对公租房融资问题开展有效的调查研究。但是，即便如此，开展调查研究仍然是有必要的。也许，不完善的调查研究能够带来更多理论上的思考和碰撞。希望能够通过本书的调查研究，可以获得一定的信息反馈。本章的调查研究是以调查问卷为手段，希望能够了解公租房在本地区实施的实际情况以及被调查者对公租房未来发展的期待，从而为本书的研究提供思路和帮助。本章调查问卷是基于公租房相关的政策文件和网络报道，同时结合调查问卷研究的理论，从而最终确定调查问卷的问题，具体内容可以参见附录 1。

第二节　调查研究实施中的注意事项

调查研究，就是指对主客观事物的调查了解和在此基础之上开展研究工作，从而把调查对象的本质和内涵调查清楚，把研究问题的影响和后果分析准确，为问题的解决提出合理的对策和建议。只不过，由于调查研究实施背景的不同以及调查研究实施目的的差异，不同的调查研究往往有着不同的形式和特点。一般来说，调查和研究是不同的，有一定的差别。具体而言，调查是指通过不同的途径，运用多种调查方法，有计划地了解被调查对象的实际情况。研究则不同，研究是指在调查的基础之上，在更进一步分析论证的基础之上，以获得被调查对象的抽象本质和科学规律。所以说，调查和研究联系紧密但又区别明显，研究必须以调查为基础来开展，但是，通过分析论证，研究又是调查结果的进一步的发展和升华。针对本书所开展的河南省公租房融资机制研究，显然是以调查为主，目的在于了解情况，清楚地描述和勾勒问题情境，主要工作在于了解公租房制度变化实施当中新近出现的信息，准确把握公租房承租者的心声和愿景。

调查研究需要通过考察了解客观情况从而获取有关资料，那么就必须选择相应能够最大限度满足调查研究需要的调查研究方法。调查研究方法可以不受时间和空间的限制，但是选择不当也不可能发挥良好的作用。结合本书的研究内容和研究目的，本章所探讨的调查研究中的方法和形式主要是指调查问卷。调查问卷的实施就是将所要了解的情况通过调查问卷的形式发放出去，然后统计收回调查问卷中各问题所占的百分比来获取调查研究信息的一种调查研究方法。这种调查研究方式在短时间内就可获得相关调查对象的信息，调查成本非常低，但是信息准确性不高，调查问卷的回收率不高。所以，尽管调查问卷的方法也有不足和缺点，但是考虑到调查成本较低，实施简便，本章依然选择采取了调查问卷研究法。

第三节　调查研究的实施过程

课题组一共印发了100份调查问卷。为了降低调查问卷实施的时间成本，选择了郑州和洛阳两地进行调查研究。为了提高调查问卷的收回率，被调查者包括本书参与人员在郑州和洛阳两地工作学习的朋友和同事。在洛阳，通过直接发放纸质版调查问卷的形式进行调查研究；在郑州，主要通过网上电子版调查问卷的形式进行调查。但是，即便如此，和其他领域实施调查问卷采集数据的情况相类似，本次调查问卷的实施受到主客观因素的影响，有效调查问卷只有51份（相关信息汇总在附录2中）。尽管有效的调查问卷不多，但是调查问卷还是揭示了一些有用信息，主要包括以下几个方面。

第一，公租房的社会认知程度依然偏低，调查研究中发现很多人表示不太了解公租房，更有甚者，有的人还从未听说过公租房这一新型的保障房类型。产生这一结果的原因很多，一是公租房在我国存在时间不长，自2009年国务院提出这个概念以来，还不到十年时间。二是各地市公租房政策的制定和公租房项目的实施过程中并没有开展足够的宣传工作，只是在官方媒体上频繁出现，缺乏符合人民群众需要的宣传形式。三是以往的经济适用房存在很多问题，比如申请难，因此，一些被调查者对公租房也不管不问。以上这些原因很容易导致被调查者对公租房产生消极态度。

第二，调查问卷内容偏多，问题数量较多。有人直接提出调查问卷的问题数量相对较多，花费时间较长，可能导致被调查者产生应付心理。这是因为市场上常见的调查问卷大多是快速消费品领域的调查研究，这些调查问卷往往设计简洁，填写时间较短。而本书的调查问卷是以了解情况为主，所以问题多，对于生活工作节奏较快的上班族而言，确实不愿意花费太多的时间去填写这份调查问卷。

第三，为了迅速发放和收回调查问卷，最终导致收回的有效调查问卷的数量太少。一般认为，有效调查问卷的数量与研究结果的质量密切相关。因此，基于本书调查研究所得结论缺乏说服力。但是大范围的调查研究活动往往实施难度大、时间成本高，并且实施过程中又无法获得符合现行财务规定可以报销的发票，这将会对调查研究产生比较大的资金压力。

第四，被调查对象的选择范围相对较窄，大多数具有高中以上学历。而公租房的保障对象很多，农民工群体等低教育水平的群体都是被保障对象，不过如果扩大范围，研究实施的难度也会提高。同时，农民工群体的工作大都不稳定，这也会提高研究实施的难度。

第五，根据调查问卷的实施情况，调查问卷存在一些不太合理的问题，使得被调查者难以回答。如果以后继续开展调查问卷研究，将努力避免这些问题的出现，科学设计、合理安排，力争获得更好的调查研究结果。

第四节　调查研究结果的分析

表 3－1　　**调查问卷相关数据汇总**　　单位：%

	第一部分						第二部分			
—	问题 1	问题 2	问题 3	问题 4	问题 5	问题 6	问题 7	问题 8	问题 9	问题 10
A	58. 82	52. 94	17. 65	31. 37	7. 84	64. 7	9. 8	25. 5	35. 29	58. 82
B	41. 18	25. 49	82. 35	27. 45	11. 76	17. 65	47. 04	37. 25	33. 33	25. 49
C	—	7. 84	—	21. 58	21. 57	11. 76	27. 45	27. 45	23. 53	17. 73
D	—	5. 89	—	9. 8	56. 87	5. 88	11. 75	9. 8	7. 85	1. 96
E	—	7. 84	—	9. 8	1. 96	—	1. 96	—	—	—
	第二部分						第三部分			
—	问题 11	问题 12	问题 13	问题 14	问题 15	问题 16	问题 17	问题 18	问题 19	问题 20
A	21. 57	19. 6	39. 22	37. 25	7. 84	25. 49	35. 29	0	27. 45	21. 57
B	41. 18	52. 94	21. 57	49. 02	50. 98	37. 26	52. 94	29. 41	39. 22	29. 41
C	25. 49	21. 57	25. 49	11. 76	27. 45	25. 49	9. 8	43. 13	13. 73	11. 76
D	1. 96	5. 88	11. 76	1. 96	13. 73	5. 88	1. 96	13. 73	7. 84	1. 96
E	7. 84	—	1. 96	—	—	5. 88	—	13. 73	0	9. 8
F	1. 96	—	—	—	—	—	—	—	11. 76	19. 6
G										5. 88

续表

	第三部分									
—	问题 21	问题 22	问题 23	问题 24	问题 25	问题 26	问题 27	问题 28	问题 29	问题 30
A	41.18	9.8	7.84	5.88	82.35	45.1	39.22	19.61	35.29	56.86
B	58.82	39.22	33.33	62.75	17.65	54.9	52.94	31.37	56.86	35.29
C	—	39.22	47.06	31.37	—	—	5.88	19.61	7.85	7.85
D	—	11.76	7.84		—	—	1.96	7.84	0	0
E	—	—		—	—	—	—	7.84	—	0
F	—	—	—	—	—	—	—	5.88	—	—
G										7.84
	第三部分									
—	问题 31	问题 32	问题 33	问题 34	问题 35	问题 36	问题 37	问题 38	问题 39	
A	—	—	17.65	68.63	37.25	5.88	7.84	—	—	
B	—	—	37.25	31.37	41.18	39.22	17.65	—	—	
C	—	—	25.49	—	7.84	45.1	29.42	—	—	
D	—	—	13.73	—	13.73	9.8	37.25	—	—	
E	—	—	5.88	—	—	—	7.84	—	—	

注：问题 31—31 是多项选择题，可以参见附录 2；问题 38 - 39 属于开放论述题，在上表中未作总结。

通过汇总分析，在第一部分中，对问题 5 的回答可以得出结论，约 80% 的被调查者有着一定程度的高等教育经历，过半的被调查者都具有本科学历；并且，通过对问题 2 和 6 的回答，大多数都是新就业职工，属于公租房的保障范围。因此，这几个调查问卷问题所揭示的信息以及所产生的相应结论对于包括农民工群体在内的其他城市低收入群体可能不太适用。那么，如果以后开展调查研究工作，必须努力扩大调查研究实施的范围。但是，本书调查问卷所调查的对象属于公租房的保障范围，也具有一定的研究意义。

在第二部分中，对问题 7 的回答显示租住公租房的比例偏低。而对问题 10 的回答就对这一结果进行了很好的解释。比如，郑州市公租房分配入住管理办法中要求月收入在 2000 元以下，而被调查者的收入水平大多高于 2000 元。这些信息在对第二部分其他问题的回答中也得到了验证。

在第三部分中，对问题17的回答揭示公租房的社会认知度比较低。对问题19的回答显示公租房实际实施的效果不佳。问题20的调查数据显示，城市低保家庭、农民工和新就业的大学生是最应该享受公租房保障待遇的群体。但是，这三类群体的收入水平不高，支付能力较差，如果公租房建设投融资活动引入社会资金，如何进行政策安排解决公租房建设投融融资方案中投资回报水平较低的问题就是一个需要优先考虑解决的问题。

此外，问题21—26中的调查数据反映被调查者对公租房的质量期望较高，而提高公租房的质量将必然增加公租房的建设成本。问题27—30中的调查数据则反映出被调查者希望支付较少的公租房租金。那么，相同的问题再次出现，即如果公租房的建设投融资活动以社会资金为主，社会资金的提供者必然对利润水平有着客观的最低要求，所以必须尽最大可能对社会资金进行补偿。问题33—37中的调查数据则反映出被调查者对后续公租房政策改善创新的迫切愿望。

第五节 建议与对策

第一，公租房是一种准公共产品，具有社会保障的功能。因此，随着社会经济状况的发展和居民生活水平的变化，应当适时进行公租房准入门槛的动态监测和调整，基于底层人民群众的承受能力来确定公租房的租金水平，而不能以公租房的建设成本为定价依据，更不能以公租房建设工程项目能否盈利为定价原则，否则无法有效发挥保障功能。这是开展任何相关研究必须考虑的，也是政府制定相关政策的出发点。

第二，政府部门应基于人民群众的实际收入水平对公租房租金进行合理调整，建立公租房租金的长效调整机制。必须明确规定一旦公租房保障对象的收入水平发生变动，则必须对公租房租金定价水平进行相应的调整。政府部门应建立健全相关的定价和实施机制，不断完善公租房相关的配套政策，并努力进行政策创新，营造公租房建设事业良好发展的政策环境，保证公租房租金定价方法的科学性和理性以及公租房租金水平的可控性，不仅需要组织专家学者进行实际测算，还需要开展由相关人民群众为主的听证会，最后再去推广实施。

第三，建设公租房是为人民服务的，但是社会资金的提供者则优先考虑投资回报水平问题，这是市场经济条件下的正常选择和考虑。因此，政府应对公租房建设投融资领域的社会资金给予足够的资金补贴和政策扶持。在实践当中，一些商业开发项目中会配套建设公租房，而政府在这种项目上对土地出让价格又往往有限制，这在一定程度上就相当于补贴补偿。这种做法可以避免政府直接建设公租房所产生的问题，比如，可以减轻政府财政的压力，转移项目建设的风险，又可以部分解决公租房的供应问题以满足人民群众的迫切需要。

第六节　本章小结

本章基于调查问卷研究开展了调查研究。在阐述了调查问卷研究准备情况的基础之上，分析了调查问卷研究实施中的注意事项，以及调查问卷研究的数据结果，并给出了一定的对策建议。结合本书的研究目的，可以得出结论，公租房的公共属性决定了公租房的租金定价水平应当偏低从而满足公租房所应保障人群的基本利益。但是如果引入社会资金参与公租房的建设投融资活动，为了实现合理的投资回报，同时确保公租房租金处在一个较低水平，政府必须向参与公租房建设的社会资金提供优惠政策。那么，政府与社会资金的投资者之间的关系如何协调就成为本书下一个亟待解决的问题，这也成为下一章理论研究的重点。

第四章　公租房建设中融资问题的理论分析

如果社会资金进入公租房的建设领域，那么必然存在社会资金的提供者和政府之间的委托代理博弈问题。比如，社会资金的提供者（即公租房的投资方或投资人）出于投资回报的考虑，必然期望获得最大回报，而政府一方则只希望公租房的投资方获得合理的资金回报，二者之间必然存在一定的矛盾和冲突。本章在理论假设的基础之上，构建了政府与公租房的投资方之间的委托代理博弈模型，通过模型分析，在理论上对公租房建设中的融资问题进行了理论描述和分析，为解决公租房建设中的融资问题提供了理论依据和参考。

第一节　研究模型的构建

首先，参照一般模型建立的体系，假定 a 代表公租房投资方的努力水平，a_1 代表政府部门的努力水平，θ 是公租房建设工程项目的产出变量（且其符合正态分布的要求，均值是零，方差是 σ）。其次，在此基础上，假设公租房建设工程项目的产出函数是$\pi = a + a_1 + \theta$。一般来讲，期望产出水平可以直接确定，即 $E\pi = E(a + a_1 + \theta) = a + a_1$，同时，$Var(\pi) = \sigma^2$。最后，根据这一公式的表述，可以得出结论，$a$ 和 a_1 这两种努力水平共同决定了公租房项目产出的均值，a 和 a_1 越大，产出的均值越高。

假设政府是风险中性的，投资方是风险规避的，并且，投资方的收入函数是 $s(\pi) = \alpha + \beta\pi$。其中，$\alpha$（$\alpha > 0$）是投资方获得的固定收入，此外，$\beta\pi$是投资方获得的变动收入，$\beta$（$0 \leqslant \beta \leqslant 1$）就是变动收入的系数。如果该系数为 0，投资方就只能获得固定收入。尽管投资回报水平偏低，但是投资回报极其稳定，因此这对公租房投资者而言，几乎

没有激励作用。如果该系数为1，这就意味着公租房投资方所承担风险最大，在固定收入汇报的基础之上，变动收入增加了π。但是当π为负值时，公租房投资者将承担一定的损失，如果π为负值且其值足够大时（即当$|\pi|>\alpha$时），公租房投资者将面临亏损的结果。政府方的期望收入就是公租房项目产出函数与投资方收入函数的差额，如下所示

$$Eu(\pi - s(\pi)) = E(\pi - \alpha - \beta\pi) = -\alpha + E(1-\beta)\pi = -\alpha + (1-\beta)(a + a_1)$$

投资方的风险函数是$u = -e^{-\rho w}$。其中，ρ是投资方的绝对风险规避度量，w是实际的货币收入。投资方的努力成本函数是$c\ (a)\ = \frac{ba^2}{2}$。其中，投资方的努力成本系数是$b\ (b>0)$，代表投资方努力成本的高低。在这种情况之下，公租房投资方的实际收入可以用收入函数减去努力成本函数，如下所示

$$w = s(\pi) - c(a) = \alpha + \beta\pi - \frac{ba^2}{2} = \alpha + \beta(a + a_1 + \theta) - \frac{ba^2}{2} \qquad (4-1)$$

在此基础上，就可以进一步确定公租房投资方的确定性等价收入，如下所示

$$Ew - \frac{1}{2}\rho\beta^2\sigma^2 = \alpha + \beta(a + a_1) - \frac{1}{2}\rho\beta^2\sigma^2 - \frac{1}{2}ba^2 \qquad (4-2)$$

根据式（4-2），投资方的期望收入是Ew，投资方的风险成本是$\frac{\rho\beta^2\sigma^2}{2}$。如果$\beta=0$时，风险成本为0。假设$\bar{w}$为社会资金进入公租房建设领域所要求达到的最低收入水平，那么，只有当w大于$\bar{w}$时，社会资金才会进入公租房建设领域。因此，公租房投资方的参与约束为

$$\alpha + \beta(a + a_1) - \frac{1}{2}\rho\beta^2\sigma^2 - \frac{1}{2}ba^2 \geqslant \bar{w} \qquad (4-3)$$

第二节　信息对称的情况

信息对称的情况是指政府拥有关于投资方努力水平的全部信息。此时，政府只考虑式（4-3），通过确定（α，β）和a求解以下问题

$$\max_{\alpha,\beta,a}(-\alpha+(1-\beta)(a+a_1))\ s.t.\ (IR)\ \alpha+\beta(a+a_1)-\frac{1}{2}\rho\beta^2\sigma^2-\frac{1}{2}ba^2\geqslant\overline{w} \tag{4-4}$$

由于信息对称导致公租房投资方无法隐藏信息，可以实现最优解。在最优情况下，政府只需要支付 $\overline{w}$ 即可，即式（4－4）中公租房投资方参与约束的等式成立。式（4－4）就可以改写为

$$\max_{\alpha,\beta,a}\left(a+a_1-\frac{1}{2}\rho\beta^2\sigma^2-\frac{1}{2}ba^2-\overline{w}\right) \tag{4-5}$$

经过简单求解，可以得到

$$a=\frac{1}{b};\ \beta=0 \tag{4-6}$$

再将式（4－6）中的结果代入式（4－3），可以得到

$$\alpha=\overline{w}+\frac{1}{2}ba^2=\overline{w}+\frac{1}{2b} \tag{4-7}$$

这就是信息对称下的最优解或者说最优合同。根据式（4－7），意味着投资方承担的风险为0，政府的支付也是固定不变的。由于投资方的最优努力水平是 $a=\frac{1}{b}$，与政府的努力水平无关，即政府不需要付出任何额外的努力，也不需要提供任何优惠政策，就可以推动公租房建设工程项目的实施。因为信息对称，投资方只能选择最优努力水平，不需要讨论如何对投资方进行激励。

第三节 信息不对称的情况

一 信息不对称的描述

此时，公租房投资方可以利用其信息优势来牟利，即可以通过对其努力水平的调整来最大化其确定性等价收入，为了得到公租房投资方的激励约束，对式（4－2）进行求导可得

$$a=\frac{\beta}{b} \tag{4-8}$$

当投资方的风险为0时（即 $\beta=0$），显然 $a=0$。此时，投资方的收入与产出无关，公租房投资方的努力水平也是0。政府制定公租房政策

时所需要考虑的问题是如何选择 α、β 使得公租房投资方提高努力水平，采取有利于公租房建设工程项目实施的行为。这一规划问题可以表示为

$$\max_{\alpha,\beta}(-\alpha+(1-\beta)(a+a_1))$$

$$s.t.\ (IR)\alpha+\beta(a+a_1)-\frac{1}{2}\rho\beta^2\sigma^2-\frac{1}{2}ba^2\geqslant\bar{w}(IC)a=\frac{\beta}{b} \tag{4-9}$$

在最优的情况下，政府只支付 $\bar{w}$，从而参与约束等式成立，可以得到

$$-\alpha=\beta(a+a_1)-\frac{1}{2}\rho\beta^2\sigma^2-\frac{1}{2}ba^2-\bar{w} \tag{4-10}$$

式（4－9）也可以重新表述为

$$-\alpha+(1-\beta)(a+a_1)$$

$$s.t.\ (IR)-\alpha=\beta(a+a_1)-\frac{1}{2}\rho\beta^2\sigma^2-\frac{1}{2}ba^2-\bar{w}(IC)a=\frac{\beta}{b} \tag{4-11}$$

将式（4－11）中的 IR 和 IC 代入式（4－11）中的目标函数，式（4－11）可以重新表述如下

$$\max_{\beta}(\frac{\beta^2}{b}+\beta a_1-\frac{1}{2}\rho\beta^2\sigma^2-\frac{1}{2}b(\frac{\beta}{b})^2-\bar{w}) \tag{4-12}$$

对 β 一阶求导，可以得到

$$\frac{2\beta}{b}+a_1-\rho\beta\sigma^2-\frac{\beta}{b}=0 \tag{4-13}$$

进一步，可以得到

$$\beta=\frac{a_1b}{\rho\sigma^2b-1} \tag{4-14}$$

投资方的最优努力水平为

$$a=\frac{\beta}{b}=\frac{a_1}{\rho\sigma^2b-1} \tag{4-15}$$

如果将式（4－14）和式（4－15）代入式（4－3），可以得到

$$\alpha=\bar{w}-\frac{a_1^2b}{2(\rho\sigma^2b-1)} \tag{4-16}$$

基于式（4－15），投资方的努力水平 a 并不确定。这是因为无法确定投资方分享的产出份额 β 和政府的努力水平 a_1。由于 a、a_1、β 都不确定，政府的支付也不确定，那么，公租房的投资方必将面临巨大的风险。但是，由式（4－16）可知，政府在信息不对称的情况下支付的

固定收入肯定小于信息对称下的情况。所以，有必要研究各项参数之间的相互关系。前文已经假设，投资方分享的产出份额是β（$0\leqslant\beta\leqslant1$）。以下取$\beta$的两个极值（即0和1），分别研究两种极端风险分配模式所蕴含的理论意义和实践价值。

二　风险水平为0的情况

由$\beta=0$，可得

$$a_1=0;\ a=0 \tag{4-17}$$

将式（4-17）代入投资方的参与约束（即式（4-3）），结果是

$$\alpha=\bar{w} \tag{4-18}$$

式（4-18）就是风险水平为0前提下的帕累托最优合同，公租房投资方获得的固定收入α等于其保留收入水平，而委托代理双方的努力水平均为0。

而在前面的分析中，信息对称下的帕累托最优导致投资方不承担任何风险，努力的边际期望利润等于努力的边际成本，公租房投资方获得的固定收入等于其保留收入与努力成本之和。信息不对称情况下，如果投资方承担风险为0（即$\beta=0$），必将导致投资方的努力水平降低为0，同时导致公租房投资方所获得的固定收入也减少了。显然，信息不对称情况下，如果公租房投资方不承担任何风险，尽管政府的支付减少了，节约了政府的财政资金，但是公租房投资方的努力水平为0，这将不利于公租房建设项目的持续发展。所以，信息不对称情况下，可以通过制订合理的风险分配方案（即合同条款的制定）让公租房投资者承担一定或者全部的风险，从而起到必要的激励作用。

三　风险水平为1的情况

由$\beta=1$时，可得

$$a_1=\rho\sigma^2-\frac{1}{b}=\frac{\rho\sigma^2b-1}{b};\ a=\frac{1}{b} \tag{4-19}$$

显然，双方的总努力水平为

$$a_*=a_1+a=\rho\sigma^2 \tag{4-20}$$

将式（4-19）代入式（4-3），可以得到

$$\alpha=\bar{w}-\frac{1}{2}\rho\sigma^2+\frac{1}{2b} \tag{4-21}$$

这是风险水平为1前提下的帕累托最优合同。此时，公租房投资方

承担全部风险，并且其分享的产出份额最大。公租房投资方的风险成本是$\frac{\rho\sigma^2}{2}$，是委托代理双方的总努力水平的一半。所以，式（4－21）中，公租房投资方获得的固定收入等于其保留收入减去其风险成本，然后加上努力成本。

很明显，信息不对称的情况下，为了使投资方付出和信息对称情况下一样的努力水平，必须使投资方承担全部风险。同时，公租房投资方获得的固定收入也减少了。但是，与信息不对称情况下，公租房投资方不承担风险的情况相比较，如果公租房投资方承担全部风险，委托代理双方的努力水平就提高了。此时，公租房投资方获得的固定收入则取决于其努力成本及其风险成本的大小。那么，就可以由式（4－21）引申出以下三种情况。

$$\frac{1}{2b} > \frac{1}{2}\rho\sigma^2 \Rightarrow b < \rho\sigma^2;\quad \alpha = \bar{w} - \frac{1}{2}\rho\sigma^2 + \frac{1}{2b} > \bar{w} \tag{4-22}$$

在式（4－22）中，如果投资方努力成本大于其风险成本，公租房投资方获得的固定收入就增加了。

$$\frac{1}{2b} < \frac{1}{2}\rho\sigma^2 \Rightarrow b > \rho\sigma^2;\quad \alpha = \bar{w} - \frac{1}{2}\rho\sigma^2 + \frac{1}{2b} < \bar{w} \tag{4-23}$$

在式（4－23）中，当公租房投资方努力成本小于其风险成本，公租房投资方获得的固定收入就减少了。

$$\frac{1}{2b} = \frac{1}{2}\rho\sigma^2 \Rightarrow b = \rho\sigma^2;\quad \alpha = \bar{w} - \frac{1}{2}\rho\sigma^2 + \frac{1}{2b} = \bar{w} \tag{4-24}$$

在式（4－24）中，当投资方努力成本等于其风险成本，公租房投资方获得的固定收入不变。

并且，由以上三个公式可以得出结论，由于σ^2是产出π的方差，所以公租房投资方的绝对风险规避度量ρ和公租房投资方的成本系数b将决定努力成本与风险成本之间的关系。

在实践领域，ρ下降往往意味着公租房投资方更倾向于承担风险，勇于承担经济责任，但是，这种情况并不多见。这是因为，风险规避是合乎常理的选择，必然导致不能勇于承担经济责任。并且，公租房的投资大、周期长，一旦造成损失，将无法变现弥补损失。所以公租房投资方的绝对风险规避度量ρ有增大的倾向。

成本系数b增大则会导致相同努力水平带来的负效用越大，成本系

数 b 减少则会导致相同努力水平带来的负效用越小。这可以理解为没有创新创业精神的公租房投资方，其成本系数 b 越大；具有创新创业精神的公租房投资方，其成本系数 b 越小。一般认为，绝大多数的行为主体是计较个人得失的，缺乏创新创业精神的。所以，公租房投资方的成本系数 b 更有可能增大。但是，由于不能在理论上确定 ρ 和 b 的相互关系，所以，如果信息不对称，公租房投资方获得的固定收入 α 也是不确定的。

四　结论与启示

如何推动公租房建设事业的进一步发展已经成为政府面临的客观问题，而公租房的融资问题已经成为公租房建设投融资活动中的一个需要优先考虑解决的问题。本章针对公租房融资机制进行了理论模型的建立和研究，得出了一些重要结论。首先，信息不对称是市场经济运作条件下的普遍情况，针对本书的研究问题，政府这一委托方所面临的问题情境是，如何进行合理的风险分配（即 β），明确公租房投资方应该获得的固定收入 α。在信息不对称的情况下，如果 $\beta=0$，政府和投资方的努力水平均为0；如果 $\beta=1$，政府和投资方的努力水平分别为 $\frac{(\rho\sigma^2 b-1)}{b}$ 和 $\frac{1}{b}$，此时，公租房投资方的努力水平达到信息对称下的情况。因此，可以得出以下推论。

第一，如果信息不对称，投资方的努力水平和其分享的产出份额 β 正相关，其努力水平从 0 增加至 $\frac{1}{b}$。因此，β 就是激励报酬的强度系数。因此，通过合理的风险分配和适当的激励机制可以促使公租房投资方付出更大的努力，这将推动公租房建设事业的发展。但是，由于 β 受到多种因素的影响，所以，风险分配和激励机制的设计非常困难。基于式（4－14），β 的大小主要取决于 a_1（即政府的努力水平）和 ρ（即绝对风险规避度量）。为了使得 β 增加，a_1 应当提高，而 ρ 应当下降。但是，前文已经指出，在理论上，ρ 倾向于增大。因此，为了增加 β 需要提高 a_1。

第二，如果信息不对称，公租房投资方真实的努力水平将无法被观测到。即便如此，为了激励公租房投资方的努力水平与信息对称情况下的情况相一致，政府的努力水平是$\frac{(\rho\sigma^2 b-1)}{b}$。此时，公租房投资方可以获得最大的产出份额。因此，为了推动公租房建设事业的发展，政府需要发挥主导作用，承担主体责任，激励提高公租房投资方的努力水平。并且，已经有学者指出政府应对公租房项目的建设给予包括补贴在内的政策支持，从而有效引导社会资金进入这一特殊领域。[①] 并且，这种公租房建设投融资模式可以降低政府面临的资金压力，还可以起到带动社会投资的作用。此外，β 的变化还意味着，对投资方的激励不能采取固定金额和固定形式。为了提高公租房建设投融资的效益效果，政府必须对社会资金提供足够的激励。

第三，与信息对称的情况相比较，信息不对称将导致公租房投资方所获取的固定收入 α 下降了。但是，由式（4－22）至式（4－24）可以知道，由于相关参数的变化不能明确，公租房投资方所获得的固定收入 α 的变化并不明确，一共有三种可能。一是当公租房投资方努力成本大于其风险成本，投资方的固定收入将会增加；二是当公租房投资方努力成本小于其风险成本，公租房投资方所获得的固定收入减少了；三是当公租房投资方努力成本等于其风险成本，公租房投资方所获得的固定收入不变。为了降低公租房投资方所获得的固定收入，减少政府财政支出规模，政府应当选择那些具有社会责任心的公租房投资方。同时，如何确定公租房投资方的经济权利和投资回报是解决公租房融资问题的关键。

通过以上论述，为了激励社会资金参与公租房建设投融资活动，政府的努力水平越高，提供的优惠政策越多，公租房投资方获得的产出份额越大，都会使公租房投资方提高其努力水平；并且，如果条件合适，公租房投资方的努力水平可以达到信息对称情况下的最优努力水平。所以，政府需要提供良好的“政策服务”，才可能激励社会资金参与公租房建设投融资活动，促进公租房建设事业的发展。此外，政府应该选择那些具有较强运作能力、勇于承担社会责任的公租房投资方，从而最终提高政府的期望效用水平，推动公租房建设事业的良性循环发展。

---

① Priemus，H. and Whitehead，C.， “Interactions between the financial crisis and national housing markets”，*Journal of Housing & the Built Environment*，Vol. 29，No. 2，2014.

第四节　本章小结

本章通过理论研究，对公租房建设中融资问题进行了理论分析及研究。首先概述了理论基础；其次建立理论研究模型，进行了多维度和多层次研究和论证；最后得出了一些重要的结论，并提出了合理的建议，为建立公租房融资机制提供了理论依据。

第五章　公租房建设中融资问题的实践分析

第一节　公租房租金定价实践

一　我国主要城市的经验总结

社会资金需要获得合理的投资回报，而公租房的租金水平就是投资回报的来源之一。所以，公租房融资机制研究必须涉及对公租房租金定价水平的研究。在第二章，已经将公租房租金定价模式归纳为三种，即“保本微利”模式、“保本无利”模式和“政府补贴（亏本无利）”模式。其中，我国的一些地区已经采用了前两种模式。第一种模式的典型代表是北京市。2012 年 7 月 4 日，北京市朝阳区的首个公租房建设工程项目建成并投入使用，根据公开可以查阅的信息，该公租房项目月租金是 38 元/建筑平方米，只比市场价格低 15%。显然，北京市公租房的租金定价水平偏高。并且，由于公租房房源较少，也很难对市场产生较大的影响。第二种模式中，以重庆市为例，有学者指出重庆市公租房租金不便宜，高于公租房租户的期望价格水平，而人们选择租住公租房是为了“五年后可以购买”公租房。显然，由于公租房的运营经验不足，公租房租金定价水平的制定也还有改善的空间。单纯地从公租房租金价格水平的角度出发进行对比，重庆模式的租金定价水平更低，低租金应该是未来公租房租金定价水平制定的发展方向。但是，社会资金的投资方需要考虑利润回报和投资回报，将会导致公租房租金定价水平的提高。很明显，重庆模式不以营利为目的将很难发挥对社会资金的激励作用。因此，需要对这一模式进行调整，从而适应社会资金的需求。

二　河南省的经验总结

目前，河南省还没有全省统一的监督管理机构，所以，也不存在全省统一的公租房租金定价标准。河南省各地市均以住建部政策为框架分别制定相应文件。而在实践领域，2012 年下半年才开始出现公租房配租活动。总的来说，所积累的实践经验依然较少。仅就公租房租金定价而言，河南省各地市的政策文件比较接近。比如，郑州市规定公租房租金定价水平应控制在市场水平的 70% 以内，河南省全省的情况基本一致。显然，这一定价水平属于“保本无利”的范畴，比较接近重庆市公租房的定价实践。但是，《郑州市保障性住房管理办法》（草案）对公租房的申请者提出以下要求。第一，申请者在郑州市无住房或其住房面积低于规定标准；第二，申请者的收入、财产低于规定标准，比如月收入应在 2000 元以下；第三，如果申请者是外来务工人员，必须证明其在郑州市稳定就业达到规定年限。显然，以上要求相对较高。对于公租房的申请人而言，郑州市郑东新区的公租房租赁价格大约为 700 元。就一个月收入 2000 元的人支付 700 元的房屋租金来说，公租房的租金价格水平依然偏高。而在 2012 年年初，由于没有人申请入住公租房，郑州市原计划进行的公租房配租活动不得不取消。在 2012 年，这一现象在全国是非常普遍的。

除此之外，有学者指出郑州市公租房的保障作用有限，其保障对象的经济水平处在廉租住房和经济适用住房之间的“夹心层”。因此，对于那些收入水平在经济适用房之上的群体，并不能享受公租房政策的红利。一方面，不管郑州市公租房分配入住难是否和其保障范围偏窄有关，《郑州市保障性住房管理办法》（草案）已经明确公租房租金定价水平必须符合租户实际的支付能力，让收入水平较低的承租者能够以较低租金水平住进公租房。因此，对于公租房保障对象收取与其实际收入水平相符的租金是唯一正确的选择。另一方面，需要加快开展公租房分类管理。并且，由于河南省已经开展保障房的并轨工作，即将廉租房、经适房、公租房“三房合一”，那么必须开展分类定价的实践。此外，河南省计划让 20% 的城市人口住进公租房，由于保障对象的数量巨大，其情况更是多种多样，也同样离不开公租房的分类管理。

三　汇总分析

通过本节前面两个部分的分析，结论是，我国公租房现行的租金定价实践并不合理，不符合相应保障群体的实际支付能力。同时，现行的租金定价水平是否能够提供合理的投资回报还需要进一步论证。本章以下将基于实际的工程建设数据，结合资金的时间价值，对合理的投资回报和相应的租金水平变化进行论证。

第二节　资金时间价值引入及分析

一　资金的时间价值理论

基于资金的时间价值理论，如果政府不提供补贴，确定公租房租金需要考虑两个因素，即公租房建设工程项目的成本和其租金收取年限。对公租房建设工程项目的成本来说，成本和公租房租金正相关。对租金收取年限来说，租金收取年限和公租房租金负相关。其中，公租房建设工程项目的成本构成比较复杂，可以是指施工成本（即建筑安装成本），也可以将政府收取土地转让金和其他相关的税费等包括在内，还可以泛指包括贷款利息等在内的投资成本。至于租金收取年限，可以直接假设公租房租金收取年限是 30 年。这主要是因为，基于资金的时间价值理论，将 30 年后的现金流量折现为现值，数额非常低，可以忽略不计。因此，可以使用资金回收值公式进行研究和确定公租房的租金水平，如下所示：

$$A = P\frac{i(1+i)^n}{[(1+i)^n - 1]} \tag{5-1}$$

在式（5－1）中，A 为公租房的年租金，P 为建设成本，i 为财务基准收益率，n 为租金收取年限（即公租房项目特许期，或者说社会资金获得补偿的年限）。基于式（5－1），就可以将建设成本换算为每年等额收取的金额，相当于公租房租金收取的最低标准。相应的，也可以根据现行的公租房租金定价水平 A 计算出 P 值。

基于上一章理论分析的结论，政府需要为投资方提供优惠政策，比如，税收减免和政府补贴，从而降低公租房建设工程项目的成本。由于不同地区的公租房实践不同，因此，需要分别基于施工成本、施工成本加税费和投资成本进行计算。

二　基于建筑安装成本的分析

建筑安装成本就是施工成本，但是，国内不同地区的房屋建筑安装成本是不一样的。通过实地走访，发现很多建筑施工企业不愿意提供这类数据。即便提供，也不愿意提供具体的建设工程项目的相关信息，拒绝在这些数据资料上加盖公司的公章，以避免他们认为可能出现的麻烦。因此，本书在调查走访期间获得了有关建筑安装成本的信息，但是这些信息都是匿名提供。以洛阳为例，洛阳市地区的高层住宅项目毛坯房的建筑安装成本约为1600元/建筑平方米（见表5－1）。这个数据应该是比较合理的。比如，洛阳市内的高校在新校区建设中，会配套建设小产权房（不能上市公开交易，仅限于校内流转），其价格一般是1800元/建筑平方米，而这种价格一般是高于实际的建筑安装成本的。这种房屋的兴建符合政府政策，也和全国其他地方高校的做法相一致。因此，在不考虑土地成本的前提下，本书假设河南省房屋的建筑安装成本为1800元/建筑平方米，这一假设应该是合理和可选用的。

表5－1　　　　洛阳市某房地产项目的成本信息

	项目名称	××项目		地库建筑面积	6703.37		
	建筑面积	69271.95		高层建筑面积	46553.5		
序号	成本项目	修订后的目标成本		实际成本		成本差异额	
一	总概算						
1	多层部分	21，475，109.39	1340.93	25，014，513.45	1561.93	3，539，404.07	221.00
2	高层部分	60，307，110.08	1295.44	67，385，174.36	1447.48	7，078，064.27	152.04
3	车库	12，352，265.33	1842.69	13，445，181.23	2005.73	1，092，915.90	163.04
4	室外配套工程	4，879，680.00	70.44	5，086，486.57	73.43	206，806.57	2.99
5	其他分包及设备等	11，248，976.16	162.39	5，953，927.05	85.95	－5，295，049.11	－76.44
6	样板间装修	894，895.00	12.92	—	0.00	－894，895.00	－12.92
	合计	111，158，035.96	1604.66	116，885，282.66	1687.34	5，727，246.70	82.68

续表

	工程量清单及签证							
1	临时设施							
2	零星用工							
二	投资计划							
序号	分部名称							
	以下略							

将相关数据代入式（5－1），公租房的建设成本 P 为 1800 元，n 为 30 年。因此，只需要确定 i 值就可以计算出年租金 A。但是，目前政府制定的参数体系里面没有体现出公租房建设项目适用的 i。因此，这里采用接近行业的财务基准收益率，然后推导出 A 值，详见表 5－2。

表 5－2　　基于建筑安装成本的公租房租金

月租金（元）	A	P	$\frac{i(1+i)^n}{[(1+i)^n-1]}$ ①	n	i②	行业
18.615	223.38	1800	0.1241	30	12	房地产开发项目
9.765	117.18	1800	0.0651	30	5	市政（城市快速轨道）
8.67	104.04	1800	0.0578	30	4	市政（排水）
13.32	159.84	1800	0.0888	30	8	市政（供水、燃气、集中供热、垃圾处理）等

注：①资金回收系数可查表直接获得。简德三：《项目评估与可行性研究》，上海财经大学出版社 2009 年版，第 332 页。

②财务基准收益率是融资前税前指标。国家发展改革委和建设部：《建设项目经济评价方法与参数》，中国计划出版社 2006 年版，第 205 页。

通过表 5－2，选取房地产开发项目的 i 值，根据式（5－1），可以得出 A 值为 223.38 元/建筑平方米，进而得出月租金是 18.615 元/建筑平方米。因此，假设公租房建设工程项目是房地产开发项目，即便不考虑土地转让金和其他各项相关税费，仅仅为了收回建筑安装成本，房地产开发商需要收取的月租金是 18.615 元/建筑平方米。

在表5-3和表5-4中，分别给出了洛阳市西工区和郑州市金水区部分房屋的租赁价格及其相应的平均价格。当然，将所选择区域内所有的价格数据全部列举占用篇幅过大，同时影响租赁价格的因素很多，因此以下给出的租赁价格数据只具有一定的代表性和理论意义。

表5-3　洛阳市西工区部分房屋出租价格一览

序号	区域	具体信息	户型面积	租金总额	每 m^2 租金
1	洛阳市西工区	中侨明秀，第6层/总7层	2室1厅1卫 80.00 ㎡	1300元/月	16.25元/月
2	洛阳市西工区	行署路15号院，第2层/总7层	3室2厅2卫 158.00 ㎡	3000元/月	18.98元/月
3	洛阳市西工区	香榭里阳光，第4层/总25层	3室2厅2卫 142.00 ㎡	2200元/月	15.49元/月
4	洛阳市西工区	白金都会，第10层/总29层	1室1厅1卫 50.00 ㎡	1000元/月	20元/月
5	洛阳市西工区	电业局家属院，第17层/总30层	3室2厅2卫 125.00 ㎡	2600元/月	20.8元/月
6	洛阳市西工区	凯旋西路18号院，第3层/总3层	2室2厅1卫 85.00 ㎡	1500元/月	17.65元/月
7	洛阳市西工区	中侨花园，第4层/总8层	4室2厅2卫 165.00 ㎡	2200元/月	13.33元/月
8	洛阳市西工区	白金都会，第7层/总19层	1室1厅1卫 45.00 ㎡	1200元/月	26.67元/月
9	洛阳市西工区	香榭里阳光，第4层/总18层	3室2厅2卫 143.00 ㎡	2000元/月	13.99元/月
10	洛阳市西工区	蔬菜家属院，第6层/总7层	2室1厅1卫 80.00 ㎡	1200元/月	15元/月
11	洛阳市西工区	高管局家属院，第1层/总6层	3室2厅1卫 150 ㎡	2300元/月	15.33元/月
12	洛阳市西工区	国泰家属院，第3层/总6层	2室1厅1卫 53 ㎡	1500元/月	28.3元/月
13	洛阳市西工区	市政府家属院，第4层/总6层	2室1厅1卫 80.00 ㎡	1200元/月	15元/月

续表

序号	区域	具体信息	户型面积	租金总额	每 m^2 租金
14	洛阳市西工区	市委家属院，第4层/总6层	2室1卫 56.00 ㎡	800元/月	14.29元/月
15	洛阳市西工区	东下池一街，第2层/总5层	1室 18 ㎡	220元/月	12.22元/月
16	洛阳市西工区	升龙广场，第27层/总30层	3室2厅2卫 127.00 ㎡	2800元/月	22.05元/月
17	洛阳市西工区	市府家属院，第6层/总6层	2室1厅1卫 73.00 ㎡	1100元/月	15.07元/月
18	洛阳市西工区	西工玻璃厂，第6层/总6层	2室1厅1卫 - 60.00 ㎡	900元/月	15元/月
19	洛阳市西工区	天人爱丽舍，第8层/总22层	1室1厅1卫 57.00 ㎡	1600元/月	28.07元/月
20	洛阳市西工区	申泰新世纪，第9层/总27层	1室1卫 47 ㎡	1200元/月	25.53元/月
				每 m^2 平均租金	18.45元/月

注：以上信息是从赶集网上摘录的，其中的价格数据不代表实际的租赁价格，2013年8月31日。

表5-4　郑州市金水区部分房屋出租价格一览

序号	区域	具体信息	户型面积	租金总额	每 m^2 租金
1	郑州市金水区	开祥御龙城，第23层/总32层	2室1厅1卫 70.00 ㎡	2000元/月	28.57元/月
2	郑州市金水区	国贸360电视台北环，第3层/总13层	1室1卫 20.00 ㎡	390元/月	19.5元/月
3	郑州市金水区	农业路经七路小区，第5层/总5层	2室1厅1卫 65.00 ㎡	1000元/月	15.38元/月
4	郑州市金水区	经七路红旗路小区，第5层/总5层	3室1厅1卫 100.00 ㎡	2200元/月	22元/月
5	郑州市金水区	观洲国际，第19层/总26层	1室1卫 42.00 ㎡	1500元/月	35.71元/月

续表

序号	区域	具体信息	户型面积	租金总额	每 m^2 租金
6	郑州市金水区	郑州 CBD 商圈未来路 73 号，第 12 层/总 26 层	1 室 1 卫 47 ㎡	1400 元/月	29.79 元/月
7	郑州市金水区	建业森林半岛，第 11 层/总 17 层	1 室 1 厅 1 卫 49 ㎡	1500 元/月	30.61 元/月
8	郑州市金水区	花园路高皇寨，第 6 层/总 11 层	1 室 1 卫 - 20 ㎡	240 元/月	12 元/月
9	郑州市金水区	天佑小区，第 7 层/总 23 层	4 室 2 厅 2 卫 180 ㎡	1200 元/月	6.67 元/月
10	郑州市金水区	南阳路 62 号院，第 5 层/总 5 层	2 室 1 厅 1 卫 60 ㎡	1800 元/月	30 元/月
11	郑州市金水区	中方园东区，第 2 层/总 7 层	3 室 2 厅 1 卫 130 ㎡	2200 元/月	16.92 元/月
12	郑州市金水区	凤凰城，第 5 层/总 7 层	3 室 2 厅 1 卫 90.00 ㎡	2300 元/月	25.56 元/月
13	郑州市金水区	富邦铭邸，第 14 层/总 19 层	3 室 2 厅 1 卫 135.00 ㎡	2000 元/月	14.81 元/月
14	郑州市金水区	明鸿新城，第 2 层/总 7 层	3 室 2 厅 1 卫 - 130.00 ㎡	2600 元/月	20 元/月
15	郑州市金水区	曼哈顿商业广场，第 30 层/总 31 层	1 室 2 厅 1 卫 70.00 ㎡	2500 元/月	35.71 元/月
16	郑州市金水区	曼哈顿商业广场，第 11 层/总 31 层	1 室 1 卫 42.00 ㎡	2000 元/月	47.62 元/月
17	郑州市金水区	爱德花园，第 6 层/总 7 层	3 室 2 厅 1 卫 130.00 ㎡	2500 元/月	19.23 元/月
18	郑州市金水区	北环路索凌路交叉口六合之家，第 30 层/总 32 层	3 室 2 厅 1 卫 130 ㎡	2400 元/月	18.46 元/月
19	郑州市金水区	曼哈顿升龙大厦，第 29 层/总 32 层	1 室 1 卫 43 ㎡	1900 元/月	44.19 元/月
20	郑州市金水区	东风路轻工业学院对面姜寨，第 3 层/总 6 层	1 室 20 ㎡	300 元/月	15 元/月
				每 m^2 平均租金	24.39 元/月

注：以上信息是从赶集网上摘录的，其中的价格数据不代表实际的租赁价格，2013 年 8 月 31 日。

通过以上数据可知，洛阳市西工区房屋租赁的月平均价格是 18.45 元/建筑平方米，郑州市略高，价格是 24.39 元/建筑平方米。而前面的计算结果是，假设公租房建设工程项目是房地产开发项目，即便不考虑土地转让金和其他各项相关税费，仅仅为了收回建筑安装成本，房地产开发商需要收取的月租金是 18.615 元/建筑平方米。显然，这几个价格数据差别不大。而在研究领域，早已指出我国房地产市场存在一些问题或者说不正常的现象，比如房租与房价倒挂的问题，即房价居高不下而房租明显偏低。这可以部分解释以建筑安装成本为基础反推出的租赁价格和市场租赁价格相差不大的原因。因此，如果公租房的建设投融资活动中引入社会资金，即便政府把建筑安装成本以外的支出全部免去，公租房的租金定价水平也没有任何优势，无法起到有效的激励作用。但是，考虑到公租房的保障功能和属性，如果把公租房建设项目看作是非营利性的，就可以选取市政工程项目的 i 值，假设使用市政工程项目中排水项目的 i 值（见表 4－2），年租金是 104.04 元/建筑平方米，月租金是 8.67 元/建筑平方米。因此，如果换个角度，把公租房看作是类似排水项目的建设工程项目，为了收回建筑安装成本，公租房的月租金是 8.67 元/建筑平方米。这与房地产开发项目视角下的数据相比，价格大幅度下降，差额是 9.945 元/建筑平方米。

以上分析和计算是以建筑安装成本为基础来进行的，但是如果考虑其他成本构成，不管是基于哪个 i 值，推算出的数值都会大幅度提高。假设按照房价来计算，其租金水平将远远超过实际的租赁价格水平。所以说，为了激励社会资金参与公租房的建设投融资活动，必须满足社会资金对投资回报的要求，据此确定的公租房的租金定价水平肯定高于市场租赁价格水平，不仅使得公租房不能发挥“公共”属性，也使得公租房无人问津。因此，一方面，政府需要对公租房的租户进行补贴，提高他们的实际支付能力；另一方面，政府需要对社会资金的提供者进行补贴，直接降低公租房的租金水平。政府补贴的金额大小就是前面分析计算确定的租金差额。当然，这一数值结果可能并不适用于所有地区，但是，在理论上阐述了如何激励社会资金参与公租房建设投融资活动。

第三节　相关的政策分析

为了推动公租房的发展，各地采取了不同的公租房创新发展实践。有的地方提出“谁投资、谁所有、谁受益”的原则，鼓励符合规定的企业必须自建公租房，这类似于职工宿舍；还可以将闲置的厂房等非住宅建筑物改建为公租房。有些工业园区制定园区总体规划，预留公租房建设工程项目用地，负责园区内的公租房建设工程项目。同时，企事业单位建设公租房享受政府提供的相关优惠政策。还有的地方创新性地提出了多种公租房建设模式。一是采取 BT 模式、配建公租房等方式吸引建筑施工企业建设公租房。二是企事业单位利用自有闲置土地建设公租房，或者将闲置的住宅房屋和其他非住宅房屋改建为公租房。三是房地产开发企业配建公租房。四是产业园区集中建设公租房。五是鼓励多渠道融资建设公租房。以上模式均涉及将社会资金引入公租房的建设投融资活动。并且，一些地方还针对性地提出了多项优惠政策。一是公租房建设工程项目可以在底层配建商业店铺。二是各地市政府通过限制土地转让价格，要求配建公租房。三是可通过贷款贴息等方式，激励社会资金参与公租房建设投融资活动。四是进入公租房建设领域的社会资金可享受包括税费减免在内的优惠政策。

以上的实践做法符合国务院部委颁布的政策文件。比如，根据国务院办公厅《关于促进房地产市场平稳健康发展的通知》（国办发［2010］4 号）、《国务院关于坚决遏制部分城市房价过快上涨的通知》（国发［2010］10 号）和住建部等七部门《关于加快发展公共租赁住房的指导意见》（建保［2010］87 号）精神，2010 年 9 月 27 日，财政部等部门下发《关于支持公共租赁住房建设和运营有关税收优惠政策的通知》（财税［2010］88 号），明确了公租房相关的税收减免政策。财税［2010］88 号文件中所提供的税收优惠措施，在 3 年内免征城镇土地使用税等 6 个税种。在 2012 年 6 月 20 日，住建部等部门联合发布《关于鼓励民间资本参与保障性安居工程建设有关问题的通知》（建保［2012］91 号），鼓励社会资金通过多种形式进入公租房的建设领域，并按政府规定的租金价格标准向政府审核通过的保障对象出租。而社会资金的提供者可以享受以下六项优惠政策。

第一，对于符合贷款条件的项目，银行业金融机构可以依据银发［2011］193号文件的规定给予贷款支持。第二，地方政府可采取贴息贷款用于公租房建设和运营，具体管理办法由地方政府制定。并且，如果社会资金参与棚户区改造，可以参照国有企业的待遇实施。第三，可以通过发行企业债券的形式为公租房项目融资。第四，符合财税［2008］24号、财税［2010］42号和财税［2010］88号等文件规定的公租房项目，可以享受包括免收行政事业性收费在内的有关优惠政策。第五，公租房建设用地必须符合国家规定的公租房土地供应的政策。第六，可以为公租房项目配建商业服务设施，以满足投资回报水平的要求。

不难看出，政府部门付出了巨大的努力确保公租房建设事业的顺利发展。但是，目前仍然缺乏足够的经验，也没有普遍适用的成功模式。此外，相关政策文件的表述大都过于抽象，侧重于原则上的探讨，实施中可能出现不同政策之间的矛盾，最终导致相关政策文件缺乏可行性。比如，在建保［2012］91号文件中，与社会资金相关的第一项优惠政策是“银行业金融机构可以依据银发［2011］193号文件的规定给予贷款支持”。但是银行贷款的获得需要相应价值的抵押物。公租房建设投融资活动中，最现实的抵押物就是土地，但是公租房的产权属于政府，使得公租房建设用地不能用于抵押贷款。所以说，为了解决这些客观存在的融资问题，需要政府进行政策创新，从而激励社会资金参与公租房的建设投融资。

第四节　河南省公租房租金定价问题研究

一　河南省公租房建设的政策框架及发展趋势

在《国务院办公厅关于保障性安居工程建设和管理的指导意见》（国办发〔2011〕45号）中，已经明确指出，大力推进以公租房（即公租房）为重点的保障性安居工程建设。具体而言，一是重点发展公租房，二是根据实际情况继续安排经济适用房等房屋建设，三是加快棚户区改造，四是加大农村危房改造力度。在此基础上，结合河南省实际情况，在 2012 年，河南省发布了《河南省保障性住房建设导则（试行）》。该文件指出，河南省的保障性住房主要包括：经济适用房、公租房和廉租房。为了响应党中央、国务院的指示和精神，河南省结合实际提出了重点发展公租房的要求，出台了《关于加快发展公共租赁住房的意见》。并且，河南省已经开始着手将廉租房、经济适用房、公租房这三种保障性住房进行并轨。以后，经济适用房将退出历史舞台；但对已经获得经济适用房购房资格的群众，政府还将继续建设经济适用房以满足其需求。以后，保障性住房只进行出租，政府有关部门将审核申请人的家庭情况，审核通过后根据申请人的家庭收入水平给予不同的补贴。所以，保障性住房的发展方向就是公租房。

截至 2012 年 8 月底，河南省实际建成的公租房共有 17 万套（详见河南省住房和城乡建设厅网站）。并且，由于2010 年以前缺乏完善的分配入住管理办法，据不完全统计，河南省安阳等 6 个省辖市廉租住房的空置率超过 50%（详见河南省审计厅网站），廉租住房和经济适用住房也都存在严重的违规骗取行为，这些房源都会随着“三房合一”成为公租房，进一步扩大公租房的供给数量。并且，前文已经指出，河南省的公租房发展目标是让 20% 的城市人口住进公租房。由于区域社会经济的发展，高等教育事业的繁荣等因素，在河南省很多城市均出现了流动人口多、外来务工人员多、新就业的毕业大学生数量多、旧城区改造任务重、城中村“撤村并区”难度大等诸多情况，因此，有必要加强对河南省公租房定价问题的研究，希望本章的研究能够对河南省公租房定价问题相关研究提供一点有益的思考。

二　河南省公租房租金定价的现实问题

前文已经指出，相关研究对公租房的租金定价水平的观点和认识差距比较大。结合相关的理论与实践，在第二章，已经将公租房租金定价模式归纳为“保本微利”模式、“保本无利”模式和“政府补贴（亏本无利）”模式。很明显，通过对比分析，第三种公租房租金定价模式下的租金定价水平最低。从为人民服务的角度出发，为了更好地满足人民群众的需要，第三种公租房租金定价模式相关的理论和经验值得学习、参考和借鉴。这是因为，前文已经指出，公租房一般是用低于市场租金价格水平或公租房租户能承受的价格水平向新就业职工出租。所以，第三种公租房租金定价模式是符合制定公租房制度初衷的。结合公租房的政策定位，公租房的租金价格水平应当偏低，但是具体低到什么程度应视具体公租房租户的实际承受能力而定。这就意味着，在理论上，如果公租房的申请者没有任何支付能力，这类型公租房租户所对应的公租房的租金价格应该为0。当然，实际情况可能更加复杂。但是，低水平的公租房租金定价相关的研究和实践仍然值得推广。

目前，河南省各地市均以国务院的政策文件为基础和框架分别制定各地市的管理办法，因此，仅在各地市层面出台了相应的公租房租金定价标准，建立了相应的监督管理机构。在河南省，最早是在2012年下半年开展了公租房的配租活动，积累了一定的实践经验，其实际的公租房租金定价水平比较接近于“保本无利”模式，比较接近重庆市等地的实践做法，这是值得肯定的。但是，相较于所应保障群体的收入水平而言，河南省公租房租金水平依然偏高，导致公租房分配入住环节无人申请的现象。这一结果并不意味着公租房没有市场需求，而是因为郑州市公租房的申请要求过于苛刻，使得符合申请要求的申请者数量不足。因此，2012年下半年，郑州市降低了公租房的申请要求，从而使得公租房的配租活动得以顺利开展，但是，实施效果仍然不尽如人意。主要问题在于郑州市公租房的保障范围仍然偏窄，对于那些收入水平相对较高的保障群体而言，保障力度不够，申请要求过于苛刻。因此，有必要对现行的公租房申请要求和租金水平进行更大幅度的调整以满足广大人民群众的现实需要。在扩大公租房保障范围的基础上，加快开展公租房分类管理，针对不同收入水平的公租房承租者收取不同水平的公租房租金。

三　进一步完善河南省公租房租金定价制度的建议

结合以上论述的内容，为进一步完善河南省公租房租金定价制度，满足人民群众的需求，本书提出以下建议。

第一，进一步做好公租房相关的制度建设。作为人口大省，河南省尚未出台省级的公租房管理办法。各地市均是以住建部的政策文件要求为基础，在不违背上位法原则的基础之上，制定（或拟定）更具有操作性的政策条款。只不过，河南省“十二五”规划要开工建设57万套公租房，“十三五”规划更是规模巨大，所以河南省必须尽快起草出台公租房管理办法用于指导河南省公租房建设实践。

第二，成立统一的专门管理机构，科学规划，并解决公租房的退出问题。首先，这是因为，河南省的公租房建设实施实践具有一定的各自为政的特点；同时，由于地方财政资金实力不强，各地市推动公租房建设事业发展的积极性不高。所以，需要成立河南省公租房的统一管理机构，起到监督管理作用。其次，媒体普遍反映公租房建设项目的地理位置较偏。因此，公租房建设事业不应单纯以规模论政绩，应进行科学规划、合理布局，增加在交通便利地区建设公租房项目。再次，公租房遇冷的报道常常出现，而河南省也曾经出现廉租房较高的空置率。因此，需要在成立河南省公租房的统一管理机构的基础之上，解决公租房的退出问题，对承租人进行动态公开监管，努力杜绝公租房出租后出现的闲置现象，有效增加供给。

第三，努力探索降低公租房建设相关的各项建设成本。一是公租房户型设计应以小户型、小面积为主，通过优化设计降低施工成本。二是在公租房的施工阶段，降低现场浇筑和现场建造的比例，努力实现部分建筑构件的工厂内生产和工厂化生产，这样可以把生产好的建筑构件运送到施工现场进行安装，实现模块化施工，从而降低公租房的建设成本。三是进行政策创新，提出公租房的优惠政策，通过政策创新降低公租房相关的各项建设成本。四是提供公租房项目运营期间的后期补贴。力争不断降低公租房建设中的各项成本，降低公租房租金定价水平。

第四，在努力降低公租房租金定价水平的基础上，建立公租房分层次的价格体系，并将其与公租房租户的收入水平相挂钩。河南省现有政策规定：“持有城镇居民最低生活保障金领取证的无自有住房的廉租住房保障家庭，对住房保障面积标准内的租金实行全额补贴。”满足以上要求的家庭人均收入必须低于当地居民最低生活保障标准。由于河南省各个地市的情况差距较大，所以，不同地市的公租房租金定价水平也应该是不一样的。比如说，郑州市 2012 年制定的标准是每月 380 元。据此，郑州市不需要缴纳公租房租金的家庭月人均收入必须低于 380 元。此外，前文指出郑州市郑东新区的公租房租金大约是 700 元。以 700 元为划分的标准，家庭月人均收入大于 380 元小于 700 元的公租房租户也应当获得一定的租房补贴，从而降低他们的生活负担。并且，在郑州市申请公租房要求月收入小于 2000 元。让家庭月人均收入大于 700 元小于 2000 元的公租房租户都支付相同的租金，也是欠妥的。所以，需要建立公租房分层次的价格体系，以适应不同层次群体的实际收入水平。

第五，根据现行公租房的保障对象，建立公租房分类别的价格体系，推动社会公平正义的实现。公租房是新生事物，其主要保障对象是新就业职工。但是，公租房确立为社会保障房建设发展的主体之后，公租房的保障对象不仅包括住房困难家庭，还包括新就业职工（包括应届大学毕业生和农民工）等群体。但是，目前河南省公租房实践对这些群体的政策倾向性并不明显。这在一定程度上也可以认为是河南省公租房分配入住环节社会反映不佳的原因，即河南省各地的公租房租金水平确实低于市场价格，但是仍然超出了所保障群体可以承受的范围，所以公租房分配时无人问津。由于公租房保障群体的支付能力比较低，所以应该进一步下调现行公租房租金水平，让符合公租房入住条件的申请者能够住进公租房。所以，需要明确公租房分类别的价格体系，以适应不同类别的公租房租户的客观实际需要。

四　小结

我国公租房建设事业历史较短，其租金定价问题则是理论研究的热点话题。作为人口大省以及中原经济区所覆盖的主要区域，加强河南省公租房租金定价问题的研究就显得十分重要了。本节首先对公租房租金定价问题的理论研究和实践探索进行了归纳总结和论证分析。其次，阐述了河南省公租房租金定价的现状与困境，即租金定价不合理，价格偏高，致使公租房“遇冷”。再次，本章提出了完善河南省公租房租金定价制度的若干建议，不仅涵盖了公租房制度建设、管理方法及手段、降低公租房建设成本的途径，还提出了应逐步细化公租房分层次和分类定价的标准。公租房租金定价关系民生，尤其是在人口大省。而河南省的实践经验说明，公租房租金不仅要低于市场价格，还要符合公租房租户的实际收入水平，即公租房租金水平的确定应根据公租房租户的收入水平来确定。在这方面，就需要各级政府加大投入，让利于民。

第五节　本章小结

由于公租房的租金水平对激励社会资金参与公租房的建设投融资活动意义重大，本章首先分析了公租房租金定价实践，结论是实践中的公租房租金定价水平偏高，公租房应保障群体无法承受。其次，基于实际的成本数据进行了分析和测算，结论是，公租房的租金定价实践无法有效激励社会资金进入公租房的建设投融资领域，同时该租金定价实践将导致公租房无法发挥其“公共”属性。为了解决这一问题，一方面，政府需要补贴公租房租户，提高他们的支付能力；另一方面，政府需要补贴社会资金，降低公租房的建设成本。再次，本章梳理了目前已经出台的相关政府政策，建议进行政策创新，尽早实现相关政府政策的可行性，引导社会资金进入公租房的建设领域。最后，本章对河南省公租房租金定价实践进行了全面的梳理和分析。

第六章　河南省公租房融资现状与制度环境分析

前面的章节已经部分涉及河南省公租房的融资现状和制度环境，本章着重对“十二五”期间公租房融资问题相关的政策进行重点解读，并对“十二五”期间公租房融资活动进行总结和分析，确定“十二五”期间公租房融资活动的特点，并提出相应的建议。另外，本章将对“十三五”期间公租房融资问题相关的政策进行展望，并对“十三五”期间公租房融资活动进行预测。

第一节　“十二五”期间的回顾与评价

一　公租房融资的政策特点

银监会2011年第四次工作会议已经指出在防范风险的基础上，支持以地方政府公租房融资平台为主统筹辖区内公租房等保障性建设工程项目的融资工作，加大银行业贷款的支持力度。很明显，银监会所释放的政策信号就是银行系统的资金可以在确保资金收回的基础上，大力支持地方政府的公租房建设事业，而这一举措为推动公租房的建设，解决公租房融资问题给出了切实可行的依据和参照。但是，该举措要求必须以地方政府保障性住房融资平台为主来开展相关的业务活动，显然需要以地方政府的信用为担保，通过地方政府的财政来偿还。公租房的建设如果全部依靠地方政府的财政资金来解决，将会导致地方政府的债务问题变得更为严峻和突出。

2011年11月25日，李克强在调研中指出，第一，建设保障房有助于释放消费潜力。这是因为，中国扩大内需最大的市场在城市，而房价过高不利于城镇化进程的推进和城市的协调发展。而公租房建设事业被认为有利于遏制房价过快上涨，有助于推进城镇化的进程，公租房建设事业本身也可以释放巨大的消费和投资潜力，推动相关产业的发展。特别是在当下全球经济发展趋势不稳定、我国所处外部环境复杂的情况下，公租房建设事业对于扩大内需等方面具有重要的意义。第二，应加强对公租房分配入住的监督管理。公开操作，通过社会舆论的监督管理最终实现公平正义。第三，完善住房保障体系，大力推进公租房等保障性住房的建设，增加低价位、小户型商品住房供给。通过中央领导人的这一表态，就不难理解“十二五”期间各级政府大力推动公租房建设的行动和实践。

随后，河南省政府印发《关于印发河南省推动金融工作加强资金保障专项工作方案的通知》（豫政办〔2012〕136 号），明确指出要推动房地产业健康发展。具体举措包括，积极支持保障性住房和中低价位、中小套型普通商品住房建设，对公租房建设工程项目提供信贷支持，及时投放信贷资金，并且这种类型的项目最低资本金比例降低，按不低于项目总投资 20% 的项目资本金比例来执行。而河南省的这一文件在很大程度上也是和中央政府的文件精神相一致的。文件指出，“项目最低资本金比例按不低于 20% 执行”。按照这一要求执行，一方面，公租房建设项目的建设必将提速；另一方面，融资杠杆偏高，一旦宏观经济形势出现问题，地方政府的偿债能力必将接受严峻的考验。

再者，国务院《2013 年深化经济体制改革重点工作》的报告，已经明确指出，健全保障房分配制度，推进公租房、廉租房并轨。该项报告并未涉及公租房的融资问题，但是对公租房的分配，以及随后的三房合一工作奠定了政策基础和依据。当然，“十二五”期间，各级政府制定的公租房相关的文件还有很多，基本论调是一致的，在此不再一一赘述。只不过，如果公租房的建设事业只是单纯依靠地方政府财政来支持，公租房的建设事业将不具有可持续性，同时可能加重地方政府的债务负担。

二　行政命令方式及其特点

（一）行政计划目标的制定和行政计划实施后的考核

除了通过国家政策准许和支持银行资金进入公租房的建设领域，为了充分激发地方政府推动公租房事业发展的积极性和主动性，河南省住房和城乡建设厅还制定了《住房保障责任目标考核办法》。在《住房保障责任目标考核办法》中，考核目标完全量化，比如新开工经济适用住房×万平方米，竣工×万平方米、×万套；加大廉租住房租赁补贴发放力度，年底前完成保障户数×万户；新开工廉租住房×万套，通过收购、改建等方式落实廉租住房房源×万套；拆迁各类棚户区面积×万平方米，完成改造面积×万平方米、×万套；新开工公租房×万平方米、×万套。不仅如此，还制定了各省辖市住房保障责任目标，目标体系健全，指标完全量化。涉及公租房的考核内容主要包括：（一）公租房开工面积等指标的完成情况；（二）不同类别的住房保障资金落实和使用情况，其中就包括公租房建设补助资金使用情况等；（三）对辖县（市、区）住房保障工作目标管理及考核情况；（四）省辖市政府与省政府签订的住房公积金管理责任目标完成情况。涉及公租房的具体考核标准是：各类保障性住房奖励的资金支出，落实与否以财政部门提供的支付凭证为依据。

就涉及公租房的具体考核方法而言，各地市需要提前将本年度公租房建设工作的总结和目标的完成情况说明分别报送省政府目标管理领导小组办公室和省住建厅。然后，由省住房和城乡建设厅会同省发改委、财政厅、国土资源厅等单位组成考核检查组，通过多种形式，查验相关的各项资料。同时进行实地走访，掌握第一手资料，并将其与相关书面材料相对照，逐项对照考核指标进行评分，给出书面评价和考核等级。并且明确指出，未能完成全部分项指标的地市，考核等级是不合格。如果全面完成，还要根据工作质量划分为优秀、良好二个等级。其中，综合评分大于等于85分的为优秀，其余为良好。并在此基础之上，进行评优评先。

尽管以上考核管理办法并没有详细说明，在视为考核不合格的前提下，相关地方政府和领导干部将会受到什么样的惩罚，但是相关材料需要送至省政府目标管理领导小组办公室，考核不合格仍然可以看作是政绩上的污点、工作中的败笔、执政施政能力不足的体现。因此，地方政府也一定会力所能及地推动公租房建设事业的发展。

（二）实施过程中的调研与控制

为加强公租房建设管理，建立可持续的保障房建设、分配、后期管理机制，强化资产管理运营，河南省政府开展对部分市、县的专项调研活动。调研内容包括：（一）近年来公租房（含并轨前廉租房）建设规模、各类投资主体和建设模式情况；（二）中央和省级奖补资金对所辖县（市）的分配办法；市、县（市）对不同投资类型的公租房建设项目资金分配和补助办法、补助标准；（三）不同类型公租房建设项目土地供应方式，产权确定办法，产权登记办理情况；（四）公租房分配标准、分配程序和文件资料管理情况，公租房租金标准确定情况；（五）公租房准入资格动态管理和后期物业管理的主要模式，管理主体和管理经费安排模式；（六）政府投资公租房建设项目资金主要来源和落实情况等。

调研方式主要采取召开座谈会，实地查看建设项目，查阅公租房管理办法、资金分配办法和分配文件，保障房准入退出和后期管理相关文件及保障对象档案等方式进行。实地调研的省辖市要积极做好准备工作，邀请财政、发展改革委、国土资源部门的同志参加座谈会，并将调研前期出台的有关文件复印一套交调研组。重点督查未开工项目，包括问题项目、调整项目。对于开工项目，要现场核查项目手续办理、施工图审查、勘察设计招标及施工、监理招标等情况，分析原因。对进展缓慢项目要现场核查，督促加快进度，确保目标任务的完成。并且，还要了解各地筹划下一年度保障性安居工程情况。

除了开展调研活动以外，河南省住房和城乡建设厅还经常召开保障性住房项目建设进展情况汇报会等相关会议，督促相关地方政府和职能机构积极推动公租房的建设事业。在这些会议上，不仅表彰先进单位和先进个人，还表彰住房保障工程；不仅对住房保障目标进行分解，还要求各地提供详细的保障性住房项目分布位置图，而这些都是安排工作、督察进度的重要依据。

（三）其他需要说明的情况和问题

在《关于报送2013——2015年城镇保障性安居工程年度建设计划的通知》（豫建住保〔2012〕8号）中，明确指出，在计划安排上，河南省各市应重点发展公租房。原则上，从2013年起，河南省不再统一安排新的经济适用住房和限价商品房项目。在此基础上，在《河南省住房城乡建设厅河南省财政厅河南省发展改革委转发住房城乡建设部财政部国家发展改革委〈关于公租房和廉租住房并轨运行的通知〉》（豫建住保〔2014〕2号）中，明确指出需要尽快制定完善的公租房和廉租住房并轨运行实施办法，并注意与国家《社会救助暂行办法》中“住房救助”有关要求相衔接。各省辖市住房保障主管部门应指导、督促所辖县（市）尽快制定并轨运行实施办法。显然，公租房在“十二五”末期已经演化成了保障房建设的重点和主要内容。具体在2015年，河南省公租房分配入住目标是29.02万套。国家规定，2012年年底前开工建设的公租房，到2015年年底前90%要完成分配入住；但是，对于那些按90%计算2015年分配入住新增量在20万套以上的省份，可以将分配入住的比例降低至80%。各地要以2015年初全省公租房摸底调查数据为基础，结合2008—2012年河南省下达的廉租住房建设计划，以及2010—2012年的公租房项目台账，对2012年及以前开工的公租房、廉租住房项目全面摸底，将2015年公租房分配入住目标落实到具体项目，并建立工作台账。为了做好该项工作，河南省先后出台了以下措施。

第一，降低公租房分配入住的申请条件。各地市要以发展新型城镇化为宗旨，适当放宽户籍等方面的准入条件，降低城镇新就业职工和外来务工人员申请公租房的要求。抓紧推进公租房和廉租房并轨运行，扩大房源选择范围。对无力购买安置住房的城市最低收入者，可以通过公租房满足这一群体基本住房需求。如果租住在公租房的人员缴纳住房公积金，准许他们按照实际公租房租金水平在其住房公积金余额内全额提取住房公积金。

第二，大力加快工程建设进度。对未开工项目逐个倒排工期，设定节点，责任到人，强化落实并坚持每周向市、县主要负责同志汇报情况。各级住房保障主管部门要切实履行职责，创新思路，加强协调，强化督察，狠抓落实。要在政策准许的范围进行工作创新，对公租房建设工程项目的土地征收、图纸审查等环节，可以打破常规，采取简化程序以交叉方式同时进行，努力缩短公租房建设工程项目前期工作的时限，缩短公租房建设工程项目审批的周期，落实公租房建设资金，解决制约公租房建设工程项目开工的问题。保障性安居工程项目单位和施工、监理企业要科学编制施工组织计划，加强节点控制，抓住秋季施工有利条件，确保基本建设目标的完成，尽早形成有效供应。省住房和城乡建设厅将继续坚持对口督察制度，加大对项目开工不足的其他市、县的检查频次，并按规定时间节点公开各地保障性安居工程开工情况和基本建设情况。

第三，完善项目建设手续。要加快项目建设手续办理进度，确保项目实施依法合规。各级住房保障部门要加强与发改委、财政、国土资源、规划、建设等相关部门的沟通协调，定期提请政府召开联席会议，落实项目联审联批、集中办理要求，及时解决好手续办理中遇到的困难和问题。各级规划、建设主管部门要落实首问负责制原则，切实简化工作程序、优化行政审批流程、缩短审批时限，提高审批效率，主动为住房建设项目服务。

第四，加快落实竣工交付。检查在建的公租房建设工程项目，如果存在前期手续不全的问题，需要抓紧时间完成补办手续。如果存在基础设施不配套的问题，应促使基础设施配套到位。对于规模较大的公租房建设工程项目，由于其建设周期较长，对于那些符合竣工验收条件可以分配入住的单体工程，可由建设单位组织相关参建单位进行竣工验收，并依法到建设行政主管部门去备案。

第五，加快分配入住。各地要尽快出台公租房分配管理办法和廉租房、公租房并轨管理制度，切实降低保障房准入门槛，提高保障房准入资格审查和分配入住效率，提高分配入住率。要落实信息公开制度，排除人为干扰，切实将分配过程和分配结果置于阳光之下，以公开促公平，保障广大百姓的知情权、参与权和监督权。住房城乡建设厅将适时开展保障房分配入住专项检查，严肃查处分配入住中存在的以权谋私等违法违规问题。各市、县应制定公租房分配入住管理办法并进行公示，并不断完善已经制定的管理办法；要全面启动公租房分配入住工作，实行公租房申请的常态化高效率受理，并建立健全公租房入住的轮候制度。对那些已经竣工交付但没有分配入住的公租房项目，要分析原因，抓紧落实分配入住工作。对未竣工的公租房项目，可以进行公租房的预分配，在其竣工验收后 3 个月内完成这项工作，确实由于客观原因延误的，最多不得超过 12 个月。各地应畅通申请渠道，开通住房保障一站式服务窗口，并积极开展文明岗位、文明窗口创建活动，进一步提高便民服务质量。及时公布投诉电话，畅通投诉监督渠道，接受社会监督。

第六，加强质量管理。各地要严格落实保障房质量监管各项规定，严把设计、建材、施工等环节，确保工程质量及安全。各地要切实加大执法检查力度，尤其是质量等方面的监督检查，严厉查处保障房建设中的违法、违规问题，对保障性住房质量问题要做到“零容忍”。要畅通监督渠道，扎实推进行政、社会、舆论和参建各方相结合的监督机制，充分发挥社会监督评议作用。要扎实开展消除质量通病活动，实现质量管理通病、施工工艺通病和工程实体通病的共同治理。要认真实施优质工程激励机制，通过组织经验交流、技术比武、工程质量对比提升等活动，鼓励企业实施品牌战略，争创“安居奖”和“中州杯奖”工程。

第七，强化基础设施配套。各地要结合本地实际，切实加快保障房项目配套基础设施建设。对已经基本建成但周边基础设施不配套的项目，要逐一建立台账，排定基础设施配套项目建设计划，结合城市市政道路建设、市政基础设施完善升级等，尽快明确保障房配套基础设施的投资主体和相关责任，加快水、电、气、暖等基础设施建设进度。尤其对主体已经封顶和基本建成的保障房项目，其配套基础设施必须在下年度城建计划内优先安排，城建资金优先保障。

第八，强化后期管理运营。市、县（市）住房保障主管部门要切实加强对公租房后期管理和运营维护的监督管理，对公租房运营维护工作进行指导、监督和检查。各地要积极探索公租房运营管理社会化，对公租房管理中涉及的房屋租赁合同管理、租金收缴、房屋维修维护和房屋使用动态监管等事项，可以全部或部分委托给社会化的运营管理机构代为管理。具备条件的公租房项目，要实行物业管理制度，房屋分配入住前，物业管理费用应由产权人承担，分配交付使用后，应由房屋使用人承担。集中建设的公租房，物业管理收费实行政府指导价，物业收费标准等要在公租房配租前核定并向社会公布。如果在商品房小区内配套建设公租房，不能将公租房与该小区内的商品房分隔管理，必须纳入物业公司的统一管理之内。

第九，制定货币补贴政策，鼓励各地市发放公租房租赁补贴。各地市可以尝试把库存积压的商品房转为公租房，可以采取政府购买方式或者政府长期租赁方式，也可以鼓励房地产开发商将库存积压商品房改造为公租房。各地市也可以新建公租房，但是需要将公租房申请轮候量、新建项目选址等基本信息报省级管理部门备案，同时确保公租房与配套设施同步设计施工，并确保同步交付使用以满足公租房租户的实际需要。

第十，建立健全监督检查制度。各地市要建设公租房项目台账，开展动态统计，摸清每一个公租房项目的分配入住情况。必须将公租房分配入住情况纳入监督检查的重点，必要时，需要深入公租房建设工程项目施工现场督导检查。省住建厅将对工作进度滞后的地市进行重点督察。各地市要将公租房建设等相关的各项信息公开，通过政府门户网站等多种形式主动公开这些信息，确保被保障群众及时知晓。各地市应由专人负责相关信息的公开工作，并及时公开相关信息。已经开工建设的公租房项目必须及时录入《河南省住房保障综合管理服务系统》，新分配入住项目必须与信息录入工作同时进行，确保发挥该服务系统的保障作用。

第十一，提前谋划明年项目。要按照自下而上的原则，抓紧组织各地市申报2015年保障性安居工程建设计划和项目，加大省辖市中心城区及城镇城市棚户区改造力度。将公租房建设与配套服务设施建设相结合，落实房地产开发项目配建公租房的政策，指导各地加快项目立项、选址和用地报批工作，争取公租房建设计划和公租房建设用地早日落实，加快完成公租房建设工程项目的审批手续，以保证公租房建设工程项目能够按照计划开工建设。

三　公租房融资活动的主要事件及其特点

“十二五”期间，河南省公租房融资活动频繁，建设规模不断扩大，有力地支持了社会经济的发展，极大地改善了相关群众的民生状况，向党和人民提交了一份令人满意的答卷。在这里，本节仅对“十二五”末期的主要工作进行概述和评论。

河南省政府在《河南省2016年金融运行情况分析》报告中指出，2016年度贷款增加较多的原因是个人住房、保障性住房、基础设施等中长期贷款增长较多所致。很明显，贷款的增加会导致公租房供应数量的增加。就具体的银行业务而言，自邮储银行河南省分行开展地方财政担保的公租房建设项目工作以来，濮阳市分行积极组织学习、精心安排部署、及时跟进营销，经过全员不懈努力，该行营销的三个公租房建设项目于2014年12月通过总行审批，项目总金额达1.93亿元，并于2015年1月14日成功实现放款7500万元。在邮储银行河南省分行批准公租房建设项目合作意向后，市邮储银行对公租房建设项目的跟进、营销等工作进行详细安排与部署，并积极与住建局、财政局等部门沟通协调，掌握辖区内公租房建设项目信息，第一时间介入营销。在该项目的运作中，省、市、县三级联动，省分行统一洽谈并制定公租房建设项目融资方案，及时将相关信息反馈给市分行；市分行进行资料收集、整理，圈定目标，制定营销方案；范县支行配合市分行进行实地洽谈、了解项目情况，积极跟进；公司部全员参与、协同配合，为项目的成功开发及放款争取了时间，最终实现了放款7500万元。

在2015年，在缴费服务方面，光大银行“云缴费”全国接入缴费项目近600项，年度交易金额超过1亿笔，覆盖300多个城市，缴费受益人群达3亿人。郑州地区自来水、燃气、热力、公租房、移动、联通、电信等缴费项目均已接入“云缴费”平台，并通过“云缴费”平台输出给支付宝、微信支付、拉卡拉、苏宁、网银在线、银联等第三方机构，每月郑州地区通过光大云缴费平台缴费近15万笔，为广大群众日常生活缴费提供了极大便利。而这种“云缴费”平台或其他类似平台的不断出现，必将丰富人民群众的物质生活，为广大人民群众提供便利的服务，也可以降低公租房的租金收取成本，减少公租房的租金收取环节，值得更进一步的推广和应用。

在2015年，中原银行濮阳分行调整信贷结构，助力供给侧改革，力促经济发展，以PPP模式积极参与全市公用事业领域项目建设，筛选的棚户区改造、公租房及配套路网、工业供水调蓄工程及配套输水干渠等项目计划投资6亿元。在2015年上半年，邮储银行河南省分行向洛阳市中信重工、一拖股份、中隧集团等重点企业及公租房等民生项目批复授信56.5亿元。

在2015年上半年，邮储银行河南省分行新乡市分行积极支持该市民生工程，为公租房建设项目提供信贷支持。截至上半年，累计为公租房建设项目授信15.6亿元，实现放款1.59亿元，支持12个公租房建设项目，努力辅助政府解决中低收入家庭住房问题。一是创新模式。2014年年底，该行与豫资公司合作统贷统还模式，将新乡市12个公租房建设项目报至邮储银行总行获得批复，创新了融资模式，与新乡市政府、平原新区管委会、辉县市、长垣县、获嘉县政府签订了公租房贷款合作协议。二是资金倾斜。2015年以来，在信贷规模受限、信贷资金紧张的情况下，该行压缩其他方面的信贷业务，挤出贷款额度，优先安排、审批和发放公租房建设项目贷款。三是专人维护。在具体办理业务的过程中，安排专人进驻施工现场查看工程进度，积极与财政、房管等政府部门沟通，确保了贷款资金的及时到位。四是延伸服务。不断提升服务的深度和广度，还积极探索公租房 PPP 项目融资新模式，为政府下一步直接购买存量房做公租房提供金融支持，最大限度地服务新乡公租房建设项目建设。

2015 年，国开行河南省分行与濮阳市政府签订开发性金融合作协议，而濮阳市 2015 年计划实施棚户区改造、水利、基础设施重点项目（含新建、续建和待建）共 24 个，概算总投资 215. 36 亿元，计划投资 55. 54 亿元。其中，棚户区改造（含城中村改造、公租房等）项目 9 个，总投资 132. 93 亿元，计划投资 31. 59 亿元；供水和城市基础设施项目 15 个，总投资 82. 43 亿元，计划投资 23. 95 亿元。

此外，据《2016 年河南省国民经济和社会发展统计公报》，2016 年全年房地产开发投资 6179. 13 亿元，比 2015 年增长 28. 2%，其中住宅 4558. 07 亿元，增长 29. 2%。城镇保障性安居工程新开工 36. 91 万套，基本建成 28. 79 万套。

以上只是“十二五”末期河南省公租房融资活动的若干典型事件。通过以上事例的论述，不难发现“十二五”期间河南省公租房融资活动的主要特点。

第一，和“十二五”开局之初制定的政策一致，“十二五”期间，河南省公租房的融资活动主要依托地方政府的相关平台，以政府信用为抵押，以政府财政为担保，通过银行系统向公租房建设领域注入巨大的资金，推动河南省公租房建设事业的快速发展。但是，前面已经指出，采取这种模式为公租房提供资金可能导致严重的地方政府债务问题，或者说加剧地方政府的债务问题。

第二，在中央政府的号召之下，为了配合地方政府公租房建设工作的顺利开展，各个银行在信贷规模受限、信贷资金紧张的情况下，压缩其他方面的信贷业务，挤出贷款额度，优先安排、审批和发放公租房建设项目贷款。显然，这种结果并不是市场经济条件下市场运作的结果，而更像是计划经济下政府运作的结果。因此，如果中央政府的后续政策压力不足，在行政命令弱化的情况下，银行系统可能不会持续现有的对公租房建设融资的力度。

第三，在具体办理业务的过程中，一些银行安排专人进驻施工现场查看工程进度，积极与财政、房管等政府部门沟通，确保了贷款资金的及时到位。这说明了银行内部工作人员工作的积极性和主动性非常高，但是，银行内部的工作人员并不是施工环节的专业技术人员，也不可能替代建设工程监理的职能和作用，因此此举不宜提倡。否则一旦出现问题，责任主体不明确，责任也就无法落实到位。并且，施工进度受到多方面因素的影响和制约，在建设资金到位的前提下，仍然可能出现诸如天气原因等的不利影响导致施工进度的拖延，这些都是银行无法掌控和左右的。

第四，有的银行不断提升服务的深度和广度，积极探索公租房 PPP 项目融资新模式，为政府下一步直接购买存量房做公租房提供金融支持，最大限度地服务地方政府的公租房建设项目建设。从责任主体的角度出发，只有地方政府才能是 PPP 项目融资新模式实施的主体，银行只可能起到辅助作用。而地方政府直接购买存量房做公租房不具有实施的可行性。这是因为，存量房大都是商品房，其性质决定了价格肯定偏高，地方政府的财政负担本来就比较重，无力承担商品房的购买成本。

四 公租房融资现状的不足及建议

通过以上分析和论述，不难得出结论，在中央政府的号召之下，各级地方政府积极响应，银行系统大力配合，公租房建设事业在“十二五”期间获得了迅速发展和巩固。但是，其中尚有一定的不足，主要包括以下两个方面。

一方面，中央政府行政力量介入过多，加大了地方政府的财政压力，也使得参与公租房建设事业的银行承担有一定的压力和风险。这是因为中央政府行政力量的介入将使得地方政府步子迈得更大，由于有银行贷款杠杆力量的政策依据，也更有能力从银行那里获得贷款。而银行大都具有相应的行政级别，一定程度上受制于各级人民政府，也不得不参与公租房的建设事业，甚至在投资回报率较低或存在一定风险的情况下也只能响应政府的号召进行放贷，最终使得银行的商业运作机制发生扭曲。一旦出现地方政府无法按时还贷的特殊情况，甚至出现地方政府的债务危机，银行肯定无法应对，不管是否愿意，也不管如何表态，中央政府将不得不承担地方政府债务问题带来的一切后果。

另一方面，银行定位不合理，在公租房建设当中，有些不属于银行的工作范畴，而属于其他专业机构的本职工作，或者应由地方政府主导完成。银行的工作人员无须进驻施工现场查看，该项工作应由具有相应资质的建设工程监理单位来开展，并且银行的工作人员也不具备相关的知识与经验，也不可能取代建设工程监理在工程建设中的地位和作用。在实际业务的操作当中，银行可以根据事先签订的施工合同结合建设工程监理单位提供的监理签证等进行支付，这种做法最具有可操作性，同时成本最低。即便是出现施工进度拖延等情况，也应由建设工程监理单位依据合同进行判断作出决策，确认责任主体和对施工进度拖延进行及时有效的处理。

前文已经指出，有的银行不断提升服务的深度和广度，积极探索公租房 PPP 项目融资新模式，最大限度地服务地方政府的公租房建设项目建设。当然，从责任主体的角度出发，只有地方政府才能是 PPP 项目融资新模式实施的主体，银行只可能起辅助作用。但是这种尝试或举措是值得参考和借鉴的，有助于公租房建设事业的更进一步的发展。基于这一点认识，本节建议，应努力拓展公租房的融资渠道，降低银行贷款融资在公租房融资中的比重。在理论上，融资渠道不仅仅只有银行贷款，还包括其他非银行类别的金融企业也可以为公租房建设提供资金，比如，保险公司和证券公司等。这些非银行类别的金融企业同样拥有巨额的资金，可以部分用于支持公租房事业的发展。此外，在中国，社会资金规模巨大，如果可以通过某种形式，比如 BOT 或 PPP 等融资模式，将社会资金引入公租房建设领域，不仅可以解决社会资金无处投资的难题，而且可以解决公租房建设资金不足的问题。

此外，前文已经指出，在政府文件里面已经涉及“实施货币补贴”。鼓励市、县通过发放租赁补贴方式实施公租房保障。通过货币补贴的方式，可以越过公租房漫长的开发过程。公租房的建设有一定的周期性，尽管政策上面准许简化程序，加快进度，但是房屋建筑的自身特点决定了最快也需要两年至三年才能够完成项目建设并投入运营。所以，通过货币补贴的方式，可以直接为人民服务，立即满足相关人民群众的迫切需求。再者，通过货币补贴的方式，也可以降低公租房住房保障的投入资金，缓解资金压力。一次性投入资金建设公租房需要巨额资金并形成沉没成本，会占用较多的资金。但是，如果进行货币补贴，则可以在很长时间里为公租房租户创造价值。并且，将一次性的巨额投入分解为每年逐人逐户发放，也可以起到投资的乘数效应，即扩大投资效果。

第二节　“十三五”发展的展望与预测

一　“十三五”展望

2016年前10个月，邮储银行河南省分行发放各类贷款799亿元，新增485亿元，排名省内银行业机构（不含城市商业银行和农业商业银行）第1位，系统内第2位。该分行先后向省内“两基一支”重点项目批复授信740亿元，与郑州航空港综合试验区签订战略合作协议，支持了棚户区改造、公租房、廉租房等一批基础民生工程。在2016年，河南省积极推进新型城镇化发展基金项目落地。支持省豫资公司努力推进新型城镇化发展基金项目落地。2016年，全省新型城镇化发展基金共计支持85个项目。其中，2016年新增项目43个，募集基金总额2086.33亿元，批复授信1013.81亿元，签订合同925.81亿元，金融机构已投放到项目690.09亿元，省豫资公司跟投92亿元。项目涉及棚户区改造、城镇化项目、公租房、轨道交通、城市道路、土地储备、污水处理等领域。“十二五”的政策特点也将延续下来，继续在“十三五”期间发挥积极作用。

但是，在《河南省国民经济和社会发展第十三个五年规划建议》中，已经明确指出，为了推进城乡协调发展，需要完善住房保障体系，实现公租房货币化，不断开展新型城镇化建设的试点工作。由于要实现公租房货币化，必然要求公租房建设中不仅要“补砖头”，还要“补货币”，即货币化安置公租房租户，满足公租房申请者的租房需求。因此，在“十三五”期间，公租房建设模式也一定会适时调整，满足“十三五”规划的需要。但是，公租房货币化的资金同样来源于政府财政资金，一定程度上还会对地方政府造成财政压力。所以，仍然有必要采取创新性的融资手段，缓解政府财政资金的压力，从而实现公租房建设事业的可持续发展，更好地为相关群众服务。

二　2017年1—10月份河南房地产行业发展情况

2016年，河南省房地产开发投资增速较快。而到了2017年，河南省房地产开发投资增速则不断放缓，但是河南省房地产开发投资的总金额依然不断上升。截至2017年前10个月，河南省房地产开发投资

5603.92亿元，同比名义增长17.4%（见表6-1）。其中，住宅投资总金额为4209.94亿元，增长18.4%。住宅投资占房地产开发投资的比重为75.1%。

表6-1　2016年10月—2017年10月河南省房地产开发投资增速

时间	2016年1—10月	2016年1—11月	2016年1—12月	2017年1—2月	2017年1—3月	2017年1—4月	2017年1—5月	2017年1—6月	2017年1—7月	2017年1—8月	2017年1—9月	2017年1—10月
百分比（%）	26.3	27.4	28.2	24.4	25.2	24.7	24	22.9	20.2	19.1	18.3	17.4

注：本节数据来源于河南省统计局。

也正是受到河南省房地产开发投资增速不断放缓的影响，其他很多相关指标的增速也都不断放缓。2017年前10个月，房地产开发企业房屋施工面积47084.50万平方米，同比增长6.0%。但是，新开工面积10875.10万平方米，增长-8.0%。此外，竣工面积3572.62万平方米，增长-10.1%。其中，住宅竣工面积2729.19万平方米，增长-13.8%。2017年前10个月份，房地产开发企业购置土地面积701.80万平方米，同比增长-16.6%（见表6-2）；土地成交价款306.02亿元，增长-4.9%。

表6-2　2016年10月—2017年10月河南省房地产开发企业土地购置面积增速

时间	2016年1—10月	2016年1—11月	2016年1—12月	2017年1—2月	2017年1—3月	2017年1—4月	2017年1—5月	2017年1—6月	2017年1—7月	2017年1—8月	2017年1—9月	2017年1—10月
百分比（%）	16.7	16.4	16.5	93.6	74.1	41.6	32.5	16.3	-0.4	-9.9	-16	-16.6

同样，2017年前10个月，商品房（包括住宅、办公楼和商业营业用房）销售面积增速和销售额增速也呈现出了相同的放缓趋势。此外，从实际到位资金的角度看，2017年前10个月，房地产开发企业实际到

位资金5598.02亿元，同比增长8.2%（见表6－3）。其中，国内贷款740.73亿元，增长26.5%；利用外资0.99亿元，下降40.4%；自筹资金3256.54亿元，增长13.5%；其他资金1599.76亿元，下降6.9%。在其他资金中，定金及预收款907.96亿元，增长4.8%；个人按揭贷款578.94亿元，下降10.8%。

表6－3　2016年10月—2017年10月河南省房地产开发企业本年到位资金增速

时间	2016年1—10月	2016年1—11月	2016年1—12月	2017年1—2月	2017年1—3月	2017年1—4月	2017年1—5月	2017年1—6月	2017年1—7月	2017年1—8月	2017年1—9月	2017年1—10月
百分比（%）	30.3	28.6	29.2	19.3	18.7	19.9	18.1	18.4	13.2	10.5	7.8	8.2

通过对2017年1—10月河南房地产开发和销售总体情况的概述，不难看出，2017年河南省房地产行业的各项总量指标依然表现良好，但是各项增速指标不断下降，房地产行业未来的发展不容乐观。对于依赖土地财政的地方政府而言，房地产行业的不景气将导致财政资金的减少，从而对现有的以政府财政资金为基础的公租房融资建设模式产生巨大的负面影响。所以，为了更好地推动河南省公租房建设事业的发展，需要拓展融资渠道，探索新的融资方法。

第三节　本章小结

本章首先对“十二五”时期公租房建设事业的发展进行了回顾与评价。在“十二五”期间，公租房融资具有强烈的政府计划特点，在中央政府的号召之下，地方政府以地方政府财政收入为依托从银行系统获得了巨额的资金，此举直接支持了公租房建设事业的快速发展，形成了有效的公租房供给。尽管其中仍然存在一些问题，但是形势一片大好。只不过，如果只是单纯地依靠地方政府财政来支持，公租房的建设事业将不具有可持续性，同时可能加重地方政府的债务负担。而且，在公租房建设过程当中，公租房建设项目的运作具有极强的行政命令色彩，基本上公租房建设项目的运作演化成了各级地方政府的一项政治任务和行政职能。在具体项目的运作当中，行政命令体系发挥了巨大的作用，而银行系统也给予了积极的配合。

很明显，“十二五”期间，公租房建设事业发展所取得的成果是巨大的，但是存在政府行政力量介入过多，造成地方政府财政压力过大的问题；同时，银行定位不合理，完全依附于中央政府和地方政府，使得银行的商业运作机制发生扭曲；并且，在具体业务中，银行所开展的一些工作超出了银行的工作范畴。为了解决或者说缓解这些问题，推动公租房建设事业的更进一步发展，应努力拓展公租房的融资渠道，降低银行贷款融资在公租房融资中的比重，从银行系统以外筹集建设资金，解决公租房建设中的融资问题。同时，政府主管部门的工作可以在“补砖头”（即开展公租房的实物建设）的基础上进行“补货币”（即对公租房租户进行货币补贴）。此举可以立即满足相关人民群众的迫切需求，也可以降低公租房住房保障的投入资金，缓解资金压力，起到投资的乘数效应。

在“十三五”之初，公租房建设事业的理论与实践依然延续了“十二五”时期的做法和经验。同时，“十三五”的规划已经明确指出要实现公租房货币化。由于要实现公租房货币化，必然要求公租房建设中不仅要“补砖头”，还要“补货币”，即货币化安置公租房租户，满足公租房申请者的租房需求。因此，在“十三五”期间，公租房建设模式也一定会适时调整，满足“十三五”规划的需要。但是，公租房货币化的资金同样来源于政府财政资金，一定程度上还会对地方政府造成财政压力。所以，仍然有必要采取创新性的融资手段，缓解政府财政资金的压力，从而实现公租房建设事业的可持续发展，更好地为相关群众服务。

此外，通过对 2017 年 1—10 月河南房地产开发和销售情况的概述，不难看出，2017 年的房地产行业的形势不容乐观。而这一新情况必将对地方政府的财政收入产生较大的负面影响，将会导致财政资金的减少，从而对现有的以政府财政资金为基础的融资建设模式产生巨大的负面影响，也将对“十三五”期间实现公租房货币化造成极大的困扰。而这些都将迫使地方政府拓展融资渠道，增加公租房建设资金来源，探索新的公租房融资方法。在后续章节里面，本书将开展河南省公租房多元融资模式选择研究，力争多渠道地为公租房建设投融资活动提供资金，降低政府财政资金所面临的巨大压力，减少使用政府的财政资金。此外，本书将进行河南省公租房融资机制创新研究。在融资领域，受限于我国的金融市场发展水平和发展阶段，一些在国外发达国家普遍采用的融资模式在中国尚不具有可行性。但是，有必要先进行理论上的研究。这样在实践条件许可的情况下，就可以迅速利用公租房融资机制创新研究的成果推动公租房建设事业更进一步地发展。

第七章　河南省公租房多元融资模式选择研究

公租房建设事业的资金需求量巨大，为了实现公租房建设事业的可持续发展，更好地满足广大公租房租户的利益需求，需要广泛利用社会资金参与公租房项目建设。因此，需要转变以往那种以政府财政为基础，以银行贷款为主体的公租房建设投融资模式，尝试建立广泛吸纳各市场参与主体的多样化、多元化融资渠道。本章主要探讨公租房的多元融资模式，运用新型融资模式（如BOT模式等）为保障性住房建设提供资金支持，尝试建立“政府主导、市场运作、社会参与”的多元化公租房融资机制和体系。

第一节　贷款

一　商业银行贷款

银行是经济中最为重要的金融机构之一。西方银行业的发展历史最早可以追溯到公元前的古巴比伦文明古国时期。公元前6世纪，巴比伦已经出现了一家名为“里吉比”的银行，这一点也通过考古发现得到证实。而历史文献记载的早期银行起源于文艺复兴时期的意大利。在意大利语中，银行这一词汇有“长凳”的意思。最初的银行家均在市场坐在凳子上开展货币兑换业务。倘若银行家遇到资金短缺，无法支付到期债务时，债主们将会砸坏这一长凳，银行也不得不宣告破产。通过以上概述，可以看到银行业在人类发展史中的重要地位，同时可以看到，尽管可能出现银行破产的情况，新设立的银行依然层出不穷，满足了社会对资金的需求。在前面的章节里面，已经指出银行贷款在公租房建设中发挥了巨大作用。考虑到公租房建设项目的特殊性质，就银行贷款的性质而言，其本质就是一种债务。银行贷款是作为一种长期贷款进入公租房的建设领域，银行贷款的还本付息就是以政府的信用为抵押来运作的，属于信用贷款的范畴。具体而言，在公租房建设领域，这种信用贷款就是指政府根据自身的信誉而无须提供抵押品，或者政府对这种贷款进行担保从银行取得贷款。在政府的支持之下，这种信用贷款手续简便。按照贷款的用途划分，公租房领域的银行贷款基本上属于固定资金贷款或者说基本建设贷款。但是，一旦银行贷款比例太高或者说金额增长较大，一定会对政府财政支出造成巨大的压力。并且，银行，尤其是商业银行，运作的目的是赚取存款和贷款的利差，而不是获得资本收益，因此银行不能够进行股权性质的投资，而是以收回贷款，确保资金安全为底线。

针对银行贷款的这一缺点或者说特点，政府在选择商业银行的时候需要着重考察银行的资金实力，以及在公租房建设项目运作出现资金紧张或短缺问题的时候，银行能否积极运作，支持公租房建设项目的成功。而不能单方面强调公租房建设的重要性，通过行政权力的影响迫使银行必须放贷。并且，政府在选择商业银行获得银行贷款之后，还应当与其他渠道的资金提供者或者说与其他银行保持良好的沟通，一旦出现资金紧张的状况或者说出现实际施工成本超出计划施工成本的客观情况，政府依然可以获得额外贷款或资金用于推动公租房建设项目的顺利实施，确保公租房建设项目保质保量按时按需完成。

而银行方面也应当对公租房建设项目前期的可行性研究进行详尽的论证，确定银行审查目的，确定工作中的主要考察事项和指标。对政府进行信用评价，对于那些地方债务问题突出的地方政府，需要获得上级人民政府的书面承诺方可贷款，以免出现贷款资金回收难的问题。再者，还需要对具体的公租房建设项目进行评估，重点在于审查项目设计概算和施工图预算的编制。同时，在资金运作实施过程当中，一定要遵守国家的法律法规和银行信贷、结算制度。比如，公租房建设项目要求项目必须有一定的资本金，如果公租房建设项目自有资金比例不足，达不到相关法律法规和国家政策的最低要求，银行不应该放贷，拒绝地方政府的贷款申请。再比如，公租房建设项目的贷款资金应专款专用，政府应按照借款合同中规定的用途使用贷款，不可以随意改变用途或挤占挪用。为了落实这一资金使用的要求，银行需要进行必要的监督和管理。一是银行资金不能一次性提供给地方政府，银行需要按照公租房建设项目的资金使用计划分阶段提供贷款资金。二是银行需要结合项目建设的实际情况直接将贷款资金提供给公租房建设项目的参与者。比如，可以以建设工程监理单位确认付款的监理签证和政府部门提供的相关票据或证明材料直接通过银行转账付款。此举可以减少贷款资金流动的中间环节，不仅可以降低贷款资金的流动成本，还可以规避贷款资金挪用的风险。

二　项目贷款

由于公租房建设项目相关的贷款活动都是以项目为依托衡量的，因此为某一特定公租房建设项目提供的银行贷款也可以被看作是项目贷款。项目贷款大多适用于大型建设工程项目，尤其适用于国际大型建设工程项目，其中的一些做法是公租房建设项目可以借鉴的。显然，采用项目贷款的情况下，当进行项目贷款偿还时，主要依赖公租房建设项目资产在未来运作过程中的房租收益来偿还贷款，当所收取的公租房租金不足以偿还公租房建设项目贷款的时候，由政府出面补足差额。这种信用担保形式不直接依赖主办方的资金和信用。但是，由于项目贷款一般适用于有偿还能力并能盈利的项目，是完全依靠项目运营的收益来偿还的，因此，地方政府必须承诺，当公租房建设项目收益不足以偿还公租房建设项目贷款时，政府以什么样的形式和途径解决这一问题，满足公租房建设项目贷款方对投资回报的要求。

就项目贷款的运作而言，对地方政府来说，可以扩大地方政府的举债能力。这是因为，贷款方不以地方政府的偿还能力作为放贷的主要考虑因素，而是根据对公租房建设项目的经济潜力的预测来决定是否放贷。由于公租房建设项目贷款的款项不在地方政府的资产负债表内体现出来，也不会形成地方政府的财政赤字，对地方政府通过其他渠道的借款能力也没有任何负面的影响，所以，项目贷款可以解决地方政府财政资金实力不足和借款能力有限的问题。只不过，就公租房建设项目的投融资运作模式而言，地方政府仍需考虑到在公租房建设项目运作不利（比如说，分配效率过低或者说入住率偏低）的情况下，由于收取的公租房租金数额不足以偿还公租房建设项目贷款方的本息，政府需要履行承诺和义务，将不足金额补足。显然，这对公租房建设项目投融资模式提出了更高的要求，迫切要求地方政府提高公租房建设项目的运作能力和经营水平。

对公租房建设项目贷款的提供方而言，需要全面分析公租房建设项目的建设周期、项目贷款的利率水平以及投资回报水平之间的复杂关系。公租房建设项目运作周期一般较长，项目投资的经济效果一般较差，在投资回报水平一定的前提下，项目贷款的利率水平一般应偏低为宜。因此，只有那些资金实力雄厚的项目贷款方才有能力为公租房建设项目提供贷款。也正是因为这一点，针对公租房建设项目提供的项目贷款也存在一些缺点，其中的主要缺点就是项目贷款手续多必将导致贷款审核的时间长。首先，项目贷款手续办理过程当中必须综合考虑具体的公租房建设工程项目，而且要将该项目相关的数据和资料提前准备齐全；其次，在此基础之上，由有关各方共同成立的公租房建设工程项目管理团队共同对该项目进行审查、核实；再次，相关参与方需要为该项目的运作提供必要的保证和担保，最后，公租房建设工程项目的项目贷款方在经济上进行分析论证其可行后才决定进行放款。显然，这一过程比较复杂，远不如中央政府号召之下，银行资金涌入公租房建设领域的效率高。但是，优点在于，通过这一运作模式，可以淡化计划经济的色彩，降低政府行政力量在公租房项目建设中可能带来的不良后果，最大限度地发挥了市场在资源配置中的作用，地方政府、银行以及公租房的承租者均能最大限度保障各自的利益。

第二节　债券的发行

贷款是一种债务，而通过债务进行融资的渠道非常多，比如，在社会经济领域，债券就是一种常见的借款形式。将债券用于公租房的建设领域，就是指政府向社会公众筹集资金发行的有固定投资回报的有价证券，是政府承诺按照一定利率水平在规定时间节点支付利息，并且在规定日期偿还本金的一种书面债务凭证。也可以理解为是一种载明债权债务关系的书面凭证，如果债券到期，债券的持有人可以要求政府偿还本金和支付利息。显然，债券也是一种非常重要的融资渠道。

一　地方政府债券发行的特点

（一）地方政府债券

众所周知，我国在20世纪90年代经历了一系列的发展和变化。其中，我国在 1994 年进行了财政分税制改革，目的是帮助中央政府解决财政资金不足的难题，实践中也解决了中央政府财政收入不足的问题。但是，地方政府仍承担着推动地方社会经济发展的责任。在此背景下，为了更好地为人民服务，交出一份令人满意的政绩，我国地方政府开始尝试通过投资来拉动经济增长，这使得那些资金需求大、建设期和回收期长的基础设施建设项目获得了迅速的发展和建设，但是也逐步导致了地方政府财政收支不平衡。但是，在 1994 年 3 月颁布的《预算法》明文禁止地方政府发行债券。2008 年，为了稳定宏观经济形势，我国中央政府推出了经济刺激计划，其中的大部分资金需由地方政府提供。为了缓解地方政府的财政压力，2009 年《政府工作报告》中提出了 2000 亿元地方政府债券的发行计划。由此，地方政府债券才以合法的形式正式出现在了我国的社会经济领域。只不过，为了降低地方政府债券的风险，中央政府采取了一条渐进式改革的路径发行地方政府债券。

第一种模式，“代发代还”模式。在 2009 年，地方政府发行地方政府债券必须经国务院批准同意，必须通过财政部代理发行，地方政府不能直接发行地方政府债券。同时，地方政府必须通过财政部代理办理还本付息和支付债券的发行费用。因此，这种地方政府债券的发行模式类似国债转贷。随后三年，每年批准发行 2000 亿元的地方政府债券。

第二种模式，“自发代还”模式。在 2011 年，在第一种模式成功运行 2 年之后，国务院批准上海等 4 地试点在规定的额度内自行发行债券，但是债券的还本付息还是由财政部代为办理。并且，财政部明确规定，如果地方政府财政部门不能按时足额支付债券还本付息资金的，财政部将采取垫付方式支付债券还本付息资金。因此，中央政府对地方政府债券的发行偿还承担实质的担保责任。但是地方政府开始有自主权发行地方政府债券，地方政府可以就地方政府债券每期发行的金额等事项与财政部协商确定，而试点城市也可以自行确定地方政府债券的定价模式等事项。2013 年，在上海等 4 地试点 2 年后，国务院批准新增江苏和山东成为“自发代还”模式的试点地区，并要求试点省（市）加强试点工作的宣传力度，逐步推进建立地方政府债券的信用评级制度。因此，地方政府债券的发行规模不断扩大，从 2011 年的 2000 亿元增长为 2013 年的 3500 亿元。

第三种模式，“自发自还”模式。在 2014 年，财政部大力推进地方政府债券的改革步伐。一是由试点省（市）自行还本付息，不再通过财政部代理办理；二是又增加北京等4地为试点地区；三是地方政府债券的期限最长放宽至10年；四是明确要求试点地区积极开展地方政府债券的信用评级工作。

（二）地方政府融资平台债券

地方政府融资平台债券也可以被称为城投债券，最早由上海市在20世纪90年代初期尝试发行。伴随着我国社会经济和债券市场的发展，地方政府融资平台债券也先后经历了不同的发展阶段。但是，就目前情况而言，地方政府融资平台债券的运作出现了一些问题。比如，2011年4月出现了云南公路“只付息不还本”事件：云南省公路开发投资有限公司向有关银行发函，表示只支付贷款利息，但是无钱偿还贷款本金。当然，经过反复的磋商和谈判，云南省政府要求云南省公路开发投资有限公司撤回上述公函，并作出增资、垫款、补贴等政府承诺，以帮助该公司暂渡难关。最终该公司从银行“撤回了”函件。在此类型事件发生多起之后，全国范围内地方政府融资平台债券的发行受到了负面影响，直接导致发行规模的增速明显放缓。

针对出现的这一问题，为规避银行贷款风险，在2012年，银监会明确规定各银行不得新增向地方政府融资平台提供贷款。由于地方政府的贷款需求巨大，并且之前的债务安排不当，还债时间比较集中，地方政府的资金压力非常大。这一原因最终导致债券监管部门必须降低监管要求，重新推动地方政府融资平台债券的发行，因此，2012年地方政府融资平台债券发行的实际规模创历史新高。之后，2013年年底以来，在中央的号召之下，为了解决地方政府债务风险，相关部门相继出台文件支持地方政府融资平台发行债券。2013年12月，国家发改委明确允许融资平台进行债券置换，同时，国家发改委再次发文支持通过这种债券发行形式解决棚户区改造的难题。在利好政策的推动下，2014年地方政府融资平台债券发行非常顺利，发行的数量和金额均创新高。

二　地方政府债券发行的法律依据

十八届三中全会已经明确提出，允许地方政府通过发行债券等方式为城市建设提供资金。随后，《关于2014年深化经济体制改革重点任务的意见》更是明确提出地方政府举债融资的主要形式就是政府债券，同时要求剥离地方政府融资平台公司中的政府融资职能。以上文件的出台为地方政府直接发行一般责任债券提供了政策依据。基于此，为加强对地方政府债务风险的防范，规范地方政府一般债券发行的具体做法，保护投资人的合法权益，财政部制定了《地方政府一般债券发行管理暂行办法》。地方政府一般债券是指地方政府为非营利性的公益性项目发行的以政府预算收入还本付息的政府债券。地方政府一般债券采用记账式固定利率附息形式，债券期限可以是 1 年、3 年、5 年、7 年和 10 年，相关内容由各地方政府合理合法确定，但是为了防范风险，对其发行规模进行了明确的限制。

此外，财政部要求地方政府一般债券的投资者要对披露信息进行独立分析，确定其投资价值，自行承担投资风险。同时，各地应积极扩大地方政府一般债券投资者的来源范围，鼓励社会保险基金和保险公司等机构投资者以及个人投资者在现行法律法规框架内投资地方政府一般债券。很明显，在目前的政策导向下，未来地方政府一般债券将成为地方政府债券融资的主要形式。地方政府一般债券可以降低地方政府举债融资的成本，可以在较长的时间范围内制定实施合理的还本付息方案，从而有效解决地方政府债务到期时间集中的现实问题。而公租房建设项目由于收益较差且不稳定，也符合一般债券的适用范围。并且由于公租房建设项目的房租收益，基于公租房建设项目发行的债券将比其他一般债券具有更强抗风险能力。

三 地方政府债券发行的趋势探讨

为了推动地方政府债券的发行，需要进一步探讨这种债券产品的设计。一般而言，债券的票面需要载明相关的基本信息。包括发行者的基本信息；债券票面的金额和利率；还本期限和还本方式；利息支付方式和时间；债券的发行日期和债券编号；发行人的印证、法定代表人的签章；发售机关的印证和发售经办人签章；审批机关批准发行的文号和日期等。其中，债券购买人或投资人最关心的问题是债券的投资回报如何确定。尤其是在当前通货膨胀压力较大的情况下，房地产行业被认为是一种较好的抗通货膨胀的投资领域而倍受追捧，那么地方政府债券的发行就需要考虑通货膨胀可能给债券购买人带来的负面影响。因此，建议将指数债券的特点纳入地方政府债券当中，从而增强地方政府债券抗通货膨胀的能力，吸引市场上的投资人前来购买。指数债券是一种公司债券，该债券把利率和通货膨胀率相关联来保证债券投资人不会由于通货膨胀而承受损失。相关联的办法通常是：债券利率 = 固定利率 + 通货膨胀率 + 固定利率 × 通货膨胀率。当然，用来计算利息的指数也可以不和通货膨胀率相联系，而与商品价格（比如说黄金的价格）相关联，此时，可以将其称为商品相关债券。把指数债券的特点纳入地方政府债券当中，并不会对地方政府债券的发行产生较大的负面影响，只是对其债券利率进行了一定的调整，但是这种调整将使得地方政府债券具有较强的抗通货膨胀的能力，从而更具市场吸引力。

第三节　BOT 融资模式

一　BOT 融资模式的理论分析

在我国，BOT（Build - Operate - Transfer，即建设—经营—转让）融资模式也被称为“特许权融资”，是指国家或者地方政府部门与私人经营的项目公司（即我国所谓的民营企业）签订特许经营权协议，授予私人经营的项目公司（包括中外合资、中外合作、外商独资等多种形式）承担公共基础设施建设工程项目的设计、融资、施工、运营和维修维护；在特许经营权协议规定的期限内（一般在 20 年以上），私人经营的项目公司拥有公共基础设施建设工程项目的所有权，并拥有向该项目使用者收取适当费用的权力；在此基础之上，逐渐回收建设运营和维护成本，偿还银行贷款本金和利息并获取合理利润；特许经营期结束之后，项目公司再将 BOT 项目无偿移交给政府。

在社会经济实践领域，发展中国家的基础设施建设需求巨大但是又缺乏资金来推动这些基础设施建设项目的落实，BOT 融资模式被发展中国家应用并取得了一定的成功，从而引起了世界各国尤其是发展中国家的重视。根据相关研究文献，有观点认为 BOT 融资模式早已存在，3 个世纪以前就已经开始出现运用 BOT 融资模式来运作建设工程项目的实践，只不过当时并没有将其称之为 BOT 融资模式。17 世纪英国负责管理海上事务的部门是领港公会，领港公会负责建设运营灯塔，并有权向过往船只收取费用。但是根据历史记载，从 1610 年开始的 65 年中，领港公会没有建成一个灯塔，灯塔均由私人投资者建设。这一投资建设模式非常接近 BOT 融资模式。私人投资者首先向政府提出申请获得建设和运营灯塔的权利，同时必须提供许多船主的签名以证明灯塔建设的必要性，并且这些船主必须表示愿意支付灯塔的使用费；在政府审批通过以后，私人投资者向政府租用灯塔建设用地，在规定期限内运营灯塔设施并向过往船只收取过路费；在规定期限届满以后，私人投资者必须将灯塔移交给政府，政府再将灯塔移交给领港公会运营和收费。截至1820年，一共建成46座灯塔，其中私人投资者建成34座灯塔。可见通过私人投资者进行灯塔项目的建设运营具有较高的效率，其投资效率远高于领港公会这一政府部门。

在近代，自1984年土耳其政府首次提出BOT融资模式并将该模式成功应用于土耳其公共基础设施项目的私有化以后，BOT融资模式在全世界尤其是欠发达国家和地区得到了迅速的推广和应用。全世界共有数百个建设工程项目采纳BOT融资模式来运营。包括：现代意义上世界第一个BOT融资项目是土耳其的火力发电站建设工程项目，国际上公认的第一个成功实施BOT融资项目是菲律宾的诺瓦斯塔电厂建设工程项目，世界第一个成功移交的BOT融资项目是中国深圳的沙角B电厂建设工程项目，世界上最大的BOT融资项目是英法之间的海底隧道建设工程项目。除此之外，BOT融资项目的典范还有马来西亚的南北大道建设工程项目、泰国的曼谷公路和轻铁建设工程项目、澳大利亚的悉尼隧道建设工程项目和英国的曼彻斯特轻轨建设工程项目等。

BOT融资模式优点突出，因此BOT融资模式在全世界范围内都得到广泛的应用。在发达国家运用BOT融资模式可以大幅度减少政府开支，避免政府财政赤字的出现；还可以发挥私营机构的积极性和主动性，从而显著提高项目建设实施的效率。在发展中国家运用BOT融资模式可以帮助政府解决基础设施建设相对应的资金缺口问题；加速促进国际先进技术的转移和项目建设实施效率的提高。BOT融资模式包括了建设—经营—转让三个环节（见图7-1）。在与政府部门签订特许经营协议之后，BOT项目公司以项目法人的身份在资本市场上融通资金，一方面吸纳股本资金，另一方面申请各种渠道的贷款。依据特许经营协议，依次开展设计、建设、经营等各项活动。因此，在签订特许经营协议之后，BOT项目公司将以市场经济条件下独立的法人实体的身份在市场上进行运作。

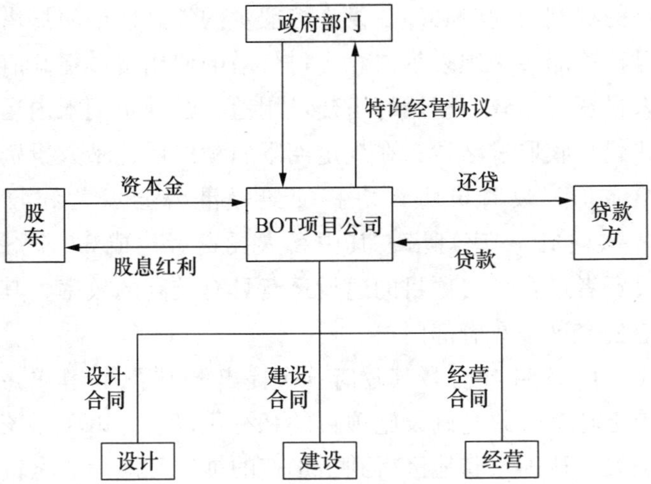

图 7-1　BOT 融资模式的运营框架

但 BOT 融资模式并不是设计、建设、经营等三项活动的简单叠加，而是着重强调 BOT 的融资特点，具备完整的项目融资过程（见图 7-2）。BOT 融资模式的贷款方可以是商业银行，也可以是非银行类别的金融机构，比如保险公司；即便商业银行提供贷款参与 BOT 项目的建设，往往要求项目发起人组建的 BOT 项目公司以 BOT 项目的资产进行抵押或者利用 BOT 项目公司自身信用担保取得贷款，从而实现项目融资下的有限追索。因此，BOT 融资模式具有典型的无追索权或有限追索权项目的特点，即提供贷款等债务资金的债权人不能追索 BOT 项目以外的资产和收入。具体讲，BOT 融资模式主要是利用 BOT 项目资产（主要是固定资产）进行融资，BOT 项目发起人的其他资产不在提供贷款等债务资金的债权人的追索范围，偿还贷款和提供投资回报的来源是 BOT 项目建成投入使用后所产生的现金流量。由于 BOT 融资模式不主要依赖 BOT 项目发起人的信用水平或者其有形资产，提供贷款等债务资金的债权人只能考虑 BOT 项目本身产生的现金流量和收益是否可以偿还债务，其投资回报取决于 BOT 项目本身的效益，而不能要求 BOT 建设项目以外的资产等进行抵押或者偿债，也不能要求 BOT 项目发起人提供任何形式的融资担保，即资金筹措的基础是 BOT 项目自身的资产和 BOT 项目未来的收益作为抵押。也正是因为以上讲到的内容，BOT

项目的融资负债比一般建设工程项目要高，融资结构也更加复杂，周期较长，资金规模更大，风险也大。BOT 项目以独立的法人实体身份成立 BOT 项目公司，而 BOT 项目贷款的直接债务人就是 BOT 项目公司。

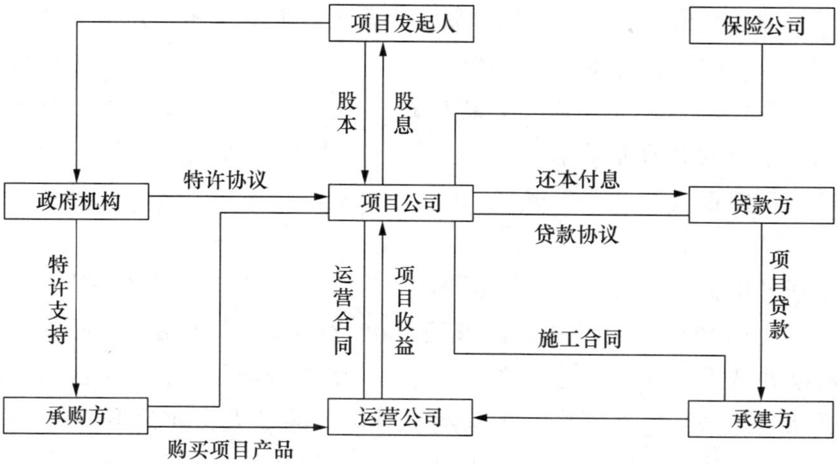

图 7－2 BOT 融资模式的组织结构

二 公租房建设项目 BOT 融资的可行性分析

（一）有限追索

公租房建设项目作为一个特殊的项目类别，仍然属于公共性基础设施（或者基础产业）项目的范畴，在理论上也可以应用 BOT 融资模式来融通资金。根据前面阐述的 BOT 融资模式的基本特点，可以发现 BOT 融资模式存在无追索权或有限追索权这两种情况。具体而言，无追索权的项目融资模式下，银行贷款的还本付息完全依靠项目本身的现金流量。同时，为了降低贷款风险保障自身利益，贷款银行要求必须以该项目拥有的资产进行担保。如果该项目由于各种主客观原因没有建成投入运营或者投入运营后宣布破产，项目资产或收益不足以还本付息时，贷款银行没有权力向该项目的主办人追索。有限追索权的项目融资是指，除了无追索权项目融资模式所涉及的内容，贷款银行还要求项目实体以外的第三方提供贷款担保成为该项目的担保人。如果该项目由于各种主客观原因没有建成投入运营或者投入运营后宣布破产，项目资产或收益不足以还本付息时，贷款银行可以要求第三方担保人在其担保金额内还本付息，所以可以称之为有限追索权项目融资。不管以上哪一种情况，公租房建设项目本身形成的资产都可以用于银行抵押或担保，公租房建设项目建成后收取的房屋租金就应该用于相关贷款的还本付息。只不过，前面的章节已经通过分析和测算，指出仅仅是收取的房屋租金不足以补偿社会资金对投资回报的要求，需要政府对公租房建设资金的提供者进行补贴使其获得合理的投资回报水平，而这一举措可以被看做是第三方担保。因此，将BOT融资模式应用到公租房建设项目需要采取有限追索权的BOT融资模式，从而确保公租房建设资金的提供者能够获得合理的投资回报。

（二）政府主导

在公租房建设当中，以往取得的巨大成就都具有计划经济特点，但是如果应用BOT融资模式就能够使得市场机制发挥作用，从而弥补计划经济模式下运作的不足。这是因为，BOT融资项目的大部分经济活动都在市场经济环境下开展。市场经济条件下的私人企业是BOT融资模式的责任主体，在特许经营期内对BOT工程项目享受相应的权利。这样，承担BOT项目的私人企业在BOT融资模式的实施过程中完全符合经济人假设。相对应的，政府部门也可以利用BOT融资模式合法合理地干预BOT项目的建设运营，这种合法合理的途径就是和私人企业达成的BOT特许经营协议。尽管BOT项目公司执行BOT特许经营协议，但政府始终拥有对BOT项目的控制权。在BOT融资模式实施的各个阶段，政府的行为都起着决定性的作用。在BOT项目运营阶段，政府又可以通过监督检查的形式限制BOT项目公司的行为，并且，BOT项目经营中收费标准的调整也受到政府的制约，政府还可以通过相关的法律法规、行政条例等来约束BOT项目公司的行为。

一般地说，BOT建设项目的参与主体众多，不仅仅包括私人企业成立的BOT项目公司，还包括政府部门、一系列投资人等以及承担设计、施工和监理的有关企事业单位。这些参与主体就是BOT项目的主要参与人。其中，政府在BOT项目实施中发挥主导作用，比如说，政府有权决定是否设立此项目、设立该项目后是否采用BOT融资模式等。在签订BOT项目特许经营协议合同的时候，政府也拥有绝对的影响力。政府还可以在BOT项目实施过程中对BOT项目的若干重要阶段进行阶段性的监督检查。最终，政府还可以无偿获得该BOT项目。此外，BOT

融资模式具有两个发展趋势。一是采用国内融资方式实施 BOT 项目，国内融资兴建 BOT 项目可以彻底回避政治风险和汇率风险。二是政府承担的风险和责任越来越少。为了实现以上两个发展趋势，需要进一步建立健全市场机制和法律法规。也就是说，单纯依靠政府承诺不足以推动 BOT 融资模式的成功推广，还需要进一步开展经济体制改革和完善法制建设。

三　公租房建设项目 BOT 融资的主要优点

第一，BOT 融资模式可以利用政府部门以外的资金，减少政府公共借款和政府财政资金的使用，降低政府的财政压力，规避政府投资可能带来的各种风险，如利率、市场等风险。通过这一模式，政府可以给私人企业提供更多的发展机遇，可以促进区域经济的发展和推动就业率的提高，也可以提前满足政府和社会的迫切需求。采取 BOT 融资模式，可在私人企业资金的帮助之下，解决政府在公租房建设事业发展中面临的资金问题，使得公租房提前建成，发挥社会保障作用，并满足住房困难群众的需求。

第二，BOT 融资模式有利于促进公租房建设项目提高效率、改善效果。这是因为公租房建设项目所需资金巨大，并且建成之后公租房的运营时间长也会带来风险，在私人企业提供资金兴建公租房的前提下，银行等贷款机构对公租房建设项目的审查会更加严格，这有利于公租房建设项目的规范运作和实施。此外，私人企业为了减少公租房建设项目的风险，控制公租房建设项目的成本，增加公租房建设项目的收益，必然会加强管理，控制成本，缩短时间。同时，BOT 融资模式可以带来技术转让、发展资本市场等好处。并且，BOT 融资模式的运作过程也和法律法规相关联，因此，BOT 融资模式可以促进我国法律法规和市场经济的完善。

第三，项目导向。BOT 融资模式主要依赖 BOT 项目未来的现金流量和其资产来融资，与 BOT 项目的投资者和发起人的资产无关。并且，一旦设立 BOT 项目公司，往往以 BOT 项目公司为独立法人进行单独的财务核算及管理。BOT 项目融资结构主要是以 BOT 项目公司本身作为一个独立的法人，并以 BOT 项目未来的现金流入进行还本付息，对 BOT 项目公司没有其他的担保要求，因而 BOT 项目公司的发起人不需要把通过 BOT 项目融资方式获得的资金作为其自身的债务，所以不会对 BOT 项目公司发起人的财务指标造成负面影响。

第四，独特的会计处理。BOT 项目发起人的资产负债表上不会出现 BOT 项目融资所形成的债务。所以，BOT 项目融资可以被称为 BOT 项目发起人的表外融资。这种投融资结构的设计，使得 BOT 项目发起人的财务状况和 BOT 项目的财务状况相互独立。此举可以把 BOT 项目融资的贷款风险隔离开，可以降低双方的风险，还可以为 BOT 项目发起人从事其他项目的开发建设提供足够的财务保证。

第五，风险分担。建设工程项目的运作历来存在各种风险。基于以往的融资模式，建设工程项目的风险往往集中于投资者和贷款方，建设工程项目的风险比较集中。而 BOT 项目融资却将参与 BOT 项目的各方联系起来，并通过所签订的一系列相关的法律合同进行合理的风险分配，从而保证建设工程项目融资的顺利开展和实施。项目融资方案中的风险分配方案和模式，其实就是建设工程项目融资成功与否的关键。因此，BOT 项目融资依靠 BOT 项目自身的资产和现金流量进行融资，可以允许 BOT 项目发起人采用高负债水平的方式为 BOT 项目筹集资金，同时投资者股本资金的比重较低，这一客观情况和结果也是 BOT 项目融资的主要优点。

正是因为单纯依靠政府财政资金的投入已经不能满足公共基础设施高速发展下对建设资金的需求，私人企业的投资将会扮演越来越重要的角色，BOT 融资模式是目前比较成熟和应用最广的项目融资模式，也是利用国际及国内民间私人资金参与公共基础设施建设投融资活动的重要手段。只不过，BOT 融资模式也有一些缺点。一是 BOT 特许经营协议的签订需要经过一个长期的谈判协商过程，从而导致 BOT 融资模式下项目前期运作成本偏高；二是 BOT 项目的贷款人承担巨大的风险，使得 BOT 项目融资难度增大；三是参与 BOT 项目投资各方数量较多，他们之间的利益冲突较大，并且目标不一致；四是在 BOT 融资模式特许经营期内，政府失去了对 BOT 项目的控制权；五是 BOT 特许经营协议签订后容易导致 BOT 融资模式运作机制不灵活，一旦出现执行的问题，将不便于所签订的 BOT 特许经营协议的灵活调整。

四　BOT 融资模式的基本形式

在国际工程承包领域，一般认为 BOT 融资模式包含有三种不同的形式，即 BOT 融资模式，BOO 融资模式和 BOOT 融资模式。第一种融资模式是BOT最基本的形式，BOT项目公司不拥有BOT项目的所有权，只有BOT项目的建设权和经营权。BOO（Build – Own – Operate，即建造—拥有—经营）是指私人企业根据政府赋予的特许经营权，建设运营某个BOT项目，但是最终结果并不是将BOT项目移交给政府，而是由这个私人企业继续经营。BOO融资模式可以鼓励BOT项目公司全面审视BOT项目的整个生命周期，从而合理建设和经营BOT项目，提高BOT项目所提供产品或服务的质量水平，追求整个生命周期内BOT项目总成本的降低和其效率的提高，并且降低BOT项目所提供产品或服务的价格。BOOT（Build – Own – Operate – Transfer，即建造—拥有—经营—移交）是指BOT项目在建成后，政府允许BOT项目公司在一定的期限内拥有BOT项目的所有权和经营权，在BOT特许经营期满后将BOT项目再无偿移交给政府。与基本的BOT的区别在于，BOT项目公司同时拥有经营权和所有权，但特许经营期限一般稍长。

（一）BOT融资模式与BOO融资模式的比较

BOT融资模式与BOO融资模式的相同点是二者都是利用私人资金投资建设公共基础设施建设工程项目。私人投资企业根据和政府签订的特许经营协议，以BOT项目公司的名义从事BOT项目的设计、投融资等活动。在特许经营期限之内，BOT项目公司拥有BOT项目的占有权、收益权以及为BOT项目进行投融资、设计施工和采购运营等方面的权利和义务，并由BOT项目公司进行BOT项目的维修维护。基于我国的BOT项目实践，为了确保BOT项目的顺利实施，在BOT项目特许经营期限之内，如果因政府政策调整导致BOT项目公司遭受损失，应允许BOT项目公司提高收费标准或者延长BOT项目公司的特许经营期限；同时对于BOT项目所涉及的外汇支出，政府确保所需外汇的兑换和出境。但是，BOT项目公司也要承担投融资等一系列风险，政府也不提供投资回报的承诺，国内企事业单位也不得为BOT项目融资提供任何担保。

BOT融资模式与BOO融资模式也有区别，在基本的BOT融资模式中，政府将最终获得BOT项目所形成的资产；而在BOO项目中，政府放弃了BOT项目的所有权，由BOT项目公司拥有BOT项目的所有权。从基本的BOT融资模式的字面含义，也基本可以判断出国家最终拥有公共基础设施所有权。私人企业在利润的指引之下，参与公共基础设施的开发建设。为了实现这一点，政府授权私人企业在 BOT 项目建成后的特许经营期限内对 BOT 项目享有经营权，以此盈利去收回投资和相关成本。特许经营期限结束之后，私人企业必须将 BOT 项目相关的资产无偿移交给政府。因此，基本的 BOT 融资模式运作的最终结果是，政府最终拥有 BOT 项目设施的经营权，而且在 BOT 项目的整个特许经营协议期间内，政府一直都拥有 BOT 项目的所有权，并且这一所有权从来没有被赋予 BOT 项目的投资者。简单地讲，基本的 BOT 融资模式只是政府利用私人企业参与 BOT 项目的建设投融资活动，BOT 项目公司只是在一定的特许经营期限内对 BOT 项目设施拥有经营权，但是 BOT 项目的本质属性没有任何变化。进而言之，运用 BOT 融资模式兴建公共基础设施建设工程项目，私人企业可以拥有一段时间的经营权以获得现金流量来弥补其投资和成本，之后，特许经营期限届满之后，BOT 项目必须交还给政府。而 BOO 融资模式下，私人企业将最终拥有 BOT 项目的所有权，而不需要将 BOT 项目移交给政府。

（二）BOT 融资模式与 BOOT 融资模式的比较

BOT 融资模式与 BOOT 融资模式的区别包括以下两个方面。一方面，二者的所有权不同。就基本形式的 BOT 融资模式而言，BOT 项目公司只在特许经营期限之内拥有所建成 BOT 项目的经营权；而 BOOT 融资模式则有所不同，BOT 项目公司只在特许经营期限之内既拥有所建成 BOT 项目的经营权，也拥有所建成 BOT 项目的所有权。另一方面，二者的特许经营期限不同。采取基本形式的 BOT 融资模式，其特许经营期限一般比较短。所以，每一种 BOT 的不同形式，都具有不同的特点和功能，体现了政府对公共基础设施私有化的程度。基本形式的 BOT 融资模式所实现的私有化程度最低，因为私人企业并不拥有 BOT 项目设施的所有权。BOOT 融资模式所实现的私有化程度较高，因为私人企业在规定期限之内拥有 BOT 项目设施的所有权。最后，BOO 融资模式所实现的私有化程度最高，这是因为 BOT 项目设施被完全私有化，并且其所有权完全被转移给私人企业。所以说，这几种不同的融资模式反映出政府所愿意实现 BOT 项目资产私有化的程度不同。由于公共基础设施项目一旦建成影响深远，并且要使用到包括土地、公路等在内的公共资源，因此，公共基础设施的私有化是一个特别敏感的问题。一般而言，出于国家安全的考虑，政府通常不愿将交通基础设施建设工程项目

（比如收费公路等）的所有权移交给私人企业，所以往往采用基本的BOT融资模式。在发电相关的建设工程项目领域内，这几种融资模式都可以被采用。这是因为，一些国家重视电力行业的发展和安全，因此不愿意进行BOT项目资产的私有化，基本的BOT融资模式或是BOOT融资模式是更好的选择。但是在有些国家和地区（比如阿根廷），由于当地电力资源充足，政府并不重视这种类型的建设工程项目，BOO融资模式是更好的选择。最后，对于电力的分配和输送来说，这种类型的建设工程项目（比如电网的建设工程项目或超高压输电变电站建设工程项目等）通常被认为是关系到国计民生的重要项目，基本的BOT融资模式或是BOOT融资模式是更好的选择。

（三）三种不同形式的选择

通过以上分析，可以看出BOT、BOO和BOOT这三种不同融资模式所具有的不同特点。结合我国的国情，公租房建设项目形成的资产一般归政府所有，由于BOO融资模式需要将产权最终移交给BOO项目公司，那么BOO融资模式就不适合我国的实际情况。同样道理，BOOT融资模式下，BOT项目公司在BOOT项目建成后在特许经营期限之内，同时拥有BOT项目的经营权和所有权。这在实际操作上存在较大的难度。假设采取BOOT融资模式，BOOT项目公司在规定的期限内拥有所有权，那么BOOT项目公司就可以以规定期限内公租房资产的所有权为基础去银行申请贷款，以获得更多的融资。此举将使BOOT项目公司具有较强的融资能力，可以获得更多的建设资金。但是，如果出现突发事件，导致项目运作失败，银行将如何处置该规定期限内的公租房资产是一个很大的难题。这是因为，随着时间的推移，在某一特定时间节点上，公租房资产需要移交给政府。那么，如果公租房资产移交给了政府，又会导致银行遭受巨大的损失。因此，在当前背景下，相较于BOO和BOOT这两种不同融资模式，采用BOT融资模式更具有可操作性，所涉及的法律盲区也相对较少。

当然，如果随着时间的推移，政府政策发生了变化，BOO融资模式也是可以考虑选用的。这是因为，BOO融资模式下，公租房的BOO项目资产属于BOO项目公司，但是只要该项目仍然能够发挥出公租房的作用，体现出公租房的性质，资产归属权就显得不是那么重要了。在BOO融资模式下，政府相当于放弃了公租房资产的所有权，但是依然拥有公租房资产的控制权，仍然可以发挥出公租房“公”的属性和特点，同样可以为公租房租户提供更好的服务。同样道理，随着我国社会经济的发展，市场经济的完善，BOOT 融资模式或其他融资模式都是可以借鉴和应用的。

五　实施过程当中的注意事项

BOT 融资模式多用于投资额度大且期限长的项目。BOT 项目的特许经营期限往往有数十年的时间，整个 BOT 建设工程项目的实施过程可以分为立项、招投标、谈判和履约四个阶段。

第一，在立项阶段，政府需要根据现有政策文件和公租房的发展计划列出公租房的新建项目清单并公之于众。如果政府决定进行公租房 BOT 融资项目的招标，私人企业可以根据该新建项目清单上的公租房项目结合该企业的实际情况做出合理计划，然后向政府提出通过 BOT 融资模式来兴建公租房建设工程项目，并表明愿意承担公租房项目的建设实施。政府则通过咨询机构开展公租房项目的可行性研究，决定是否立项，并决定是否采取 BOT 融资模式来兴建公租房建设工程项目。

第二，在招投标阶段，如果政府决定采用 BOT 融资模式来建设公租房建设项目，政府必须先发布相关的招标公告，然后对相关的私人企业进行投标前的资格预审，从中选择合适的私人企业作为投标人并向其发售公租房建设工程项目的招标文件。在不使用政府资金的前提下，依据现行政策规定，也可以不通过公开招投标的形式确定以 BOT 融资模式兴建公租房的私人企业。但是这种运作模式成功率不高，并且由于缺少投标报价的竞争而最终致使公租房建设项目的成本过高。在投标阶段，BOT 项目的投标书完成时间较长。同时，招标人要主动开展建设工程项目的答疑工作，回答投标人对公租房项目相关内容提出的问题，并合理采纳招标人提出的建议。投标人必须在 BOT 项目招标文件规定的投标截止日期前到规定的投标地点向招标人提交投标书等相关文件。开标之后，由招标人组织力量进行评标排序，选择报价最合适的几个私人企业进行最后的谈判确认，为签订 BOT 特许协议打下坚实的基础。

第三，在谈判阶段，主要工作内容就是确定 BOT 项目特许经营协议的条款，这些内容具有法律效力并且能够在整个 BOT 项目特许经营期限内发挥作用，该协议规定了政府和 BOT 项目公司的权力和责任，决定了双方的风险分配模式。所以，特许经营协议的确定是 BOT 项目实际实施前的关键工作。政府委托或者指定的招标单位依次同选定的几个私人企业进行谈判，如果谈判成功则签订BOT特许经营协议；如果谈判失败则与下一个私人企业谈判，有时需要反复谈判，从而获得一个合理的结果。

第四，在履约阶段，由于履约阶段时间最长，相当于整个BOT特许经营期限，因此，可以进一步细分为BOT项目建设施工阶段、BOT项目运营阶段和BOT项目移交阶段。履约阶段是以BOT项目公司为主来实施的，在BOT项目公司的主持之下履行BOT特许经营协议的相关工作。而高水平的协议条款设计可以有效激励BOT项目公司努力完成工作并且显著提高效率。

六 BOT融资模式的特殊应用

（一）BOT融资模式与TOT融资模式的区别和不同

BOT融资模式一经提出就获得了迅速的发展和大面积的推广应用，也由此导致BOT融资模式出现了很多衍生模式。这些BOT融资模式的衍生模式的具体名称不同，具体操作上也略有不同，但是这些衍生模式的结构与主要特点和前面论述的BOT融资模式并没有根本差别，所以习惯上可以将这些BOT融资模式的衍生模式统称为BOT融资模式。但是，利用BOT融资模式特点形成的新的融资模式中，有些不能被概括为BOT融资模式，而是TBT融资模式。TBT融资模式就是将TOT与BOT融资方式组合起来，以BOT为主的一种融资模式。BOT融资模式与TOT融资模式的区别和不同主要包括以下几个方面。

第一，投资方的项目结构不同。BOT融资模式的运作过程包括政府部门、项目发起人、BOT项目公司、贷款机构、BOT建设工程项目的承包商和相关分包商以及供货方等众多的参与者。在BOT项目的生命周期内这一复杂的投资方项目结构需要签订大量的合同。这些合同需要一定的法律法规制度的保证和支持，但是也离不开BOT项目参与方的团结合作才能得到良好的履约。BOT项目投资巨大、特许经营协议期限较长，所以要求BOT项目相关的参与方团结合作才能实现BOT项目的成功，这一客观现实增加了BOT项目实施的难度，也会成为投资方作出投资决策的重要参考因素之一。所以，BOT融资模式实施起来非常复杂，对BOT项目实施的环境要求较高，需要花费的人力、物力和财力较多。TOT融资模式则有着显著的不同，实施起来相对简单。TOT融资模式不需要开展项目的施工工作，可以省去建设施工环节的工作。由于TOT融资模式利用的是已经建成的项目来融资，仅仅通过项目经营权的变更来进行一次性的融资。这种运作方式涉及的工作内容比BOT融资模式要少，主要有项目前期的谈判和准备工作及特许经营期限内双方的权利和义务如何规定等议题。因此，TOT融资模式的优点明显，不仅运作结构相对简单、运作周期相对较短，而且其融资之前准备工作较少、实施过程成本费用较低。

第二，投资人承担的风险不同。由于BOT投资项目的特许经营期限一般都比较长，如果从BOT项目前期的准备工作开始算起，直至特许经营期限结束，时间跨度往往在十年以上，因此产生各种风险的可能性较大。根据BOT项目实施的实践经验，导致BOT项目风险的原因很多，包括融资成本较高、运作周期较长、金融市场的波动、政府政策的调整以及其他与经营方式有关的风险等。因此，在参与BOT项目投融资活动之前，BOT项目的投资方都会慎重地开展风险分析和评价。如果BOT项目的风险太大，则BOT项目将无人问津。相对应的，TOT融资模式没有施工建设这一复杂的阶段，政府直接移交已建成的项目进行TOT融资，该项目将被交由投资方进行经营。由于TOT融资模式中没有施工建设的内容，自然也不存在施工建设的相关风险。TOT融资模式是投资方直接购买政府已有的存量公共基础设施的经营权，既避免前述的各种风险，又可以在运作初期获得稳定的现金流量用于收回投资和成本。

第三，对法律法规等制度环境的要求不同。目前，我国没有出台有关BOT融资模式与TOT融资模式的专门法律条例。已有的法律法规可能不能满足BOT融资模式与TOT融资模式下投资方的要求。因此，应当制定专门的法律法规，即或是对相关的法律法规进行解释说明使其适应这两种融资模式的实际需要。由于我国一直在努力建立法治社会，并且一直在开展投融资机制体制的改革创新，可以认为现行的经济领域的实践不适应这两种融资模式的应用推广。但是，和BOT融资模式相比较，TOT融资模式对法律基础和投融资环境的要求比较低，可以有效地吸引社会资金的投资者。这是因为，TOT融资模式下，往往通过已经建成的公共基础设施建设项目形成的资产进行抵押或者担保，这种抵押或者担保模式运作简单，可以和现行的投融资实践相联结，所以就算法律体系不健全，TOT融资模式也可以有效地吸引投资者的投资。

综上所述，这两种融资模式相比较，TOT融资模式的最大区别在于没有“B”（项目建设）以及相关的风险和矛盾，TOT融资模式的相关参与方也比较容易达成一致签订协议。所以说，在我国国情下，TOT融资模式是一种具有较强可操作性和可行性，容易实施的更好的选择。

（二）TBT融资模式的主要特点

TBT融资模式是TOT融资模式和BOT融资模式二者相结合的产物，其中，首先实施TOT，采用TOT的主要目的是促成BOT融资模式得以开展和实施（见图7-3）。TBT融资模式的实施过程如下：第一，政府通过招标确定投资人并签订特许经营协议，在规定特许经营期限内将已经建成运营的公租房建设项目无偿转让给TOT投资人，并由TOT投资人在规定特许经营期限内收取公租房的租金；第二，TOT投资人组建BOT项目公司去建设待建公租房建设项目；第三，公租房建设项目建成运营之后，政府将按照所签订的特许经营协议从公租房BOT项目公司获得与特许经营权等值的投资回报；第四，按照所签订的特许经营协议，TOT投资人相继将BOT融资模式下建设的公租房和TOT融资模式下获得的公租房的经营权归还给政府。因此，TBT融资模式就是政府把一个已建成的公租房建设工程项目和一个待建的公租房建设工程项目进行“捆绑销售”，逐年获得待建公租房建设项目的收入，最终收回该建设工程项目的所有权。

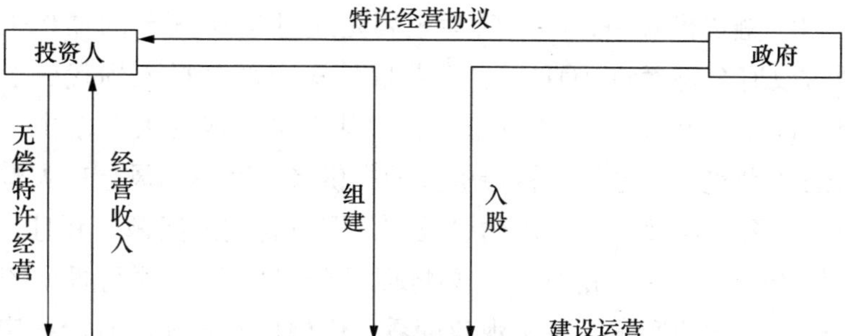

图7-3　TBT融资模式结构

TBT 模式有两个主要特点。第一个特点是，站在政府的立场和角度，TOT 融资模式可以帮助政府盘活政府部门拥有的存量固定资产，可以将已建成并投入运营的固定资产折现成建设资金投入到拟建设的固定资产中，这种做法可以起到把存量固定资产换成增量固定资产的作用。由于 TOT 融资模式准许把已建成并投入运营的固定资产未来的收入现在一次性提取用于新建的固定资产项目，从而发挥了良好的融资作用。政府可将以 TOT 融资模式获取的资金参与新的公租房 BOT 项目的建设投融资活动，可以较好地带动社会资金投资，起到投资的乘数效应，杠杆效果良好同时风险较小。前文已经指出，公租房 BOT 融资模式的一个缺点就是公租房建设工程项目的控制权在特许经营期内不在政府手中，而政府参与公租房 BOT 项目公司就可以使得政府继续拥有对项目的控制权。第二，站在公租房投资者的立场和角度，政府的政策安排对公租房 BOT 项目融资能否成功起着决定性的影响和作用。在政府所提供的政策当中，政府提供一定的投资资金参与 BOT 项目是吸引社会资金的有效政策保证。在公租房 BOT 项目实施的不同阶段，政府可以协调公租房建设工程项目相关参与方的关系，推动公租房 BOT 特许经营协议的实施和应用，这些做法将会显著减少公租房 BOT 项目投资人的各种风险，有利于推动公租房 BOT 投融资活动的顺利开展。TOT 融资模式下，项目公司一经成立就可以获得稳定的现金流量，这使得项目融资比较容易获得成功。

（三）TBT 融资模式实施中的主要问题

在 TBT 融资模式中，融资活动主要是通过 TOT 环节的操作来实现的，随后政府会将通过 TOT 一次性获取的资金部分投入到代建的公租房项目，即成为 BOT 项目的股东，有时甚至可以成为大股东主导公租房项目的建设实施。这样，社会资金的提供者所面临的风险就大幅度降低，也不需要考虑政府是否履约以及如何履行合同的问题。并且，由于政府提供资金参与公租房项目，必将促进公租房 BOT 项目投融资活动和建设施工的成功实施。从宏观角度看，中国历时长期的政治稳定，高速发展的社会经济水平，不断完善的法律法规体系和制度，不断提高的政府执政施政能力和素质等，这些对于 TBT 融资模式的实施都是有益的。但是和其他任何融资手段一样，这种融资创新模式也有缺点或者说问题。

第一，TOT 转出的公租房建设项目的经营权定价问题。TOT 中公租房建设项目的转让是关键的融资环节，而如何确定公租房建设项目转让的价格则是关键中的关键。如果转让价格偏低，可能导致国有资产流失，并使政府直接遭受经济损失；如果转让价格偏高，则会拉低社会资金投资方的利润水平，无法成功实施投融资活动；即便是成功融资，社会资金投资方为了获得合理投资回报必将提高待建公租房建设项目的租金定价水平。在转让价格偏高的情况下，为了达成融资协议，政府不得不在其他方面做出让步，这种做法对于政府而言也会带来一定的成本支出。为了合理确定这一交易价格，建议采用收益现值法，即将公租房建设项目未来收取的租金水平和补贴折现换算为现值。通过估算 TOT 项目融资标的（即公租房建设项目）的预期收益（即公租房未来预期租金收入）并折算成现值，来确定公租房建设项目在 TOT 项目融资过程中的交易价格，是基于公租房的预期租金收入对其交易价格所作的评估。由于公租房建设项目在我国存在时间不长，还算是新生事物，给这种 TOT 转出的公租房建设项目的经营权进行定价，要在以上方法的基础上，充分考虑不同的风险因素，使其交易价格合理。

第二，拟转让经营权的已经建成的公租房项目要与待建的公租房项目相匹配。TBT 项目融资模式是以已经建成的公租房建设项目为起点进行转让，同时还是以建设待建公租房建设项目为终点结束的，所以，一前一后的两个公租房是否相匹配也是非常重要的。首先，二者的规模、现金流量等方面应当相匹配，否则融通的资金将不能满足待建公租房建设工程项目的实际需要。其次，为了推动公租房建设事业的发展，政府也可以选择公租房领域以外的已经建成的建设工程项目进行经营权的转让，比如说火电厂或者说高速公路等；只要是在规模等方面与待建公租房项目相匹配，或者说更符合待建公租房的实际需求即可。最后，拟转让经营权的建设工程项目也可以是几个建设工程项目的整体打包或者部分打包，所以，操作灵活，实施方便，可以根据待建公租房建设工程项目的实际情况来制定有针对性的投融资方案。

第四节 PPP 融资模式

在我国的政府文件中，PPP 融资模式（Public – Private – Partnership，

即“公共部门—私人企业—合作”的模式）往往被称为政府和社会资本合作模式。该融资模式产生于20世纪末的英国，并在欧洲国家得到了推广和应用，在公共基础设施建设领域，比如公路、铁路等建设工程项目的建设投融资实践当中，PPP融资模式得到了广泛的应用，是一种成功的项目运作模式。因此，在该融资模式产生之后，在全球范围之内，通过不同的PPP运作方式，基础设施领域的私人投资实现了持续快速的增长。顾名思义，PPP融资模式是指政府与私人之间，在公共基础设施建设领域，政府采取招投标的方式选择合适的社会资本的提供方，基于提供产品和服务出发点，双方按照平等协商原则订立合同达成特许经营协议，形成利益和风险合理分配的伙伴关系，由社会资本建设公共基础设施，提供公共产品和服务，政府依据实施效果向社会资本的提供方进行支付。PPP融资模式优点在于通过市场经济的渠道提供公共基础设施建设项目，使PPP项目的相关参与方均能达到比单独行动更为有利的经济结果，不仅降低了政府的财政支出，还降低了企业的投资风险。基于国外PPP项目成功运作的实践经验，PPP模式的优点包括但不局限于：可以提高项目运作的经济效率和时间效率、改善政府和企业的财务状况、增加基础设施建设领域内的投资、改善基础设施和公共服务的服务质量、促进政府实现长远规划、推动企业的稳定发展等。

在实践中，不同国家的PPP融资模式的运作形式和流程差距较大，所以不同国家对PPP融资模式的理解和认识不同。在加拿大，一般认为PPP是政府和企业之间的合作，重点在于二者之间的利益和风险的合理分配。在美国，一般认为PPP是一种公共基础设施建设项目的提供方式，强调了政府部门以外的机构和个人参与项目的投融资活动。因此，我国所实施采用的PPP模式可能也和其他国家有所不同，在我国国情之下具有一定的中国特色。本节以下首先开展PPP融资模式的理论分析，对PPP融资模式进行理论上的描述，准确界定和把握PPP融资模式的类别。其次，进行PPP融资模式的实践分析，希望能够对我国目前实践领域中与PPP融资模式相关的项目投融资活动进行甄别，判断其理论性质和归属。再次，开展公租房建设项目PPP融资的可行性分析，探寻实施的难点和注意事项。最后，进行公租房建设中PPP融资模式与BOT融资模式的对比分析，并提出相应的建议和对策。

一　PPP融资模式的理论分析

（一）广义的PPP模式和狭义的PPP模式

就目前全世界范围的PPP实践来说，PPP有广义的PPP和狭义的PPP两种。广义的PPP泛指一切政府部门与私人企业为提供公共基础设施建设项目而建立的所有合作关系和模式，通过非公共部门提供公共产品和服务，从而实现合作各方共赢的结果。广义的PPP成功应用的领域很多，从短期（管理）合同到长期（建设和营运等）合同。广义的PPP包括的项目融资模式类型众多，是很多不同的项目融资模式的总称，对需要专业技能和高额投资的大型基础设施建设项目来说是有帮助的，包含上一节所述的BOT、BOOT和BOO等多种融资模式以及不涉及融资的其他建设模式。因此，广义的PPP模式概念宽泛，以至于无法描述广义的PPP模式的本质属性。广义的PPP模式的本质属性需要根据具体的项目实践才能确定。

广义的PPP模式包括外包PPP、特许经营PPP和私有化PPP三个大的类别。第一个类别是外包类。在这一类别当中，政府投资建设PPP项目，私人企业只是PPP项目的分包商，只承包部分PPP项目中的施工工作，或者在PPP项目运营期间代表政府管理公共基础设施并提供维修维护，收益来源于政府付费。很明显，私人企业承担的风险非常小，并且收益稳定。第二个类别是特许经营类。私人企业需要承担PPP项目部分或全部的投资，并通过所签订的特许经营协议与政府分担风险、共享利润。根据PPP项目的实际经营状况，如果PPP项目赢利较多，政府可能会向PPP项目公司收取一定的费用；如果PPP项目亏损较多，政府可能会向PPP项目给予一定的补贴，这就必然涉及二者之间的权利和义务关系的平衡与协调，因而政府部门的管理模式决定了特许经营类的PPP项目能否成功。通过双方关系的协调和处理，这一类别的PPP项目能有效利用双方的优势，降低PPP项目的建设运营成本，提高服务的数量和质量。并且，政府最终拥有PPP项目的所有权，即特许经营结束后私人企业必须将PPP项目的使用权和所有权移交给政府。第三个类别是私有化类。私人企业提供PPP项目所需的全部建设资金，并在所签订的特许经营协议之下，私人企业通过向PPP项目使用者收取费用的方式获得合理的投资回报。并且，私人企业拥有这种类别的PPP项目的所有权，所以私人企业单独承担PPP项目的风险。

狭义的PPP与广义的PPP有着显著的不同，是指政府与私人企业组成特殊目的机构或公司（Special Purpose Vehicle，简称SPV），在引入社会资金的前提之下，由SPV设计开发PPP项目，承担PPP项目风险，特许经营期限届满后SPV再把PPP项目移交给政府。显然，与广义的PPP不同，狭义的PPP模式更加强调政府和私人企业合作过程中的风险分担机制和项目的价值（Value For Money）原则。与BOT融资模式不同，狭义PPP模式中，政府直接参与PPP项目中后期的各项工作，私人企业直接参与PPP项目前期的各项工作。双方都是全过程参与，有助于消除信息不对称现象。显然，广义的PPP模式所涵盖的范围太大，可能不涉及融资，而本书是围绕河南省公租房融资机制开展的研究，并且，在上一节已经对BOT等融资模式进行了探讨和分析。因此，本书着重探讨狭义的PPP模式，围绕PPP的融资功能进行全面的分析和论证。以下如果没有特殊说明，PPP融资模式均是指狭义的PPP模式。

（二）狭义的PPP模式的内涵

PPP模式发展迅速的原因在于PPP融资模式鼓励社会资金进入政府投资建设的领域，通过伙伴关系的建立参与公共基础设施工程项目的建设投融资活动。很明显，PPP融资模式是得到了优化和改进的，努力实现参与方的“多赢”格局。在国内，一般认为BOT融资模式适合于营利性项目，PPP融资模式适合于非营利性项目。所以，一般而言，PPP融资模式主要应用于基础设施等公共项目，其结构框架如图7－4所示。政府通过招投标的形式组建特殊目的公司（SPV）签订特许经营合同，由SPV负责建设投融资等各项工作。政府需要和贷款机构达成协议，这个协议承诺将按与SPV签订的合同向SPV支付有关费用，该协议将有助于SPV获得贷款等债务资金。具体到公租房建设项目而言，在政府政策的推动下，政府通过向金融机构提供融资担保从而获得金融机构的资金支持，政府通过与企业签订特许经营协议从而使得企业进行投资成立特殊目的公司SPV。最后，由特殊目的公司SPV进行公租房建设项目的投资建设和运营。在公租房运营当中，收取的公租房的租金收入就是使用者付费。但是，政府不仅需要按照事先的约定对金融机构进行支付（即政府付费）外，当公租房的租金收入不足，没有达到预期水平的时候，政府还需要给予额外的补贴，使得投资回报达到预期水平。通过以上分析不难看出，应用PPP融资模式将市场机制引进公共基础设施的建设领域，与此同时，政府并没有退出公共基础设施的建设投融资活动。在市场化的运作过程当中，在任何一个具体 PPP 项目当中，政府仍将继续投入资金。但是，在 PPP 项目中，政府的资金投入小于其他模式下的资金投入，而这一点也是政府采用 PPP 融资模式的优点。

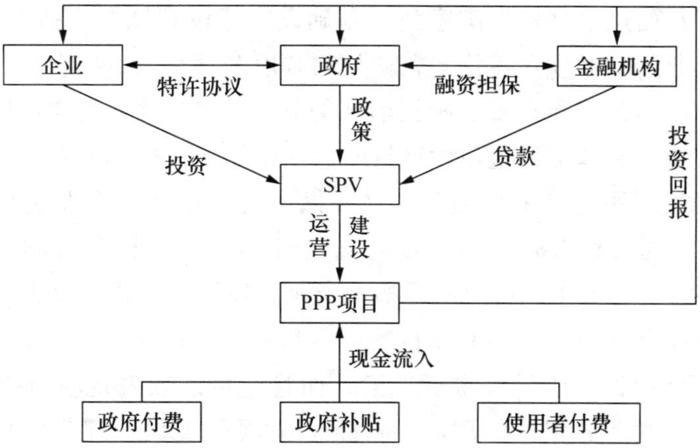

图 7－4　PPP 融资模式的典型结构

PPP 融资模式基于私营企业从政府那里获得的特许经营权和收益权，从而实现公共基础设施快速发展和建设实施。PPP 模式的内涵有 4 点。

第一，PPP 融资模式是一种全新的项目融资模式。PPP 融资模式针对 PPP 项目开展投融资活动，可以有效实现融资目的，融资活动的开展是以 PPP 项目的预期收益和（或）政府付费来实现的，与 PPP 项目投资人资金实力和资产状况无关。PPP 项目的预期收益是政府付费形成的现金流量是还本付息的基础，具有较强的投资保障。该模式下，PPP 特许经营协议将 PPP 项目的所有权、经营权以及收益权移交给私人企业，因此，私人企业得到了充分的激励去开展一系列的管理创新，有效地提高了 PPP 项目的效率和效果。同时，由私人企业运营公共基础设施建设项目，可以推动政府相关机构的改革创新，打破大锅饭的体系和制度，相较于政府直接运营，可以大幅度减少用工数量，大幅度缩减各种人工费或人头费。

第二，PPP 融资模式可以吸引更多的私人企业的社会资金参与到 PPP 项目的建设投融资活动中去，从而提高 PPP 项目运作实施的效率和效果，降低政府所面临的风险。与传统的融资方式相比，PPP 融资模式是由私人企业提供 PPP 项目的建设资金并承担其中的融资工作。因此，这一融资活动的安排可以显著降低政府的财政压力，加快相关项目的实施和运营，而这也是各个国家公共基础设施建设领域所支持和鼓励的。私人企业通过 PPP 项目特许经营协议与政府开展全方位的合作，二者共同对 PPP 项目的运行负责。根据前文的分析，PPP 融资模式可以使私人企业参与到公共基础设施建设项目的前期工作，包括 PPP 项目的设计和可行性研究与评估等工作活动，这种做法可以使私人企业更好地了解 PPP 项目，同时私人企业也可以将其自身的技术专长和管理优势纳入 PPP 项目的前期工作，从而使得私人企业面临的风险显著降低，进而帮助私人企业有效地控制 PPP 项目的成本和其他问题的产生，最终不仅仅降低了 PPP 项目的建设投融资风险，而且还可以较好地发挥 PPP 项目建成以后所发挥的积极作用。这对于 PPP 项目工程管理三大目标的实现，乃至资产负债率的降低都具有巨大的现实意义。

第三，为了吸引社会资金进入 PPP 项目的建设投融资领域，PPP 融资模式必须保证私人企业可以获得合理的投资回报水平。私人企业投资是为了赢利。需要寻找那些既能够实现还本付息，又能够获得利润的 PPP 项目，无利可图的 PPP 项目是无人问津的。在 PPP 融资模式之下，政府需要制定优惠政策，比如税收优惠、补贴补助等，从而确保满足私人企业对利润的要求，激励私人企业参与公共基础设施建设项目的投融资活动。

第四，PPP 融资模式可以大幅度降低政府的资金压力以及相应的风险，提高 PPP 项目提供服务的效率和效果。PPP 融资模式要求政府和私人企业共同参与 PPP 项目，但是融资工作由私人企业负责完成，这将大幅度增加 PPP 项目的建设资金，进而通过这种融资模式安排将 PPP 项目的风险转移给私人企业，从而降低政府的资金支出，减轻政府所面临的风险。同时政府和私人企业可以形成长期的互动关系，更好地提供公共产品和服务，从而满足社会的需要和利益诉求。因此，风险共担也是 PPP 融资模式的一个主要特点，政府和私人企业之间合理进行风险分配，能够降低 PPP 项目投融资建设活动中的总风险，实现总风险可控，还能够降低政府和私人企业分别承担的风险，实现合理的风险分配。

(三) 狭义的PPP模式的优缺点

PPP融资模式的优点包括以下几个方面。

第一，PPP融资模式下可以提高公共基础设施建设工程项目运作实施的效率，比政府直接投资运作公共基础设施建设工程项目更具投资价值。在伙伴关系的协调之下，PPP融资模式可以大幅度降低公共项目的总投资成本。这是因为政府和私人企业在公共项目启动阶段开始共同参与公共基础设施建设工程项目的设计、可行性研究和融资等工作活动，保证了公共基础设施建设工程项目的技术经济可行性，前期工作时间较短，费用支出水平较低，可以有效控制公共基础设施建设工程项目的成本水平。此外，由于伙伴关系的存在要求实现利益共享和风险分担，PPP特许经营协议的合同成本包括公共基础设施建设工程项目的施工成本、经营成本、维修维护成本以及私人企业的投资成本。由于私人企业在建设施工运营等方面具有相对竞争优势，PPP项目的成本将得到有效控制，小于政府独立运作项目时的成本。但是，由于PPP项目的参与方较多，PPP项目的管理成本高于政府独立运作项目时的成本。PPP项目的风险分配比较合理，因此，总体风险水平较低。各项成本的变化以及风险状况的降低是PPP融资模式的优点之一。

第二，PPP融资模式可以有效地实施进度管理，不仅可以确保工期计划的落实，还可以起到缩短工期的作用。PPP融资模式可以使项目的完工进度比计划提前，并且，公共基础设施建设工程项目的规模对施工进度没有太大的影响。原因在于，PPP融资模式可以实现合理的风险分配，政府承担一定的风险责任，从而使得公共基础设施建设工程项目的风险分配更加合理，减少了私人企业的投资风险，帮助私人企业在降低了PPP融资模式下的融资难度，使得公共基础设施建设工程的投融资活动能够顺利实施。

第三，PPP融资模式有助于增加公共基础设施项目的资金来源，使得私人企业资金顺利进入公共基础设施建设投融资领域，使得公共基础设施项目投资主体多元化得以实现。PPP融资模式要求由私人企业进行融资，从而帮助政府控制预算水平、减少债务，准许政府将资金用于其他的公共基础设施项目的建设投融资活动。这是因为PPP融资模式下获取的资金不显示在政府的资产负债表之内，可以实现政府的资产负债之外的融资。此外，PPP 融资模式要求签订特许经营协议，该协议涉及大量合同条款，可以帮助政府降低项目初期的投资水平，还可以帮助政府控制公共基础设施建设工程项目的运行成本。这不仅仅可以避免短期内筹集大量资金的问题，还可以有效提高政府预算管理水平，这些都有利于帮助政府进一步扩大对其他公共基础设施建设工程项目的投资。并且，由私人企业来提供公共产品和服务可以帮助政府降低成本，改善效果，不仅仅可以推动政府部门的改革创新，还可以推动公共基础设施建设投融资机制的改革创新。同时，私人企业参与公共基础设施建设工程项目还能促进项目本身设计、施工等方面的改善，提高其运作的效率和建成后运营的效果。

第四，PPP 融资模式可提高公共部门和私营机构的财务稳健性，还可以提高公共服务的质量。这是因为，参与 PPP 项目的私人企业拥有相关的经验和技术，只要能够获得合理的投资回报，私人企业在 PPP 项目的特许经营协议之内就有能力提高公共服务的质量。同时，PPP 融资模式将私人企业的收入和公共服务的质量相关联。如果政府付费，政府将依据 PPP 项目实施的效果进行支付，假如没有达到特许经营协议约定的服务水平，则政府会减少支付水平；如果最终使用者付费，使用者的需求和项目服务的质量直接相关，假如质量较差不能满足使用者的需求，则最终使用者将会减少对这一服务的使用，从而降低付费水平，这将激励或者迫使私人企业不断提高服务质量。如果不使用 PPP 融资模式，政府直接提供设施或服务，由于其经验的缺乏和能力的不足，并且政府在这一过程当中很难对其自身进行有效的监督管理，最终提供的公共产品和服务的质量必然很差。在政府直接投资建设模式下，地方政府通常会从各个政府部门抽调人员成立某个项目的临时指挥部之类的部门，负责建设工程项目相关的一系列工作，该项目建成后由政府部门的附属单位进行运营。这一临时机构缺乏项目运作的实际经验，即便是积累了相关项目的运作经验但又无法有效传递这种经验，所以建设工程项目的建设质量难以保证，同时可能出现建设工程项目的三超现象，甚至会导致项目失败而又无人承担相关经济责任。并且，即便某地方政府反复从事这种特定类型的建设工程项目的开发建设，每一次抽调的人员可能不同，以往工作业绩突出的人员可能得到提拔和重用而转岗至其他岗位或更高层次的岗位，由此导致的一系列的资源浪费与效率低下问题将会变得非常突出。

第五，PPP 融资模式可以帮助政府部门制定长期发展规划。如果政府直接提供设施或服务，一个大型的建设工程项目会被分割发包，这些中标单位之间难以实现紧密的合作。并且，每一个新的建设工程项目都需要重新进行招投标的工作，而中标单位又往往不同，这都会带来执行的问题和对该建设工程项目理解的差别。PPP 模式下，PPP 项目的全部活动通常都由同一个 PPP 项目公司执行，虽然该公司的构成主体来源多元化，但是由于在一个 PPP 项目公司框架内开展工作，总体目标一致，相互关系容易协调，不同主体可以实现充分的整合和良好的协同。此外，由于 PPP 项目特许经营期限较长，PPP 项目的现金流量涉及 PPP 项目的整个特许经营期限，在这一客观原因的影响之下，PPP 项目公司将基于整个特许经营期限，选择相应的技术管理方式，努力降低成本，增加收益。如果政府直接提供设施或服务，政府部门考虑问题更多是基于政府短期的财政支付能力和预算限制。因此，PPP 模式下，政府和私人企业可以实现优势互补，发挥双方各自的优势，形成双赢的目标和结果，进而在较低的成本水平上实现较高质量水平的公共产品和服务。

第六，PPP 融资模式有助于树立公共部门的新形象，使得政府职能得到合理转换，减轻政府的财政压力。政府的职能从公共基础设施建设工程项目的提供者变成一个该领域的监管者，这一职能转变科学合理，并且也可以减少政府财政资金的支出，即帮助政府“省钱了”。在 PPP 融资模式的运作之下，PPP 项目基本上都能实现工程管理的三大基本目标，同时建成之后的服务水平得到了有效的保证和提高，这一结果必然增加政府的凝聚力和公信度，不仅可以提高人民群众的满意度，还可以提高政府的财政管理水平。此外，PPP 融资模式的大量应用将促进私人企业的稳定发展，使得私人企业获得低风险的长期投资机会，既可以刺激当地经济增长，还可以保证就业率的稳定。

但是，PPP 融资模式也有一些缺点。第一，PPP 融资模式下必然导致私人企业的融资成本偏高。我国是社会主义市场经济国家，由于私人企业没有政府在背后托底，进行“保驾护航”，金融机构对私人企业信用水平的认可度一般不高，这必然导致融资难问题，或是私营企业的融资成本偏高。此外，利率和风险等方面也都对融资成本产生较大的直接影响。总的来说，客观的结果是私人企业的融资成本比国有企业高。

第二，PPP 融资模式下所签订的特许经营协议必须实施特许经营制度，这在某种程度上会导致相对垄断。这是因为，PPP 融资模式下的各项成本费用比较高，同时实施周期比较长、实施过程比较复杂，小型私人企业自然而然地被排斥在外，实现了自然垄断，减少了政府在招投标过程当中的选择范围，也使招投标过程缺乏足够的竞争性。同时，PPP 融资模式下的特许经营制度一旦建立，中标的私人企业便可以实现公共基础设施建设工程项目运作实施的排他性，并最终获得了相对垄断地位。由于竞争的缺乏，在公共基础设施建设工程项目运作实施的过程之中，私人企业可能缺乏提高效率、改善效果的动力。当然，PPP 融资模式并不必然导致垄断的结果，在政府直接提供公共基础设施建设工程项目的模式下，政府也具有垄断地位。

第三，PPP 项目组织结构复杂，程序烦琐，最终可能导致效率的降低（见图 7－5）。首先，PPP 项目的参与者众多，需要不同的行为主体参与其中共同合作，行为主体越多则会导致 PPP 项目实施难度加大。这是因为不同的独立参与者的目标不同，政府的目标在于增加公共基础设施的服务水平，而企业和金融机构的关注点在于获得合理的投资回报。在此基础之上构成的目标体系就变得非常复杂，并对 PPP 项目运作带来一定的影响和限制。其次，由于投标前私人企业都会产生费用支出，而这些费用支出会成为投标报价的构成部分，一旦中标，这些成本费用支出将由政府承担。一般情况下，市场经济越发达，PPP 项目交易的市场环境越成熟，相关的成本费用就越低。再次，PPP 项目的交易模式比较复杂，尤其是在成立特殊目的公司（SPV）之后，相关参与方的相互协调就变得非常困难，共同决策的效率将会非常低。现阶段，国内 PPP 项目相关参与方普遍缺乏成功实施 PPP 项目的能力和经验，这种情况将延续很长的时间。因此，政府部门必须雇用专业的外部咨询机构，从而致使 PPP 项目实施相关的经验沉淀在外部咨询机构的手中，这不利于政府部门能力的提高和经验的积累。最后，PPP 项目的参与者众多必将存在沟通问题和障碍，尤其是在突发事件产生的时候，沟通的成本巨大，时间成本更是无法控制。而且，即便在 PPP 项目实施的过程中，政府内部的意见不一致，或者人民群众对 PPP 项目的质疑和观望，都会导致 PPP 项目运作实施效率的降低。

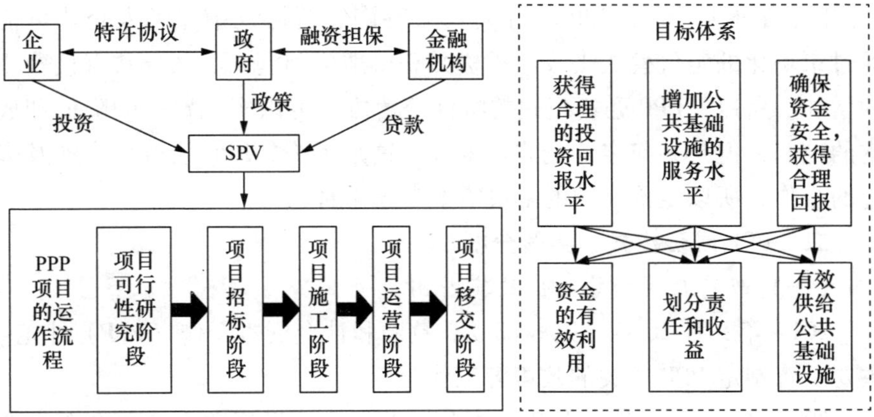

图7－5　PPP项目的交易结构和目标体系

第四，PPP融资模式下签署的长期合同后期调整难度大，灵活性不足。为了PPP项目的稳定实施，PPP特许经营协议一般制定得比较严格。但是，政府在确定特许经营协议的时候，不能预测未来的风险和发展变化，特许经营协议的内容通常只考虑PPP项目实施前的情况。一旦签订协议，后期管理模式不能根据实际情况进行灵活调整，而只能按照特许经营协议的内容来执行。解决该问题的方法有两个。一是在PPP项目实施前就采取全生命周期的视角做好PPP项目的整体规划，需要寻找具有丰富PPP项目经验的咨询机构来协助政府开展相关工作，从而使得PPP项目的设计具有可施工性，增进相关参与方对PPP项目了解和认识，从而帮助相关参与方能够准确把握项目费用的大小，并实现风险的合理分配。二是特许经营协议中应该包括一些诸如价格费用调整的灵活条款，以确保特许经营协议具有一定的弹性，这种弹性可能是应对投资的不确定性，也可能是应对对私人企业激励机制调整产生的费用变化。如果能够实现特许经营协议的灵活性及其合理成本，就可以确保私人企业的投资回报在合理水平，防止私人企业获得超额利润。

第五，公共产品或者公共服务的费用可能提高。一般而言，如果政府直接提供公共基础设施建设工程项目，人民群众使用公共基础设施建设工程项目的直接费用较低，最终结果是公共基础设施建设工程项目运营单位的不盈利和亏损，从而迫使政府提供财政资金进行补贴。而政府所提供的补贴也会通过税收等渠道由人民群众来承担，也就是通俗讲的

“羊毛出在羊身上”。PPP 融资模式的特许经营协议中，私人企业可能通过市场化的定价模式去收回投资并获得期望利润，必然导致直接费用的增加。所以，PPP 融资模式的特许经营协议可以实现费用的降低和成本的控制，但是如何定价也非常困难。这是因为，PPP 项目往往涉及多边的合作，所以定价问题的解决需要考虑多种因素。

二 PPP 融资模式的实践分析

（一）政府政策的导向性及其内涵

2014 年 5 月 26 日，财政部成立政府和社会资本合作（PPP）中心，主要负责制定 PPP 相关的政策等工作。

2014 年 9 月 24 日，财政部颁布《关于推广运用政府和社会资本合作模式有关问题的通知》，明确指出，为了增加城镇化建设的融资渠道，需要推动政府和社会资本合作模式的应用。

2014 年 11 月 26 日，国务院颁布《关于创新重点领域投融资机制，鼓励社会投资的指导意见》，提出扩大社会资本的投资途径，创新融资方式，以及在其中发挥政府资金的引导作用。

2014 年 11 月 29 日，财政部颁布《关于印发政府和社会资本合作模式操作指南（试行）的通知》，规范 PPP 项目的操作流程。

2014 年 12 月 2 日，国家发改委颁布《关于开展政府和社会资本合作的指导意见》，鼓励社会资金投资公共产品领域。国家发改委投资司起草《政府和社会资本合作项目通用合同指南（2014 年版）》文件，用于规范 PPP 项目合同的制定。

2015 年 3 月 5 日，国务院总理李克强在《政府工作报告》中提出推广 PPP 模式；财政部年度预算报告中也提出要开展 PPP 示范项目建设。

2015 年 3 月 17 日，国家发改委和国家开发银行联合发布《关于推进开发性金融支持政府和社会资本合作有关工作的通知》，指出需要应用各类金融工具，建立 PPP 项目资金保障机制。

2015 年 4 月 21 日，六部委联合制定了《基础设施和公用事业特许经营管理办法》，鼓励社会资金参与公共基础设施建设投融资活动，并保护投资企业的合法权益。

2015 年 5 月 8 日，在《国务院批转发展改革委关于 2015 年深化经济体制改革重点工作意见的通知》中，为了推广 PPP 模式，出台相关的特许经营办法。

从以上密集出台的文件中可以看出，PPP 模式最近几年的发展在我国获得了政府政策的大力支持。而政府基于国内公共基础设施建设领域的现实需求，借鉴国际的经验和理论，提出推广运用 PPP 模式。这是我国政府确定的公共产品和服务领域内的重要改革任务，对于我国社会经济发展水平的提高等一系列事项都具有重要的作用和意义。还可以帮助实现政府职能的转变、推动我国财税体制改革。

因此，在我国，PPP 模式就是指政府和社会资本合作模式。国家财政部《关于推广运用政府和社会资本合作模式有关问题的通知》（财金［2014］76 号）文件中指出，PPP 是公共基础设施建设领域的一种长期合同关系。往往应由社会资金的提供者承担其中的大部分工作，并通过公共基础设施建设项目的最终使用者和政府支付来获得利润。其中，政府部门只负责监督管理。国家发展改革委更是在《关于开展政府和社会资本合作的指导意见》（发改投资［2014］2724 号）中明确了这一点。

（二）项目运作的实际情况

在财政部政府和社会资本合作中心（PPP 中心）的《第三批示范项目分析报告》中，2016 年第三批示范项目共有 516 个示范项目脱颖而出，占全部申报项目的 44%，投资总额逾 1.17 万亿。其中，保障性安居工程数量是 6 个，在第三批示范项目中占到 6.1%；保障性安居工程投资额是 69 亿，在第三批示范项目中占到 1%。就河南省情况而言，目前，河南省的保障性安居工程国家示范项目一共有 3 个，分别是：河南省焦作市城乡一体化示范区城中村改造项目（一期），许昌市塘坊李新家园 PPP 项目，富士花园公租房建设项目。但是就具体的项目运作方式而言，这些项目均采用了 BOT 运作方式。同样，发改委固定资产投资司和法规司开设的 PPP 专栏中，PPP 项目库里也大都采取 BOT 融资模式来运作。因此，可以得出结论，我国政府所推崇的 PPP 模式是指广义的 PPP 模式，其构成主体是众多的 BOT 融资模式下兴建的建设工程项目。因此，如果没有特别说明，本节以下所探讨的 PPP 模式均是指狭义的 PPP 模式，主要在于强调不同于 BOT 的 PPP 模式的融资功能，并不是我国国内各级各类文件和相关媒体报道里面常见的广义的 PPP 模式。就我国目前广义的 PPP 模式下的实践而言，存在以下问题或者说不足。

第一，运作人员不专业，负责 PPP 项目的公务人员经常变动，尤其是地方政府换届可能导致地方行政领导的人事变动会对 PPP 项目产生不利影响。而这一点直接导致 PPP 项目的主体监管不到位，PPP 项目进度安排不合理，PPP 项目立项的前期工作准备不充分。

第二，由于第一个不足或问题，导致 PPP 项目运作出现不规范的情况，进一步导致无法确保 PPP 项目的质量和效果。这主要是因为 PPP 项目运作程序不规范，一些 PPP 项目没有竞标或无法吸引到足够的竞标者就签订合同。政府推广 PPP 模式的目的在于转换机制、提高效率，但是在政府政策的推动下，PPP 项目的发展存在一定的盲目性。某些地方政府缺乏经营意识，也没有同等对待社会投资主体。地方政府草率签约，合同商务条件设计不合理，合同签订后存在争议和纠纷。

第三，PPP 融资功能没有得到充分体现。国外的 PPP 项目是以实现项目融资为主的，以项目所拥有的资产和未来的现金流量为基础获取贷款资金，不需要投资人提供任何担保，也不会转变为投资人的负债。但是，我国的 PPP 项目的融资工作大都离不开政府担保，当政府债务水平较高的时候会限制 PPP 项目的融资。而我国地方政府债务负担较重，不利于进一步扩大政府担保规模，不利于 PPP 项目的发展。

第四，选择咨询机构的相关经验不足。发达国家的咨询行业也比较发达，为 PPP 项目的实施聘请咨询企业是普遍做法。但是，这一做法在我国尚未普及。即使聘请了中介机构，有的地区要求中介机构必须在当地政府部门确定的目录范围之内，而这些进入当地政府目录的中介机构可能能力经验不足；有的地区要求 PPP 项目的中介机构必须具备一些与 PPP 项目运作无关的资质；有的地区要求外地中介机构必须在当地进行非常复杂的注册；有的地区要求中介机构提供各种原件而中介机构无法及时提供。以上这些做法违背市场经济规律，不利于转变经济发展方式的实现。

（三）对策和建议

为了解决以上实践领域存在的问题，本书建议：

第一，加大政策支持的力度。在 PPP 融资模式中政府和私人企业的权利和义务会随着 PPP 项目的不同而发生变化，但是政府的责任和目标是最重要的，所以政府的主导作用毋庸置疑。PPP 融资模式可以有效提供公共基础设施建设项目，但是该融资模式并不能够替代政府的积极作用。不管在什么情况之下，政府均应发挥主导作用，负责公共基础设施建设项目的总体规划，协调相关参与方之间的权利和义务，降低公共基础设施建设项目的总体风险。

第二，加强法制建设，进一步建立健全相关的法律法规制度，创造PPP融资模式可以顺利实施的制度环境。完善PPP项目运作的法律法规，能够明确政府与私人企业在公共基础设施建设项目中需要承担的风险，从而实现双赢。因此，在PPP融资模式下，公共基础设施建设项目各个阶段的工作都可以采用PPP融资模式，但是只有通过良好的制度环境对政府与私人企业进行有效约束，才能使PPP融资模式的优点最大限度地发挥。

第三，支持PPP融资模式下相关专业化机构的成长和专业技术人员的培训和教育。PPP融资模式的运作一般是通过项目特许经营协议的方式开展的，这必然涉及比较复杂的专业知识和技能。为便于PPP融资模式的实施，政府需要制定一个规范化、标准化和具有可操作性的PPP运作程序，从而对公共基础设施建设项目的PPP融资模式应用提供指导和帮助。同时，还需要大力扶持专业化中介机构的建立和成长，从而为PPP融资模式的实施提供相关的咨询服务。

三　公租房建设项目PPP融资的可行性分析

前文已经指出，狭义的PPP是指政府与私人部门组成特殊目的的机构，在此基础之上，吸引社会资金投资，进行设计、施工和运营等各项工作，在特许经营期结束之后，政府拥有PPP项目的运作模式。因此，政府与私人企业之间必须实现风险共担，并且在SPV的框架之下进行PPP项目全生命周期的合作。为了建立合作过程中良好的风险分担机制，与BOT融资模式不同，PPP融资模式的主要特点在于，政府对公共基础设施建设项目中后期的运营、管理等工作参与较多，私人企业对公共基础设施建设项目中前期的设计、可行性研究等工作参与较多。由于政府和私人企业都参与到了BOT融资模式由对方承担的工作，所以双方的合作更加紧密，信息不对称问题不太严重，即便出现信息不对称问题也比较容易解决。但是，也正是因为这一点，PPP融资模式运作起来就变得非常复杂，包括行为主体越多，相互之间关系的协调和处理就变得更加困难。相关参与方之间必然会产生各种各样的利益、认识和责任上的分歧。那么，只有建立双赢或者多赢的合作互利关系才可能推动PPP融资模式的顺利实施。也正是因为这一点，只有在政府与私人企业之间建设起伙伴关系，才能使相关参与方朝着一个共同的目标前进，在双赢或者多赢的前提下完成公共基础设施建设项目的相关各项工作。PPP融资模式的组织结构类似金字塔结构。最顶部是政府，是公租房建设事业的领导者，发挥主导作用，制定公租房相关的政策，吸引社会资金进入该领域。政府的公租房建设事业相关的政策体系越完善，对公租房建设事业的推动作用越明显，越能够指导相关参与方开展公租房建设工程项目建设投融资活动。金字塔的中间部分就是政府的有关机构，这些机构需要执行和运用现有的公租房建设工程项目相关的政策，制定具体的公租房建设工程项目的目标。最底部是公租房建设工程项目中的私人企业，私人企业通过与政府签订特许经营协议，调动本企业的内部资源并积极寻找外部资源，努力实现公租房建设工程项目的投融资目标，使本企业目标与政府目标得到落实，促成双赢的结局。

PPP融资模式的一个最显著的特点就是政府和私人企业之间的伙伴关系及其在公租房项目建设投融资活动中所发挥的积极作用。PPP融资模式是一种项目融资的概念，对投融资过程中的组织结构进行了创新和改进。它是以“双赢”或“多赢”为理念，围绕公租房项目的建设投融资活动而开展的政府和私人企业的相互合作，最终促成比政府或者私人企业单独行动更好的经营结果。在这一模式下，相关参与方均不能最大化自身的利益，但是却能够最大化社会收益，这显然更符合公租房建设项目的宗旨。在工程项目建设的实践当中，政府部门需要与私人企业签订PPP项目特许经营协议，并以该协议为基础对PPP项目公司所提供的产品和服务进行监督管理和考核评价。在PPP项目运作的初期，PPP项目的现金流量较少甚至为负值，那么政府需要提供政策安排，为PPP项目实现正常赢利提供政策保障。在PPP项目运作的中后期，PPP项目设施已经步入正轨，为了避免PPP项目的现金流量过多而给私人企业带来超额利润，政府将通过调整租金（租金的金额及其调整方式需要在特许协议里面有所规定）的途径参与PPP项目的收益分配，这样做也可以帮助政府收回部分投资。在PPP项目特许经营期限届满之后，PPP项目公司必须无偿将PPP项目所形成的资产移交给政府，或是在政府授权之下签订新的特许经营协议，继续进行PPP项目的运作。显然，

PPP 融资模式的运作要比 BOT 融资模式更加复杂，所涉及的法律文件更多。从以上分析中可以看出，PPP 融资模式是可行的，但是所签署的法律文件太多直接导致或者说反映出 PPP 融资模式操作起来难度较大。归根结底，这主要是和 PPP 融资模式自身特点直接相关。

第一，伙伴关系，这是 PPP 融资模式的核心概念。政府的各项行政事业活动都是政府部门自身各项职能的体现，但是，这些行政管理活动并不是 PPP 融资模式下的伙伴关系。比如，政府通过政府采购的途径获得产品或服务，政府和供应商之间也不可能形成伙伴关系。PPP 融资模式下的伙伴关系与其他各种各样的合作关系相比，主要区别在于伙伴关系下项目的目标是一致的。这一点和 BOT 融资模式是截然不同的，在 BOT 融资模式中，BOT 项目公司为了实现自身利益最大化，可能利用自身的信息优势采取隐蔽行动以增进自身的利益，由此导致双方目标的不一致。伙伴关系则不同，它必然要求政府和私营企业之间存在一个共同的目标。即在某个具体的建设工程项目上，如何实现投入最少产出最大。私人企业以此目标获取利润，而政府以此目标帮助公共利益的实现。所以，伙伴关系的形成离不开建设工程项目的目标一致性。

第二，利益共享。PPP 融资模式中政府与私人企业之间的利益共享并不是简单的利润分享，还要防止私人企业获得高于特许经营协议规定的利润水平。这是因为 PPP 项目一般都具有公共品属性，都属于公益项目的范畴，不能追求利润的最大化。如果只是单纯的利润分享，只需要提高 PPP 项目所提供产品和服务的价格，就可以显著增加利润。但是，在公租房建设领域，针对公众提高价格意味着公租房租金水平的提高，这样做必然会导致社会公众的不满，造成公租房出租难问题。因此，PPP 融资模式里面强调的是共享利益，而不是利润的分享。共享利益主要是指共享 PPP 项目的社会成果，即政府和私人企业在特许经营协议里面确定的双方的目标均能实现，这也包括私人企业获得合理的投资回报水平。而在 BOT 融资模式中，一旦签订了特许经营协议，就需要按特许经营协议的合同条款执行，如果出现超额利润，或是出现亏损的情况，政府部门和 BOT 项目公司之间如何进行有针对性的有效调整是一件非常困难的事情。利益共享显然是伙伴关系的必然要求，如果没有利益共享，也不存在 PPP 融资模式下的伙伴关系。

第三，风险共担。和共享利益相对照的就是风险共担。利益共享和风险共担共同构成伙伴关系的基础，二者相辅相成不可分离，类似于“共富贵共患难”的对应关系。如果没有风险分担这一基本要求，也无法形成全面的伙伴关系，从而不利于PPP项目建设投融资活动的开展实施。无论是运营任何融资模式，都无法避免风险的发生。在各个国家各个领域，风险无处不在，却又无法回避，因此，在经济学研究领域经常探讨风险如何合理分配。PPP融资模式的风险共担这一要求，是PPP融资模式和其他融资模式的重要区别。例如，BOT融资模式中不存在伙伴关系，原因在于BOT融资模式的相关参与方都是风险规避的，在BOT融资模式实施过程中都是努力规避风险的，即便是风险不可回避，也是努力减少风险的。而PPP融资模式要求政府和私人企业在合理范围内承担风险，同时努力降低对方承担的风险。比如，在公租房建设项目的运营中，如果因公租房入住率低而导致收取公租房房租水平偏低，并最终导致私人企业无法获得预期的利润水平，政府将对私人企业提供公租房PPP项目的额外补贴。在风险共担的原则之下，这种做法可以起到有效控制私人企业经营风险的作用。相对应的，私人企业会根据其所拥有的技术管理等优势承担大部分的管理职责。而这一公租房相关的技术管理领域，往往是政府缺乏能力和经验的领域，从而降低了政府的风险。由此，PPP融资模式使得承担某种具体风险的一方往往是最有能力胜任降低这种风险的一方，风险就可以最大限度地规避。毫无疑问，整个基础设施建设项目的成本就能最小化。

通过以上分析，可以得出结论，在公租房建设领域应用（狭义的）PPP融资模式是可行的，但是，相较而言，实施起来非常复杂。在形式上，这种复杂性表现为政府和企业全程参与导致的组织结构的复杂性，也表现为PPP项目公司所签署的法律文件和关联合同的复杂性。在内涵上，这种复杂性表现为政府和企业自身权利地位不一致下伙伴关系如何协调和建立，同时利益分享和风险分担等具体问题应当如何处理。

四　公租房建设中PPP融资模式与BOT融资模式的对比分析

（一）BOT融资模式和PPP融资模式的共同点

第一，这两种不同的融资模式涉及的参与方构成基本相同，包括建设资金的融资方、建设资金的出资方以及相关的担保方。其中，建设资金的融资方一般是指项目公司，是负责建设工程项目的建设投融资等一系列活动的经济实体，具有独立法人地位和身份。并且，这两种融资模式都不可避免的涉及政府部门，而且政府部门在其中发挥了重要的作用。

第二，这两种融资模式都需要政府部门与私人企业之间签订特许经营协议这种合同。一般而言，政府通过签订特许经营协议，由私人企业负责建设工程项目的建设投融资等一系列活动，并由所成立的项目公司执行特许经营协议规定的具体工作。

第三，这两种融资模式的投资回报都是基于项目进行运作的，抵押担保等工作都是以项目自身形成的资产为标的物来开展的，在理论上都是项目融资。

（二）BOT 融资模式和 PPP 融资模式的区别

第一，组织结构不同。在图 7－1 和图 7－2 中，BOT 融资模式下，政府部门和私人企业之间是“上下级”关系，以等级关系为基础来运作的，二者之间的关系无法相互协调。并且，由于参与的企业众多，各自都有各自的利益诉求，往往以其他参与方利益的损失来最大化自身利益，并且以追求短期利益为主。因此，BOT 融资模式架构内相关的参与方之间的目标不一致，并最终导致冲突。根据经济学研究的观点，BOT 融资模式导致相关参与方之间存在信息不对称的问题。在理论上，为了实现均衡，某一参与方必须以其他参与方利益的损失来最大化自身利益，最终导致社会福利的损失。PPP 融资模式与 BOT 融资模式完全不同，它是一个重新界定的项目融资概念，对建设工程项目的组织模式进行创新和改进。PPP 融资模式要求相关参与方以“双赢”或“多赢”为理念进行合作成立 PPP 项目公司，任何一个参与方都可以获得一个更好的结果，并且最大化了社会总收益，这和公共基础设施建设的初衷不谋而合。总的来说，PPP 融资模式可以实现政府和私人企业之间的“共赢”，解决了 BOT 融资模式自身存在的一系列问题，也解决了私人企业的融资难问题。除此之外，还可以提高社会效益，改善服务水平。

第二，运行程序不同。对两种融资模式的运行程序进行对比，不难发现，二者的主要区别是在建设工程项目运作实施的前期。私人企业在 PPP 融资模式中是从建设工程项目的初步研究阶段就开始参与建设工程项目的设想规划等工作。私人企业在 BOT 融资模式中是从建设工程项目招投标阶段才开始参与建设工程项目。并且，如果没有中标，则会迅速退出该项目。此外，政府始终参与 PPP 融资模式的运作实施。但在

BOT融资模式中，政府主要参与BOT特许经营协议签订之前的工作。这两种不同的融资模式中，项目的所有者都是政府或其委托的代理公司，某种意义上虽然PPP融资模式更具有科学性，但考虑到经济发展的客观现实，我国政府需要结合具体国情和项目的实际情况来决定采用哪一种项目融资方式进行具体项目建设投融资活动。

（三）PPP融资模式和BOT融资模式优缺点分析

这两种融资模式都可以帮助政府解决其在建设领域存在的资金不足的问题。二者都可以很好地将具体的建设工程项目和社会资金相结合。但是，由于以上论述的区别，二者分别具有不同的特点和相对应的优缺点。

PPP融资模式的优点在于政府部门和社会资本之间建立的伙伴关系。在该关系的指导下，利益共享和风险分担均能顺利实现。在公租房建设项目运作的初期，政府部门和社会资本共同参与公租房建设项目的策划论证与可行性研究，这对于缩短公租房建设项目的实施周期，降低公租房建设项目的费用有一定的帮助。由于实现了风险分担，社会资本进入公租房建设领域的投资回报将有所保证；同时，由于实现了利益共享，政府部门将有能力控制社会资本的投资回报水平，使其合理但不超额。PPP融资模式的缺点在于这种模式运作实施比较复杂，管理上协调关系的难度较大。如何合理确定公租房建设项目的投资回报率也是一个具有挑战性的难题；并且，在公租房租金收取不足的情况下，政府部门如何对公租房进行补贴也很容易引发争议。

BOT融资模式的优点在于政府部门将公租房建设项目投融资的风险全部转移给私人企业，减少了政府的资金压力，组织结构相对简单，政府部门和民营企业之间的关系容易协调。尤其重要的是，在BOT融资模式下，公租房建设项目投资回报率事先确定，严格按招投标的结果实施，政府和民营企业之间利益纠纷少。BOT融资模式的缺点在于这种模式前期运作周期长，风险分配不合理导致民营企业投资意愿较低和投融资难度较大。利益共享没有实现导致参与公租房建设项目的各方存在利益冲突，并且，由于在公租房建设项目特许经营期内，政府部门对公租房建设项目失去控制权，所以，政府部门也无法控制BOT项目公司获得超额利润的行为和可能。

通过以上的对比分析，可以看出，现行实践领域常用的BOT融资模式是有一定缺点的。因此，可以考虑利用狭义的PPP融资模式的优点对其进行改进和调整。狭义的PPP融资模式的核心观点在于伙伴关系，基本支撑在于风险分担和利益共享。那么，在BOT融资模式的实际实施当中，可以增加一些补充规定或合同条款，在公租房建设项目特许经营期内，当社会资本的投资回报水平低于预期水平的时候，由政府对社会资本进行补偿；当社会资本的投资回报水平高于预期水平的时候，政府则有权收回社会资本的超额回报。

第五节 本章小结

通过本章的分析，可以发现，河南省公租房建设项目的多元融资模式已经初步形成。结合河南省公租房建设事业的发展情况，贷款是公租房建设事业发展的基本驱动力。在此基础之上，债券的发行和BOT融资模式的引入形成了一定的补充和增强作用。但是，目前债券和BOT融资模式所获得的资金都不是公租房建设资金的主要来源。其中，债券的发行将会形成政府的债务，带来财政资金的压力，因此，BOT融资模式是可以考虑大力提倡的一种获取资金的形式和渠道。目前，BOT融资模式在实践当中往往冠以（广义的）PPP模式的称号，通过对（狭义的）PPP融资模式和BOT融资模式优缺点分析，建议基于风险分担和利益共享原则，对BOT融资模式进行改进和调整，从而使BOT融资模式获得更旺盛的生命力，从而推动公租房建设事业更好地发展。

第八章　河南省公租房融资机制创新研究

上一章开展了河南省公租房多元化融资模式选择研究，其中所涉及的融资渠道有很多，但都属于现行法律法规架构内可以选用的投融资渠道。本章将要进行河南省公租房融资机制创新研究。着力点在于将那些目前尚不能运用在公租房投融资建设领域的融资工具引入公租房的投融资建设领域。具体而言，涉及ABS融资模式和REITs模式。当然，在目前发展阶段，金融工具在公租房投融资中应用较少，直接原因在于我国金融市场不发达，主要原因在于缺乏政策支持和相关法律法规体系的不完善。而发达国家已经形成了政府主导下，社会参与主体多元化，运用各种金融工具获取项目建设资金的市场化运行机制。因此，有必要对其进行探讨和论证。

第一节　ABS融资模式

一　ABS融资模式的理论分析

（一）ABS融资模式的优点

ABS（Asset Backed Securitization）融资模式是“资产支持证券化”融资模式，是将固定资产进行证券化处理，以固定资产为基础，以固定资产未来的收益为保证，在债券市场上发行固定收益的高档债券来融资的一种方式。因此，ABS融资模式就是把那些可以产生预期收益的、不易变现的固定资产打包处理，通过融资安排将其风险与收益相分离，然后进行固定资产的信用增级和评级，最后在债券市场上发行债券进行融资。购买证券方为投资者，发行证券方为筹资者。ABS融资模式最早于20世纪70年代在美国出现，最早的ABS产品形式是住房抵押货款证券化。随着时间的推移，该模式不断发展完善，成为一种重要的融资模式，并得到了越来越多的应用和实施。凡是可以产生预期收益的公共基础设施建设工程项目领域，ABS 融资模式都得到了成功的应用，一共包括 11 个大的领域或者类别。每一个大的类别都包含很多小的类别，其中，以公共基础设施收费证券化为例，不仅仅包括交通运输部门的各种建设工程项目，还包括能源部门的各种建设工程项目，公共事业部门的各种建设工程项目，以及供水、供电等一系列的公共设施建设项目。通过 ABS 融资模式，以上这些领域和具体的项目建设都取得了很好的投资和建设效果。因此，ABS 融资模式是一种在国际资本市场得到广泛成功应用的项目融资方式。在我国，1998 年重庆市政府和“亚洲担保”及“豪升 ABS（中国）控股有限公司”签订了 ABS 合作协议。这是我国第一个以获得国际融资为目的，以城市基础设施建设为基础的 ABS 合作协议和方案，也是我国第一个以城市为基础的 ABS 证券化融资方案。ABS 融资模式的优点包括以下几个方面。

第一，筹资成本低。ABS 融资模式的可以通过国际资本市场发行债券获得大量的债务资金，并且，其利率一般较低。与发行股票筹集资金相比，ABS 融资模式降低了筹资成本。并且，和 PPP 融资模式类似，ABS 融资模式要求首先成立特殊目的公司（即 SPV），并通过特殊目的公司发行债券融通资金。这种安排使得 SPV 承担负债而对 SPV 的原始权益人没有影响，从而避免了原始权益人直接发行债券时对其自身资产质量的要求。而且，原始权益人仅以项目资产承担有限责任，以项目资产的现金流量偿还债务，本国政府不承担任何债务，也无须为其提供担保，可以避免原始权益人的其他资产受到追索。

第二，投资回报较好。在实践当中，在评级为 3A 级的资产中，ABS 融资模式可以获得比同期的美国国债更高的收益，其收益与同期的 3A 级的公司债券的收益基本一样。因此，ABS 融资模式可以使投资者获得具有吸引力的收益。此外，ABS 融资模式一般可以获得可预期的现金流量。许多不同类型的资产支持型证券的现金流量安排合理，有力地保证了资产支持型证券投资者的权益，并降低他们的风险。

第三，资金来源的多元化与多样化。ABS 融资模式和其他项目融资方式的区别在于该模式通过发行债券获得债务资金。所以，ABS 融资模式实现的资金来源的多元化与多样化，丰富了融资渠道和手段。ABS 市场及其产品是高度多样化的，从而很好地适应了建设工程项目的实际情况，很好地满足了投资者的实际需求。ABS 融资模式也向投资者提供了可能，使得投资者能够将更多的不同类型的债券进行合理的投资组合设计，分散了投资者的风险。并且，由于有项目资产的可预期收益用于债券的还本付息，投资者不需要直接参与具体的建设经营活动。

第四，相关风险小。ABS 融资模式下，债券的还本付息是通过项目资产的可预期收益来实现的，所以，项目原始权益人自身的风险较小。同时，在国际资本市场上发行债券可以使得债券的购买者来源多样化和多元化，因此可分散 ABS 产品本身的风险。此外，由于 ABS 融资模式要求必须以建设工程项目自身所形成标的固定资产为基础来实施，使得债券的投资安全得到了有力的保证。对其他一般债券而言，即便是评级水平较高，一旦发生风险事件，其评级水平必然下降，这是投资者主要担心的问题。而 ABS 融资模式是指以目标项目所拥有的资产为基础，一定程度上类似于银行的抵押贷款，对于投资人可以起到较好的保护作用。同时，项目融资者仅以项目资产及其现金流量承担有限的责任，从而避免融资者自身的资产受到追索。

第五，作为证券化项目融资方式的 ABS，由于利用 ABS 项目融资公司（或特别目的公司 SPV）去增加信用等级，可以在国际证券市场发行高档债券（即转让以及贴现能力强的债券）。SPV 是原始权益人和 ABS 产品投资者之间的纽带和桥梁，SPV 的存在可以防止项目发起人破产风险对 ABS 产品的影响，因此 SPV 自身的结构和运作对 ABS 融资模式影响巨大。ABS 融资模式优势之一就是通过 SPV 实现风险隔离（或破产隔离）。这种做法可以提高债券的安全性，降低其风险。由于 ABS 融资模式是一种先进的融资工具，往往需要通过国际一流的证券机构才能实施，因此，有利于培养我国的国际融资领域的人才队伍，也有利于推动我国证券市场与国际接轨进行改革创新。

（二）ABS 融资模式的运作过程

ABS 融资模式涉及众多利益主体，实施过程比较复杂。其运作过程一般包括以下六个阶段（见图 8-1）。

第一，组建 ABS 项目融资公司（或特别目的公司 SPV）。ABS 融资模式要求项目主办人成立 SPV，也可以称之为信托投资公司。特别目的公司是一个独立的法律实体，主要是通过获得证券化资产的“真实出售”，即原始权益人将资产所有权转让给 ABS 项目融资公司。然后，

ABS项目融资公司以资产的应收权益为担保发行债券。成功地组建ABS项目融资公司是ABS成功的关键，也是实施ABS融资模式的前提条件。

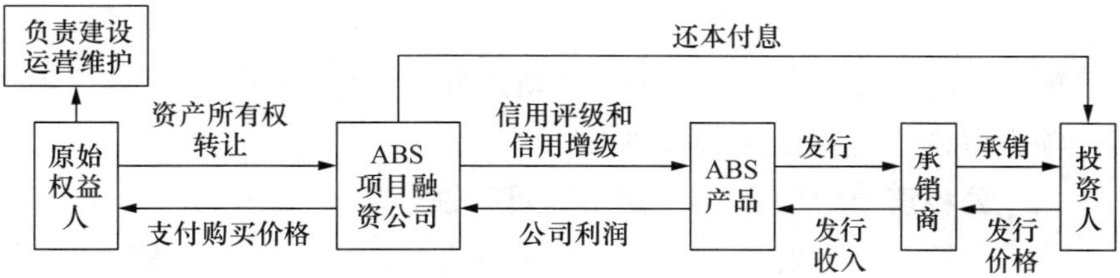

图8－1　ABS融资模式的运作过程

第二，由权威性的资信评估机构对SPV的信用等级进行评级。在项目可行性研究的基础之上，国际权威性的资信评估机构基于对项目资产未来收益的合理预测，授予SPV2A级或3A级信用等级。这是因为，在国际金融市场上顺利发售ABS产品，ABS产品的信用等级越高，表明这一债券的风险越小。其信用等级和融资效果直接相关。为了提高ABS产品的信用等级，可以进行信用增级（包括外部增级和内部增级）。在信用增级的基础上，再由国际权威性的资信评估机构对增级后的ABS产品进行信用评级。

第三，为ABS项目融资公司选择能进行资产证券化融资的对象（即具体的建设工程项目），将其汇集成一个一揽子可投资的资产组合。项目主办人（筹资者）要掌握其所拥有资产预期收益的稳定性等信息。一般应选择那些有预期收益的固定资产，然后对这些固定资产进行估算，选择合适进行证券化的资产并把这些资产打包处理形成资产组合。之后，向SPV转让项目未来现金收入的权利，并由SPV享有特许经营期限之内的全部权利。

第四，SPV发行债券筹集项目建设资金。由于SPV信用等级较高，其债券的信用级别也比较高，在获得相关监管机构的批准之后，这种债券才可以交由承销商进行销售，使其可以在资本市场上自由流通。而债券发行的筹资成本会明显低于其他融资模式。

第五，SPV组织项目建设运营，并用项目收益还本付息。在原始权益人将资产真实出售后，特殊目的公司会雇用专业的企业从事资产组合管理，并将实际的净现金流量存入受托管理人的收款专用账户中，用来还本付息。最后，债券的还本付息工作结束之后，如果还有剩余资金，这笔剩余资金将在原始权益人和SPV之间按事先签订的特许经营协议进行分配。

第六，特许经营期届满，SPV必须按事先签订的特许经营协议无偿转让项目资产所有权给原始权益人。

二　公租房建设项目ABS融资的可行性分析

第一，社会经济发展现状较好。我国建设领域的资金需求巨大，同时大量已经建成并投入使用的项目也为该融资模式提供了应用实施的基础，因此，投资价值巨大。并且，我国已经初步具备了ABS融资模式运作的法律环境。《票据法》等相关法律法规的陆续出台，使得开展ABS融资模式具有可行性。

第二，ABS融资模式拓宽了现有的融资渠道。ABS融资模式不依赖政府资金，按照资本市场的要求进行融资运作。伴随着我国金融市场的发展，通过合适的信用担保和信用增级，我国的建设工程项目可以通过ABS融资模式进入国际高档证券投资市场，这也是项目融资的未来发展方向之一。就目前情况而言，国内建筑领域形成的资金需求巨大，国内现有的融资渠道和手段不能满足建筑业发展的实际需求。而ABS项目融资可以建立国内国外资本市场的联系，通过国际融资给我国的建设领域注入资金，促进我国相关领域的发展进步。

第三，公租房建设已经取得了一定的发展规模。现有的公租房存量房数量已经具备了一定的规模，使得实施ABS融资模式具备了可观的公租房资产进行证券化。此外，我国各地的公租房计划规模空前，也为ABS融资模式实施提供了广阔的前景和市场。而这一客观现实可以实现证券化资产的信用增级。ABS融资模式实际上是一个利用特殊的操作手段，提高固定资产的信用等级，然后以此为基础发行证券进行融资的方式。公租房建设事业的发展会创造出规模巨大的物质基础，而这可以用于信用的内部增级。内部信用增级指的是依靠资产组合自身提供信用保证。往往通过增加抵押物（包括超额抵押等形式）等做法实现信用提升。

第四，政府在公租房建设事业中的主导地位。在SPV的组建过程中，需要考虑项目所在地的税收制度等是否有利于ABS的实施。从

SPV 的形式来看，由政府主导成立 SPV 是目前比较适合我国国情的。和内部信用增级相对应，政府主导可以相对容易地实现外部信用增级。此时，外部信用增级是指政府为 SPV 提供金融担保，从而增加 ABS 产品的信用等级，有利于吸引外资。显然，政府行为在这方面具有得天独厚的优势。

当然，以上只是对 ABS 融资模式在公租房建设领域的应用进行了理论上的可行性分析。在实际操作过程当中，为了 ABS 融资模式在公租房建设领域顺利实施，必须实现破产风险的隔离。为了实现这一点，一方面是要保持 ABS 项目融资公司的独立性，使其成为一家独立运作的法律主体，避免其成为政府的附属品；另一方面是资产的真实出售，即公租房资产必须实现产权转移，由 ABS 项目融资公司持有和运作。此外，ABS 融资模式不一定只在国际金融市场上筹集公租房的建设资金，也可以在国内金融市场上筹集。这是因为，在国际金融市场上使用 ABS 融资模式的约束条件较为苛刻，实施起来难度较大，尤其是信用评级的操作，受制于人的可能性是存在的。而在国内金融市场上使用 ABS 融资模式相对简便，通过国内的评级公司对其信用进行评级即可，同时国内市场投资愿望迫切，社会资本规模巨大。并且，在国内金融市场上使用 ABS 融资模式可以规避汇率风险，还有助于降低宏观金融风险，一举两得。

三 ABS 融资模式和 BOT 融资模式的对比分析

在上一章，已经对 BOT 融资模式进行了全面的分析和论述。而在本章中，ABS 融资模式，是以缺乏流动性但能产生预期收益的固定资产为基础，通过信用评级，使其成为可以在资本市场上自由流通的证券的一系列过程和安排。为了确保信用评级能够取得较好的结果，可以通过提高相关资产项目的信用等级这一手段实施 ABS 融资模式，这样可以提高项目的原始信用等级，使其能够进入高级别的证券市场进行融资，并且可以降低融资成本。通过对比分析，BOT 融资模式涉及公共基础设施项目的建设投融资及运营管理等一系列工作，也是一种全生命周期视角之下的全过程建设工程项目投融资建设及经营管理的模式，涉及的工作内容非常多，工作内容之一就是融资工作。并且，不同的建设工程项目的具体情况差别较大，因此所包含的具体工作内容也有很大的不同，并由此产生出众多基于 BOT 融资模式的改进模式。而 ABS 融资模式仅仅是一种项目融资模式，并不涉及建设工程项目的建设施工和运营管理。因此，尽管 BOT 融资模式与 ABS 融资模式在实践中都被当作项目融资模式来使用，但二者概念的内涵和操作流程具有很大的不同，是不具有可比性的。因此，为了便于进行横向对比，在对二者的对比分析前应当明确，仅仅对 BOT 融资模式中的融资功能与 ABS 融资模式的融资功能之间的对比。

这两种融资模式都可以有效地引入社会资金（包括海外投资），都可以解决政府在公共基础建设领域面临的资金不足问题，都可以大幅度提高和改善融资的效率和效果。但作为项目融资的两种手段，BOT 融资模式和 ABS 融资模式还是存在诸多不同，主要体现在项目所有权、投资风险、适用项目、融资成本等方面。

第一，项目所有权安排不同。在 BOT 融资模式当中，基于 BOT 项目公司与政府签订的特许经营协议，特许经营期内的项目运营权属于 BOT 项目公司。但是，不同的 BOT 融资模式对特许经营期内的项目所有权有着不同的安排。比如，上一章已经指出，BOOT 融资模式准许项目公司在特许经营期内拥有项目的所有权。但是，一旦特许经营期结束，政府重新拥有项目的所有权。再比如，BOO 融资模式准许项目公司一直拥有项目的所有权。而在 ABS 融资模式中，原始权益人必须进行“真实出售”，将项目所有权转让给 SPV。因此，SPV 拥有了项目所有权，原始权益人只拥有项目的运营管理权。一旦 ABS 融资模式所形成的债务得以清偿，原始权益人重新拥有项目的所有权。

第二，投资风险分配不同。BOT 融资模式的投资者主要由股本资金的提供者和债务资金的提供者构成，其投资者的数量和构成是非常明确的，其投资者人数不多。所以，每一个投资者均承担较大的风险。但是，ABS 融资模式的投资者是众多的债券购买者。所以，风险非常分散，并且，每一个投资者承担的风险都不大。这种债券的流动性强，可以任意转让，可以进一步地分散和转移风险。此外，为了成功实施 ABS 融资模式，对项目资产进行内部或外部的信用增级是常用的方法，此举可以提高项目资产的资信等级，同样可以降低风险。

第三，适用项目的差异性。在理论上，BOT 融资模式的应用范围广泛。但是，考虑我国的实际情况，BOT 融资模式的适用有很多政策限制。比如，我国的法律法规规定，外商不得独自建设运营港口、码头等建设工程项目，外商必须在中方控股下建设运营铁路、公路、电力等建设工程项目。因此对于那些重要的建设工程项目，即便能够产生合适的现金流量去应用BOT融资模式，比如核电站等，但是受限于我国法律法规的限制，BOT融资模式并不一定适用。相对应的，ABS融资模式，由于设立了特殊目的公司（SPV），由SPV拥有项目的所有权，实现资产隔离（或破产隔离）。但是，SPV并不直接参与项目的活动。因此ABS融资模式的适用范围非常广泛，包括那些不能够使用BOT融资模式的建设领域。

第四，融资成本不同。BOT融资模式操作复杂实施困难，涉及项目实施的全生命周期内的所有工作，因此其融资成本较高。而ABS融资模式运作操作简单，债券发行之前只涉及很少的行为主体，可以减少各项中间费用，因此其融资成本较低。

通过前面对BOT融资模式和ABS融资模式的对比，可以得出结论，ABS融资模式在项目所有权、投资风险、适用项目、融资成本等四个方面比BOT融资模式更具有运作优势。但是，在实际实施当中，ABS项目融资模式的应用推广离不开我国市场经济的改革创新，尤其离不开我国证券市场的发展完善。并且，ABS融资模式并不是一种与BOT融资模式没有交集的融资模式，ABS融资模式可以为BOT等项目提供融资服务和帮助。比如，实施BOT融资模式过程当中，BOT项目公司可以以ABS融资模式去进一步融通资金。ABS融资模式的运作成本低、实施风险小，可以作为一种补充融资的手段参与BOT项目，成为BOT融资模式基础之上的再融资工具，从而更好地提供BOT项目。

随着我国社会经济的快速发展，相关群众对公租房的需求巨大，而政府又无力满足这种需求，因此，积极利用各种政府以外的资金是满足这种需求的前提条件。显然，ABS融资模式为利用政府以外的资金提供了一种很好的解决方法，可以实现投资主体的多元化。因此，ABS融资模式在我国有着广阔的发展空间。当然，为了推动ABS融资模式的应用，要从多方面着手，加快ABS融资模式专业人才的培养，进一步完善我国目前各方面的制度环境。

第二节　REITs 模式

一　REITs 模式的理论分析

（一）美国 REITs 发展的脉络研究

REITs（Real Estate Investment Trust，即房地产信托投资基金）就是指房地产证券化。在实践当中，REITs 的收益包括租金收入和房地产升值。同时，按照法律规定，大部分（一般规定是 90%）REITs 的收益必须用于分红。而且，REITs 的长期投资回报率较高，并且与股市、债市的关联度较低，能够有效分散投资风险。REITs 包括房地产项目融资证券化和房地产抵押贷款证券化两种基本形式。这种证券化就是把流动性较差、难以变现、非证券形态的房地产项目，转化为可流通的证券资产。因此，REITs 的功能就是通过证券化为广大散户投资者提供了投资房地产行业的可能，扩大了投资范围，提供了一种相对安全、收益稳定、流动性强、信息透明且与传统的股票、债券等投资产品相关性较低的产品。同时，专业化的管理机构将募集的资金投入到一系列的房地产项目，分散了投资风险。并且，这种承载股权的证券可以转让，流动性较强。再者，REITs 可以帮助盘活社会存量房产，从而帮助政府扩大税基。具体而言，REITs 具有以下六个特点。

第一，流动性较强。REITs 将完整固定资产或者固定资产组合划分成相对金额较低的股份，投资门槛较低，从而使得 REITs 可以在证券市场上流通。使投资人以很低的门槛同时投资多个商业物业资产，相较于直接投资具体的商业地产项目而言，不仅可以降低投资人的投资门槛，还可以分散投资者的投资风险。由于外部投资的进入，REITs 拓宽了房地产企业的投资退出机制。其中，公开上市运作的 REITs 产品信息披露制度完善，且将绝大部分收益分配给投资者，运营透明度较高。由于可以在证券交易所内进行交易，投资者众多，流动性更强。

第二，合理的资产组合。REITs 的资产一般包括能产生稳定现金流入的不动产资产，比如商业地产和工业地产等。因此，REITs 产品的整体风险较低，同时收益较为稳定。并且，REITs 作为以租金收入为主的金融产品，与其他金融产品的相关性较低，有利于投资者拓宽有效投资边界。

第三，税收中性。REITs 的运作不会产生新的税金负担，同时，在操作中，REITs 产品一般能享受到一定的税收优惠。而税收优惠是 REITs 在美国获得巨大发展的动力之一。

第四，合理设计的公司治理结构。如果公开上市交易，REITs 必须承担管理职责，从事不动产的经营活动。同时，REITs 具有和上市公司一样的公司治理结构。

第五，合理的收益分配。在国外，一般要求 REITs 将 90% 以上的收益进行分配。因此，REITs 的投资回报率较高，并且，REITs 产品与股市、债市的关联度较低。

第六，较低的杠杆水平。和其他企业一样，REITs 同样可以负债经营，但杠杆水平比较低。比如，在美国，REITs 的资产负债率通常低于 55% 。

REITs 是通过发行证券的形式获得特定投资者的投资，然后开展房地产投资经营管理，并将 REITs 的总收益按投资比例进行分配的信托基金。但是，我国的信托基金都是私募性质，不能公开上市交易；而国外主流的 REITs 都是公募性质，可以公开上市交易。根据 REITs 实践中运营的效果，北美地区 REITs 的业绩最高，亚洲地区 REITs 的业绩最差，说明北美地区 REITs 运作的效果最好，也说明北美地区的房地产景气程度相对较高。REITs 诞生于 20 世纪 60 年代初的美国，最初目的在于使拥有较少资金的投资者能够投资不动产市场从而获得收益，同时也是为了逃避美国政府的管制而产生的。为了创建美国第一个 REITs，美国大幅度地修改相关法律法规，尤其是大幅度地修改税法。在 1960 年，世界上第一只 REITs 在美国诞生。1965 年第一家 REITs 上市，2000 年有投资 REITs 的 ETF 成立。在美国法律法规的调整当中，最重要的调整是免征所得税和资本利得税。也正是伴随着美国法律法规正式确立 REITs 的免税功能，REITs 才在美国获得了快速的发展，成为一种重要的融资模式。REITs 最早是由多个受托人作为管理者的非公司组织。因此，REITs 可以被看作是专门持有房地产资产和（或）抵押贷款资产的封闭型投资基金。但是，随着时间的推移，美国的法律法规也发生了重大的变化，REITs 模式也多次被调整。并且，不同国家的 REITs 运作实施也有很大不同。但是，REITs 的房地产投资基金的性质一直没有改变，并且在满足一定的设立条件的前提下，REITs通常可以获得一定的税收优惠。

美国REITs市场一直是全球第一大REITs市场，在美国市场上运作的REITs大约有300个，其中大部分都可以公开上市交易，市场总价值超过6000亿美元，占全球市场总价值的59%。但是，在美国，成立REITs的条件比较苛刻。首先公司75%以上的资金投资房地产业务，主要经营已经建成的租赁性不动产项目而不是去开发建设全新的项目。由于REITs可以公开上市交易，REITs的股份比较分散。根据美国的法律法规，REITs的前五大股东持有股份加在一起不能超过50%。REITs的下属公司可以把不动产的权益置换成股份参与REITs，从而可以间接享受到REITs其他来源不动产的收益。主要特点有两个，第一，资产质量非常高，风险较小。由于REITs公开上市，需要定期披露相关信息，及时公开经营状况，导致研究透明度非常高。第二，收益率比较高，REITs的平均收益在5%到8%之间，为投资者提供了稳定的收益来源，并且REITs的年化总收益达到5%，这些都使得REITs的总收益非常可观。

（二）REITs模式的种类

在理论上，目前REITs的分类方法比较多，常见的分类方法有以下4种。

第一，根据组织的结构形式，REITs分为公司型和契约型两种。公司型REITs具有独立的法人资格，独立运作，公开发行证券面向不特定的广大投资者进行融资投资不动产项目。这些投资者都是公司型REITs的股东。契约型REITs不具有独立的法人资格，以信托契约成立为依据，不能公开上市交易。购买收益凭证的投资者是委托人，发售收益凭证的基金管理公司是代理人，基于委托代理关系，基金管理公司对不动产进行投资。公司型REITs和契约型REITs的区别在于法律依据与运营模式。显然，契约型REITs的运作更加灵活。在美国，大多数REITs都是公司型的；而在其他国家，大多数REITs都是契约型的。

第二，根据投资对象的不同，REITs分为权益型、抵押型与混合型三种。权益型往往要求获得不动产的所有权，从事不动产租赁等经营活动。与房地产开发企业不同，房地产开发企业建设活动完成后往往通过出售的形式获得利润，而权益型REITs不以出售为最终目的。抵押型的投资对象是房地产抵押贷款，其主要收益就是房地产抵押贷款的利息。混合型介于前二者之间，不仅投资不动产的产权，也从事抵押贷款的业务。这三种模式中，权益型 REITs 应用最多，并且权益型 REITs 的流动性更好、投资回报更高，运作也比较规范和稳定。

第三，根据运作模式的差别，REITs 既可以封闭运作，也可以开放运作。封闭型 REITs 的融资规模在发行之初一经确定就不能任意增加，但是投资者可以在二级市场上进行交易。而开放型 REITs 可以根据公司的需要增发股份筹集资金，投资于新的不动产项目，投资者也可以任意买入和卖出，流动性较强。

第四，根据资金募集的不同方式，REITs 分为公募型与私募型。私募型 REITs 不能上市公开交易，并且只能向特定投资者募集资金，一般也不允许企业进行公开宣传。公募型 REITs 发行前需要经过监管部门（比如证监会）的审批，以公开发行的方式向不特定的社会公众募集资金，可以进行路演等形式的宣传。以美国为代表的大多数国家的 REITs 都是以公募基金的形式发行，并且只能以投资不动产为主，投资不动产的比例必须符合法律规定的最低要求。私募型 REITs 的主要区别包括，一是面向资金实力雄厚的特定客户筹集资金。二是私募型 REITs 的投资者参与度较高，具有较强的投资管理的影响力。三是私募型 REITs 受到的法律监管相对较少。

通过以上的分类探讨，不难看出国际上 REITs 运作的模式和方式。成功的 REITs 大都以公司制、权益型、开放型和公募型的方式来运作。这样便于进行专业化的运营和管理，同时可以适时扩大公司规模。在全球 REITs 最发达的美国市场（REITs 市场资产规模 1 万亿美元，占全球市场的 60%），权益型 REITs 市值占到了 96%，是绝对主流。目前中国市场上几乎所有的“类 REITs”产品都还停留在抵押型 REITs 的阶段，和全球主流的权益型 REITs 相去甚远。

二　我国 REITs 模式的发展现状

（一）我国 REITs 发展的历程及其存在的问题

我国 REITs 的推行进程最早可以追溯到 21 世纪初。2002 年，在上海市产生的新上海国际大厦项目资金信托，是我国第一个比较接近国际标准的房地产投资信托产品。但是，我国市场上现有的 REITs 产品主要集中在市政工程建设项目等公共基础设施建设领域，以房地产项目为主的信托产品不多。同时，相较于发达国家，我国的金融市场发展水平较低，相关的制度建设不完善，所以，我国的 REITs 产品模式比较单一，REITs 规模较小，市场流动性也比较差。因此，与国际上流行的 REITs 模式存在显著差异，并不是通常所说的符合国际定义的 REITs，都只是房地产投资信托基金的一种最初级的阶段。在 2007 年，REITs 被提上包括中央政府在内的议事日程。在 2007 年 6 月，人民银行召开会议，建议按照“试点与立法平行推进”的思路试点 REITs 模式。到了 2008 年年底，为了防止经济下滑，时任国务院总理的温家宝同志在国务院常务办公会议上提出要通过 REITs 等多种形式来拓宽企业融资渠道。在此政策的导向下，中国人民银行在 2009 年年初制定了 REITs 试点的方案，并拟定了相关管理办法。但是，在试点方案中，REITs 不可以在资本市场上运作，也不可以公开上市交易，局限于银行系统内部进行运作，因此对市场的实际影响不大。同年，上海市浦东新区也提出了一个 REITs 方案，但是经过论证没有得到实施。这一结果也和我国制度环境不健全有关。2011 年，我国第一个 REITs 专户产品（国投瑞银主投亚太地区 REITs 产品）才正式推出。

即便如此，在 2009 年，银监会制定的《房地产集合投资信托业务试点管理办法（草案）》以及中国人民银行制定的《银行间债券市场房地产信托受益券发行管理办法》在法律上为我国 REITs 实施提供了依据。银监会的方案对 REITs 的成立标准等方面均提出了明确的要求。一是，REITs 的期限不得少于 5 年，并且信托单位持有人不少于一百个。二是，REITs 的投资对象中至少 80% 以上是房地产项目，REITs 的总收入中至少 75% 来源于房地产行业。三是，REITs 净收益中至少 90% 必须用于收益分配。中国人民银行的方案对 REITs 的交易结构进行了明确规定，将 REITs 设定为结构化产品。一是，房地产信托收益包括房地产的租金收入和处置（比如变卖）房地产物业所得收入。二是，在扣除相关税费等之后，其余收益必须全部用于分配。三是，收益权应区分优先级和次级。优先级可以获得固定收益，可以在银行间进行转让。超过优先级固定收益的部分必须分配给次级持有人，因此，次级可以获得变动收益。

此外，由于我国的 REITs 推出较晚，因此一些国内项目为了寻求资金的支持进入海外 REITs 的投资组合当中去。在我国物业海外 REITs 上市的实践当中，先后出现过两种不同的实践做法。第一种是“直接上市方案”，由境外企业直接持有境内房地产物业，直接在海外境外上市。第二种是“间接持有方案”，由境外企业公司通过境内公司间接持有境内房地产物业，间接在海外境外上市。相比较而言，直接上市方案的结构更简洁，易于操作。但是，在 2006 年，我国商务部等六部委共同颁布了《关于规范房地产市场外资准入和管理的意见》，该文件杜绝了直接上市的可能性，使得“直接上市方案”无法得到应用实施。因此，在《关于规范房地产市场外资准入和管理的意见》出台之后，“间接持有方案”是成立 REITs 的唯一选择，中国物业 REITs 在海外上市不得不采用间接持有方案。这一规定直接导致税费和运营成本偏高、操作流程复杂以及利润的减少。

但是，在 2014 年，我国 REITs 发展迅速。2014 年 1 月，中信证券设立的“中信启航专项资产管理计划”得到证监会批复同意，并且如果政策准许，可以在 3 年后上市公开交易。这一安排具有权益型 REITs 产品的特点。但是，总的来说，由于受到我国现行法律法规的制约，在我国现有金融体系监督管理模式之下，我国金融市场上的 REITs 产品并没有采用国际上主流 RIETs 产品运作的模式，即我国金融市场上的 REITs 产品不能通过股票市场向社会上的公众投资者募集资金然后返还项目运作的投资回报。因此，“中信启航专项资产管理计划”还不是国际上流行的 REITs 形式，但是该产品仍然是我国 REITs 形式的进一步发展，具有重要的意义。并且，“中信启航专项资产管理计划”一经推出，市场反应良好，一定程度上可以说明市场需求巨大。同年，中国人民银行又发布了《中国银行业监督管理委员会关于进一步做好住房金融服务工作的通知》，推动了 REITs 的试点工作。随后，北京、上海、广州、深圳等四个城市分别编制方案进行了试点，都体现了“自上而下”的金融创新工作思路。试点方案修改后就将开展试点工作。在当时条件下，REITs 被认为是解决项目发起人资金退出问题的有效途径。这是因为，物业、商场都存在出售难的情况，这类项目投资收益周期较长，资金周转率较慢。尽管如此，REITs 的推广依然存在以下两个主要问题。

第一，风险存在的客观性，包括宏观风险和微观风险。REITs 在我国的推广可以扩大投资范围，是一种收益稳定、流动性强、信息透明、比较安全的投资工具。基于国外 REITs 实施的情况，REITs 介于债券和股票二者之间，但是又与这二者关联度不高。REITs 的收益一般比债券高，其风险又比股票低。但是，风险始终存在。这是因为 REITs 的投资对象是房地产项目，主要投资于商业地产、住房贷款等，而房地产行业属于风险较高、周期性较强的行业。当宏观经济下滑的时候，房地产行业往往处于衰退期，REITs 收益分配将会减少，甚至在某些极端情况下会导致 REITs 破产。就具体的 REITs 产品而言，单个项目资产组合可能存在较大风险。比如，项目所在城市。中国一些城市的商业地产供应量已趋饱和、甚至过剩，因此未来租金收入可能偏低。并且，REITs 对其投资的商业地产需要进行物业管理和服务，因此 REITs 公司运营管理水平的高低也会产生风险。

第二，投资回报可能偏低。租金回报率较低是 REITs 推行中的一大障碍。在国外，REITs 的年租金回报率至少要达到 3% 至 5%，中国香港的 REITs 的年租金回报率要达到 7% 至 8%。所以说，REITs 的年租金回报率高于 10 年期国债收益率是 REITs 发行成功的关键因素。而在我国，REITs 是一个新生事物，REITs 的年租金回报率低是客观情况，也是我国无法全面推行 REITs 的直接原因。当然，这一结果可能也是 REITs 公司的运营服务水平低和投资管理能力差所导致的。

总的来说，发展国内的 REITs 是一个客观的趋势和结果。如果国内的 REITs 市场得不到发展，国内优质的物业资源也将主动寻求海外渠道，进入国外的 REITs 市场，最终导致国内优质的物业资源流落到境外的 REITs 的投资组合当中。根据 2017 年《亚洲房地产投资信托基金（REITs）研究报告》，截至 2017 年 10 月，中国香港与新加坡上市 REITs 共计持有 68 处中国大陆物业，其中新加坡 REITs 持有量达 46 处，中国香港 REITs 持有 22 处。显然，中国国内的项目一定能够进入 REITs 的投资组合当中。如果国内政策准许和鼓励，则可能在国内 REITs 市场获得资金；如果国内政策不准许，则国外 REITs 市场将变成唯一的选择。也正是因为这样的客观趋势和结果，2017 年 10 月 23 日，第一个央企租赁住房 REITs、第一个储架发行 REITs——保利租赁住房 REITs 获得上海证交所通过。随后，2017 年年底，中国第一个民企长租公寓储架式权益类 REITs——高和晨曦—中信证券—领昱系列资产支持专项计划（简称“旭辉领寓类 REITs”）获得上海证交所通过，开创了民企长租公寓资产证券化的先河。而这两起上市活动也标志着我国 REITs 的发展已经朝着国际主流 REITs 又迈进了一步。尤其是 2017 年，仅前 10 个月成功发行的产品在数量及规模上就已超过前三年总和。截至 2017 年 10 月，国内已成功发行商业房地产资产证券化产品共计 43 单，总发行规模 1262.2 亿元。当然，国内推出的 REITs 产品有别于标准化的 REITs 产品，但是，就目前形势而言，国内已经具备发行公募 REITs 的资产储备。因此，有必要大力推动加速发展国内的 REITs。

（二）国内外 REITs 的区别和不同

根据相关报道，2017 年全年共获批 7 单 REITs 相关产品，成功发行 4 单。特别是 2017 年 10 月以来，集中获批或发行 5 单产品，其中，长租公寓类资产证券化产品基本处于供销两旺的状态。对于投资者而言，长租公寓资产证券化产品的还款来源为未来特定期间内的租金收入，现金流比较稳定、预测性较强，并且底层资产同质化程度较高、风险分散，发生集中违约的概率较低。同时，这些产品可以帮助传统房地产企业盘活存量资产、优化资本结构，还能缓释传统方式融资带来的较高的资产负债率与财务成本压力。根据不同种类公寓的品牌和经营方式，目前住房租赁资产证券化业务主要包括以下几类模式：租金收益权 ABS、公寓型类 REITs、CMBS（商业房地产抵押贷款支持证券）和租赁消费分期类 ABS。

但是，前面已经指出，我国现有的 REITs 产品与国际流行的 REITs 有着很大的不同，具有中国特色，实践当中经常被称为“类 REITs”。具体而言，国内外 REITs 的区别包括结构形式、税负水平、收入来源、分配要求和募集形式等几个方面（见表 8-1）。

表 8-1　国内外 REITs 的区别和不同

	国外主流 REITs	国内 REITs
结构形式	公司型、契约型	契约型
税负水平	REITs 收益分配达到一定比例（90%）以后，分配给投资者的部分免征公司所得税	资产转移过程中需缴纳公司所得税、土地增值税等较高税负

续表

	国外主流 REITs	国内 REITs
收入来源	有法律法规相关要求，REITs 公司会购入新资产，大部分收入来源于可产生稳定收入的房地产租金，还包含相关处置收入或其他合格投资收益	没有法律法规相关要求，目前大部分收入来自项目成立时的基础物业公司运营收入、处置收入等
分配要求	90% 收益分配给投资者，可以长期持有	分设优先级和 B 级或次级，优先级享有固定收益，B 级或次级享有物业处置收益但是期限通常较短
募集形式	公募，成立时在 100 人以上，上市公开发行时股东数量要求更高	一般在 200 人以下，原始权益人拥有优先回购权，可能最后不能以公募的形式推出

第一，交易结构组织形式不同。公司型的 REITs 主要是在资本市场上公开上市融资和交易。投资者通过购买股票的途径成为 REITs 公司的股东，间接持有了物业资产的相应股份，股利就是投资收益。国内主要以契约型的 REITs 为主，这是因为国内相关法律法规体系不健全，REITs 还无法上市，而契约型的 REITs 结构可以减少 REITs 设立的法律程序，易于操作。

第二，税负水平不同。税收优惠是国外 REITs 产品上市发行的前提。比如，在美国，在满足相关法律法规的要求之后，如果 REITs 公司把 90% 以上的应税收益进行分配就不用缴纳公司所得税。但投资者个人需缴纳个人所得税。此外，REITs 公司的未分配收益仍需缴纳公司所得税。而在我国，根据现行财税制度的要求，在 SPV 获得基础物业资产所有权的时候，原始权益人需要缴纳 25% 的企业所得税。如果原始权益人是房地产开发企业，还需要按照累进税率再缴纳 30%—60% 的土地增值税。如果允许成立 REITs 公司，REITs 公司还需要再缴纳公司所得税。总的来说，我国 REITs 的税负比较高。

第三，收入来源不同。根据法律法规相关要求，国外 REITs 公司会购入新资产，大部分收入来源于可产生稳定收入的房地产租金，还包含相关处置收入或其他合法投资收益。但是，为了实现合理避税，REITs 公司必须将不少于 75% 的资金投入到有预期收益的房地产及其相关行业，同时必须确保 75% 以上的收益来源于这些领域。而我国相关法律法规是空缺的，我国的类 REITs 的资产规模一经推出就是固定不变的，不能购买新的物业资产。

第四，分配要求不同。国外的 REITs 为了实现合理避税，必须将应税收益的 90% 分配给投资者。而我国由于没有相关的法律法规，只是在受益权形式上规定了优先级、次级这两种收益类型。

第五，募集形式不同。国外 REITs 产品的投资期限比较长，投资人数量也比较多。在美国，为了成立 REITs，受益人必须在 100 人以上。同时，股份最多的 5 名股东所持比例不能超过 50%。如要公开上市交易，则需要更多的股东参与。投资者可以选择长期持有也可以随时交易。而我国当前 REITs 产品多为私募形式，募集范围不超过 200 人。

（三）我国 REITs 发展的障碍和问题

具有中国特色的 REITs 市场实践为我国 REITs 发展积累了直接的经验。对比国外 REITs 的发展路径，我国进一步推广 REITs 存在以下阻碍。

第一，REITs 的专项法律法规缺位。美国通过税法规定了 REITs 成立和运作需要满足的条件。而中国香港、新加坡等则是通过 REITs 专项立法来规范标准的 REITs 产品。我国目前还没有相关的专项法律法规，所发行的类 REITs 产品在诸多方面仍没有统一标准，运作规范尚不统一。但完善的法律制度及规范开放的金融市场，是 REITs 发挥功能的重要条件。目前国内金融市场化及法律法规都有欠缺。比如，由于法律法规的缺位，公司型 REITs 数量较少，公开上市也是 2017 年底才有的情况（并且 2017 年年底只是获得了上市的许可，并没有真正在实际上上市），收入来源被限制。这是因为，如果让市场任意操作，收入来源没有限制，由于法律法规的缺位，很可能导致 REITs 最终成为银行和其他金融机构脱实向虚，再次将资金投向房地产行业的渠道。

第二，税收优惠难以落实。而在我国，根据现行财税制度的要求，在 SPV 获得基础物业资产所有权的时候，原始权益人需要缴纳 25% 的企业所得税。如果原始权益人是房地产开发企业，还需要按照累进税率再缴纳 30%—60% 的土地增值税。如果允许成立 REITs 公司，REITs 公司还需要再缴纳公司所得税。总的来说，我国 REITs 的税负比较高。因此，国外 REITs 得以广泛推广的动力——税收优惠——在我国是不存在的，或者说 REITs 模式运作的激励机制在我国无法发挥任何作用。

第三，产权不够明晰完整。依据经济学理论，只要产权界定清楚，则这一产权就可以成为市场交易的对象。但是，我国国情下，很多领域产权界定不清晰。即便是在商业地产领域，我国的房地产企业大都以出售为目的收回投资获取利润。因此，一个较大规模的产权被分割成许多较小规模的产权以便容易出售，由于产权不完整也会对 REITs 的应用造成一定障碍。

当然，随着时间的推移，可以预见的是，以上问题和障碍必将得到合理的解决。在 2017 年中央经济工作会议上，已经指出，REITs 是促进金融与房地产良性循环的最佳抓手，是加快建立购租并举住房制度的重要工具。由于我国经济工作的重点是防控金融风险，促进形成金融体系内部外部的良性循环，打击违法违规的金融活动和行为。显然，为了促进金融和房地产的良性循环，REITs 则是促进金融与房地产良性循环的最佳抓手，也将会成为我国地产金融的主流工具。

此外，为了加快建立多主体供应、多渠道保障、租购并举的住房制度；为了发展房屋租赁市场，支持专业化房屋租赁企业的发展；为了确保房地产市场的健康稳定发展，引入社会资金是房屋租赁市场的发展方向。而引导社会资金投资住房租赁市场，可以解决我国保障住房供给不足的问题，可以降低政府的财政压力，可以通过市场化运作满足人民群众的居住需求，可以完善房地产领域的改革创新。但是传统租赁行业沉没成本巨大且投资周期过长，因此制约了社会资金的进入。而 REITs 能够帮助租赁企业打开融资渠道，实现轻资产化，有助于租赁企业盘活资产获得融资，促进房屋租赁市场的健康发展，促进房地产市场的健康稳定发展，实现政府相关政策的连续性和稳定性。

（四）REITs 模式对 PPP 融资模式的补充

上一章探讨了 PPP 融资模式，其中，广义的 PPP 模式包含 BOT 等一系列融资模式。目前 PPP 模式得到我国政府的大力推动并且不断规范和完善，越来越多的 PPP 项目进入项目的运营期，而本章所探讨的 REITs 模式就可以在（广义的或狭义的）PPP 模式基础之上进入 PPP 模式，可以为 PPP 项目后端的社会资本方退出等方面提供可能。公租房 REITs 相对特殊，公租房 REITs 本身持有公租房资产，但并不直接介入公租房的运营，不需要获得公租房的经营权。因此在我国的 PPP 项目领域应用 REITs 实践，比较核心的问题是，PPP 项目公司相关的股权问题如何处理，REITs 模式下要求出售股权，达到真实出售的目的。但是，如果将 PPP 项目的股权进行出售，就会产生概念上的歧义，致使 PPP 项目不具有 PPP 模式的性质。只不过，REITs 作为能够解决 PPP 项目流动性情况、改善财务情况的一种高效方式，能够为社会资本或政府资本的退出发挥重要作用。只是概念上的歧义或理解上的区别，不应该也不会成为阻碍 PPP 项目应用 REITs 的本质障碍。按照财政部等部门联合发布的《关于规范开展政府和社会资本合作项目资产证券化有关事宜的通知》（财金（2017）55 号），PPP 项目应用 REITs 是可行的，具体解释包括以下三个方面。

第一，改善 PPP 项目的流动性。文件明确指出 PPP 项目公司的股权可以转移，可以作为证券化的基础资产。但是，财政部要求证券化不能损害公共利益，不能影响 PPP 项目的稳定运营。因此财政部对于有控股权的大股东的股权证券化有一些限制性规定，比如，发行规模不得大于相应股权带来现金流量现值的一半，也不能转移 PPP 项目的控制权。不过，财政部对小股东的股权证券化没有太多的限制，发行规模较大，但是不得超过相应股权带来现金流量现值的 70%。因此，大股东可以通过证券化转移小部分的股权，将部分存量资产变现。小股东可以通过证券化转移大部分的股权。因此，证券化有助于改善 PPP 项目的流动性。

第二，基础资产类型多样，可以满足多样化需求。文件中，可以进行 PPP 资产证券化的基础资产包括很多种类，比如，PPP 项目未来的收益权以及 PPP 项目形成的债权和股权等。这种安排可以大幅度增加 PPP 资产证券化的种类，从供给的角度看，市场容量也很大，也可以满足投资者的不同需求。

第三，可以扩大投资者的来源，推动 PPP 项目 REITs 模式的良性发展。PPP 资产证券化可以在银行间市场以资产支持票据的形式交易，因此，可以引入银行资金。资金来源范围的扩大，也增加了 PPP 资产证券化市场的需求，可以推动 PPP 资产证券化的更进一步的发展。而我国国家保监会发布《关于保险资金投资政府和社会资本合作项目有关事项的通知》（保监发〔2017〕41 号），文件建议推动 PPP 项目融资方式创新，并进行政策创新给予其必要的支持。所以，根据现有的政策文件，保险资金在未来也可以用于投资 PPP 资产证券化产品。

通过对最新政府政策的分析和解读，PPP 项目领域引入 REITs 模式已经成为趋势。因此，未来 PPP 证券化的一个重要着力点应该是 PPP + REITs。随着实践领域的 PPP 项目陆续建成投入运营，PPP + REITs 也可能会得到试点应用。

三 公租房建设项目 REITs 融资的可行性分析

（一）政策可行性分析

REITs 是全球房地产领域一种成熟的运作模式。从 REITs 的成功经验看，成功运作的 REITs 都是收购已有的房地产项目并出租收取租金作为其经营模式，大都不会进行房地产项目的开发建设。所以，REITs 并不是房地产项目的融资。理论上讲，REITs 和 ABS 融资模式一样，都是资产证券化。REITs 的基本运作方式有两种。第一种模式是 SPV 向投资者发行收益凭证，筹集资金购买商业地产项目，投资者的投资回报源于这些资产所产生的租金收入。第二种模式是原始权益人将商业地产的一部分或者全部打包成立 REITs，以其租金收入等作为标的，进行合理分割并出售给投资者，按期发放利息和红利，这种模式非常类似债券的投融资模式。而这些商业地产的现金流量较多，因此，商业地产的 REITs 运作一般比较容易获得成功。为了成立 REITs，一般需要满足以下 5 个条件。一是主要投资于可产生预期稳定收入的房地产项目。二是不能以买卖房地产项目为营利目的。三是房地产项目的租金收入是其主要的收入来源。四是投资人可以定期分配绝大多数的收益。五是必须明确最高借款额。

很明显，公租房建设项目可以产生定期租金收入，理论上符合成立 REITs 的要求。而早在 2010 年，中国人民银行等多个部门联合发布《关于加快发展公共租赁住房的指导意见》，提到应当鼓励使用 REITs 作为公租房的新融资渠道。在 2017 年，我国先后召开了第五次全国金融工作会议、中共第十九次全国代表大会、中央经济工作会议和全国住房城乡建设工作会议等一系列会议，出台了《关于在人口净流入的大中城市加快发展住房租赁市场的通知》、《利用集体建设用地建设租赁住房试点方案》、《关于规范金融机构资产管理业务的指导意见（征求意见稿）》等文件。而在 2017 年 12 月 23 日，全国住房城乡建设工作会议部署的 2018 年六大工作任务中，第一条就是深化住房制度改革，明确提出要增加公租房的实物供给，提高其保障能力。所以，目前的政策导向使得公租房建设项目可以应用REITs模式的。并且，从实际投融资效果来看，公租房REITs不仅可以降低财务成本，还能利用增量资金建设新的公租房建设工程项目，也符合国家的政策导向。公租房REITs的模式可以同时解决公租房融资问题和实现投资收益稳定的目标，将已建成的公租房资产证券化，能够盘活存量资产，提供后续建设资金，形成良好的资金投入循环，解决公租房资金短缺的现实问题。

（二）需要解决的具体问题

但是，为了成功促成REITs模式在公租房建设中的应用，还需要从宏观和微观方面入手去解决具体的问题。

在宏观方面，第一，需要建立健全相关配套制度，为公租房建设项目应用REITs模式提供良好的运作环境。REITs的发展离不开相应的法律环境支持，这需要政府部门进一步出台相关文件以便操作实施。目前国内已经有了《信托法》等相关条例，但是这些还不是真正的REITs立法，对REITs的资产结构及运用、收入来源及分配等还不能解释清楚，致使国内的类REITs的发展无法可依，缺乏统一的运作模式和流程，也导致公租房建设领域应用REITs无法可依。目前最主要的工作是加速REITs的立法，促使我国的类REITs转变为比较标准的REITs。此外，为了最终实现公募REITs的出现，完善的制度建设是重要保障，需要针对REITs的监管模式的法律定位及相关规则等制定具有可操作性的相关制度措施。

第二，建立健全REITs的治理结构。只有通过严格的法律法规约束进行改革创新，才能标准化REITs操作流程及其治理结构，从而帮助建立健全监督管理制度实现信息披露，才能为REITs的运用创造良好的环境和激励模式。

第三，专业性的复合型人才培养。REITs的运作具有较强的专业性，需要相关人员能够掌握所涉及的相关知识，从而进行专业化的REITs管理，降低风险和成本，提高REITs的收益。

第四，建立健全REITs的监管制度。投资者利益的保护离不开REITs信息的公开化，有助于投资者作出正确的决策。结合我国国情，银监会、证监会或保监会是比较合适的REITs监管机构，而有效的监管可以提高REITs投资的安全性。在充分监管的基础之上，还需要建立健全定期的信息披露制度，使投资者及时了解公租房REITs的运营情况。

在微观方面，税收无优惠、租金回报低、融资成本高等都是制约 REITs 发展的关键问题。第一，税收优惠。公租房建设项目本身具有一定的税收优惠。但是这种税收优惠是为了克服公租房建设项目投资回报差而采取的鼓励性税收政策。如果采用公司制 REITs，按照我国现行法律规定，在物业资产购置环节，买方 REITs 要缴纳成交价的 3%—5% 契税、0.05% 的印花税；卖方 REITs 要缴纳利润总额 25% 的企业所得税、抵扣后 11% 的增值税、30 - 60% 的土地增值税、0.05% 的印花税。在运营环节，REITs 要缴纳利润总额 25% 的企业所得税、租金收入 12% 的房地产税。以上还不包括 REITs 个人投资者 20% 的股息红利税（双重征税）。显然，为了将 REITs 应用于公租房建设领域，需要进一步扩大税收优惠的范围，通过更大力度的税收优惠促使 REITs 在公租房建设领域的发展。

第二，稳定租金回报水平。即便是在商品房领域，房价与房租倒挂现象也是非常普遍的国情，商业地产的租金回报水平也低于 REITs 运作要求达到的最低租金回报水平。考虑到公租房的保障作用，其租金水平显然更低。因此需要提高租金回报水平，满足社会资金对投资回报的要求。但是公租房的分配入住环节的租金水平是不能调高的，有鉴于此，政府需要基于社会资金所需要的合理的投资回报水平对公租房的租金进行额外补贴，稳定租金回报水平，满足设立公租房 REITs 的目标。

第三，努力降低融资成本。融资成本高是我国金融市场的普遍情况，为了降低公租房 REITs 的融资成本，可以考虑在全国范围内成立若干家相关 REITs，通过规模优势降低融资成本。在这一思路的指导下，各地可以按照各自公租房的市场价值进入 REITs。对于各地的政府和开发商来说，投资公租房的资金可以通过 REITs 迅速回收，此举缩短了资金回笼周期，增加了效率，又可以持续向公租房建设领域注入资金。

上市交易是 REITs 发展方向，公租房 REITs 最终上市也是最终的归宿。但是上市交易不仅会受到房地产行业的周期性波动的影响，还会受到证券市场周期性波动的影响，在房地产行业不景气或者证券市场指标下降的情况下，REITs 基金的收益水平将会偏低。因此，需要选择恰当的时机，通过对不同地区的公租房建设项目进行合理组合，确保公租房 REITs 可以在较低的风险水平上实现合理的收益。此外，公租房 REITs 还需要由专业人员和专业机构进行投资和经营管理，努力确保公租房

REITs 的营利能力，而不只是提拔一批领导干部，简单地成立一家国有性质的企业。

（三）国外境外成功经验的总结

2017 年 12 月 23 日的全国住房城乡建设工作会议明确提出，要全力做好公租房工作。发展公租房是完善住房保障体系的重要举措，也是我国民生工作的重点。然而公租房在实际操作中遇到的资金不足的问题，主要是由于现有融资渠道单一、资金来源不足等问题造成的，仅靠政府的财政资金拨款是无法解决公租房的融资问题。公租房前期投资巨大，一旦建成就会形成巨大的沉没成本，这些都导致公租房建设项目具有融资难的特点。但是，公租房项目具有稳定的租金收入，并且风险较低，符合 REITs 投资的要求，同时国外也有成功实施的经验。因此可以通过 REITs 解决公租房的融资难问题。在 20 世纪 60 年代，由于投资回报低，美国廉租住房的发展十分缓慢。在 1986 年，美国政府制定针对中低收入家庭的低收入住房税收优惠证（Low – income Housing Tax Credit，简称 LIHTC）计划，以此推动 REITs 的应用，建立美国廉租房体系。在 LIHTC 计划中，为了获得税收优惠证，房屋项目中必须有至少 20% 的单元分配给低于当地中等收入水平 50% 的家庭，或者必须有至少 40% 的单元分配给低于当地中等收入水平 60% 的家庭。同时，明确规定，这种房屋的租金水平不得超过家庭收入的 30%，出租年限至少为 30 年，此计划产生了良好的经济效益和社会保障效果。

在亚洲，中国香港在解决住房问题方面具有成功的经验。尤其是，为解决中低收入居民的住房问题，香港一直努力推动公营房屋（即公屋）的开发与建设。其资金的主要来源之一就是成立领汇 REITs（现已更名为领展 REITs）。香港特区政府为了解决公屋运作的亏损问题，分拆出售公屋相关的商业设施，最终成立领汇 REITs。这种做法就是以公屋相关的商业地产为基础，按照市场经济要求运作，将可预期收入进行基金化处理，融通社会资金参与公屋建设。领展 REITs 是香港特区政府公屋运作的重要金融工具，通过分拆出售公屋所附属的商业地产，可以提供建设公营房屋的资金，有效地利用了社会资金，从而提高了公屋运作的效率和效果，对内地发展公租房 REITs 也具有很好的借鉴意义。

短期来看，基于我国的实际情况，我国的公租房 REITs 设立可以采用契约型模式。即由信托投资公司发行信托基金收益凭证来设立信托，采用公募方式上市交易，并准许其可以增发收益凭证，存续期不得低于30年。但是，存续期结束之后，也可以选择延长存续期，或者发行新的信托基金收购原信托基金的资产。长期来看，我国的公租房REITs也可以朝着国际主流公司型REITs的方向发展。通过公司化运作，参照开放式基金的运作模式，扩大公租房REITs的规模和效益。当然，这一结果的实现需要一个漫长的过程。

为了完善我国的住房保障体系，同时考虑到地方政府存在的财政压力，我国公共租房领域引入REITs模式是可行的，此举将促进我国房地产长效机制的进一步完善。此外，国内的公租房REITs，政府可以土地作价入股及对管理机构或入住人群进行经济补贴等运作模式防范国有资产流失。

第三节　本章小结

本章进行了河南省公租房融资机制创新研究，将那些目前尚不能运用在公租房投融资建设领域的融资工具引入公租房的投融资建设领域，主要涉及ABS融资模式和REITs模式。当然，不同于上一章的内容，即便是在我国宏观经济领域，这两种投融资模式也还没有得到广泛的应用，因此，本章的探讨以理论论述为主，可能在未来的实践当中并不完全适用。但是，这两种模式应用于公租房的建设领域在理论上是可行的，并且前景广阔。结合上一章的内容，在公租房投融资活动当中，短期内应以上一章所论述的投融资模式为主，这样可以发挥立竿见影的投融资效果，并且可操作性较强。长期应按照我国构建社会资金循环使用长效机制的政策导向，将本章所论述的投融资模式应用到公租房的投融资建设活动当中。

第九章　河南省公租房投融资建设中的过程管理问题研究

通过融资手段可以为公租房建设项目融通资金，在融资规模一定的前提之下，加强投资管理，则可以起到有效使用资金的目的。同时，提高投资管理水平，直接导致资金使用的节约，相当于间接增加了融资规模。本章对河南省公租房投融资建设中的过程管理进行研究，主要针对公租房投资建设过程中的资金使用及安排开展研究，确保公租房融通资金的有效使用。由于在现有的公租房建设项目建设工作当中，政府财政资金的使用是公租房建设项目主力资金来源，因此，本章从政府财政资金使用的角度出发开展河南省公租房投融资建设中的过程管理问题研究。

第一节　项目前期阶段的投资管理研究

在公租房建设项目建设的前期阶段，主要工作就是公租房的策划与决策以及公租房的设计。

一　公租房建设项目的策划与前期决策

（一）公租房建设项目的策划

公租房建设项目的策划是指在公租房建设项目建设的前期，根据政府制定的总目标，从不同的角度和维度，通过对公租房建设项目进行系统全面的分析，对公租房建设活动的全过程进行的规划。很明显，融资工作是第一步具体工作，也有必要开展公租房建设项目融资工作的专项策划。通过公租房融资工作的专项策划，努力为公租房建设项目建设的决策和实施保驾护航。鉴于此，公租房建设项目融资工作的专项策划需要着重考虑公租房建设项目的全生命周期、有效性、客观性和前瞻性等几个方面的主要问题。第一，全生命周期。公租房建设项目一旦建成，将可以至少存续几十年。因此，建设方案需要考虑到这一周期的特点，不能只是建设完成，但是后期运营发现各种问题的存在又将公租房废弃不用。所以说，公租房建设项目并不是成本越低越好。第二，有效性。政府发展公租房建设事业的目的是为低收入人群更好地服务。所以，公租房建设项目建成之后不仅要满足居住的需求，还要有助于提高租户的生活水平、保障租户的生活质量。第三，客观性。前面两个观点看似要求提高公租房建设项目的投资额度，会对公租房建设项目的融资工作产生压力。但是，客观性同样重要。“大跃进”式的公租房建设事业不可持续，脱离政府财政资金基础的公租房开发活动也不可能获得成功。公租房建设项目融资工作也只能在实事求是的基础之上才能推动公租房建设事业的发展。第四，前瞻性。公租房在我国从概念的提出到今天不到十年，因此，并不能够确定未来一二十年后的社会经济发展需要什么样的保障房产品。但是，如果在一开始的公租房建设项目融资工作的专项策划中就加以考虑，也不失为一种值得鼓励的举措。

（二）公租房建设项目的前期决策

一般而言，建设工程项目的前期决策，简称为“三定”，即定建设项目、定建设方案、定建设时序。具体到公租房建设项目的前期决策而言，主要是“二定”，即定建设方案、定建设时序。其中，公租房具体的建设方案就和投资规模有直接的关系，公租房具体的建设时序就和投资顺序有直接的关系。具体而言，公租房建设项目的前期决策是对公租房建设投资项目进行的研究，主要包括相关的项目建议书以及项目可行性研究报告。此外，前期决策还包括环境影响评价报告、节能评估、落实资金等，以获得政府部门投资审批文件为完成项目决策的标志。很明显，公租房建设项目的前期决策所包含的内容非常多，投融资相关的内容只是前期决策的一部分。具体到“钱”而言，由于公租房建设项目的特殊性质，也使得公租房建设项目的投资决策具有一些独特的特点。第一，投资决策具有针对性。公租房建设项目的投资决策目标就是满足人民群众的迫切需求，解决部分群众的住房难问题。而这一点是有别于其他建设工程项目的本质区别。第二，投资决策具有现实性。投资决策是投资行动的基础，公租房建设项目的投资决策需要具有可行性能够落实，必须最终能够落实到公租房建设项目的建设当中去。因此可以说公租房的投资决策对其建设活动会有决定性的指导作用。如果公租房的投资决策出现失误，那么后期公租房的建设实施中也会出现问题和不足。第三，投资决策具有择优性。公租房建设工程项目的投资决策必须对多个备选投资方案进行对比论证，从中选择一个最佳方案。合理地选择就是要具有择优性特点。当然，择优的方案肯定不是最优方案，而是从诸多备选投资方案中选择最满意的投资方案。第四，投资决策具有风险性。风险普遍存在于各种建设工程项目当中。由于公租房建成之后将存在很多年，风险因素必然客观存在和长期存在。并且，由于风险的发生具有偶然性和客观性，是无法避免的，那么，公租房建设项目的投资决策应顾及实践中将出现的各种可预测或不可预测的变化，有必要进行风险评估，从而控制并降低风险事件对公租房产生的负面影响。

在公租房建设项目的前期，和其他项目一样，需要对投资决策进行动态调整，包括公租房建设项目的建议书和可行性研究，其中需要确定公租房建设项目的投资方案，还需要对该方案进行评估和审核。为了提高公租房建设项目前期决策的质量水平，需要遵守以下原则。

第一，科学化、民主化原则。一是“先论证，后决策”，必须先对公租房项目进行可行性研究，然后再决策，避免“边投资，边论证”，更不能“先决策，后论证”。公租房建设项目的发展突飞猛进，很大程度上是和中央政府的影响力密不可分的。但是，如果只是按照行政命令的要求来做，而不按科学程序进行，必然导致项目运作的失败，不利于我国公租房建设事业的健康发展。二是公租房建设整体投资规模巨大，影响的范围大。单凭个人经验很难做出正确决策，这需要运用民主化原则，实行民主化决策。并且，科学化必须民主化，脱离民主化，科学的投资项目决策就难以实现。

第二，系统性原则。影响公租房建设的因素很多，因此，开展投资决策需要调查和搜集相关的投资信息，进行科学的分析和论证。由于相关的投资信息较多，需要全面认真分析。投资决策必须基于这些投资信息，对决策问题进行系统性的梳理。同时还必须考虑其他相关议题，比如，公租房建设项目的配套设施是否完备、是否满足需求。

第三，经济效益原则。投资任何建设工程项目是为了经济效益，决策也必须优先考虑经济效益。但是，公租房建设项目投资有其特殊性，不能以项目的直接经济效益作为衡量的基础和依据。因此，具体到公租房建设项目而言，提高经济效益原则是指需要以努力控制建设成本，减少运营费用作为公租房建设项目建设当中的考量依据。只有这样，才能最终发挥公租房建设项目的作用，更好地满足人民群众的需要。

第四，决策责任制原则。公租房的投资决策离不开决策责任，必须要求决策者对其错误的决策行为及其产生的决策后果承担相应的决策责任，从而督促决策者提高决策质量，避免决策失误。在我国，公租房建设项目的投资决策是由各级决策部门负责完成的，必须要求他们承担相应的责任。但是，如果决策者只拥有决策权力而不承担决策风险，必然导致决策权力被滥用，从而出现盲目决策等不遵守科学的决策程序的现象。所以说，落实决策责任制原则，是决策科学性的重要保证和重大措施。

（三）公租房建设项目前期决策中的注意事项

公租房建设项目前期决策不同于一般项目的投资决策。首先，公租房建设项目前期决策中，投资目标和投资方向都是明确的，作为政府的一项重要的民生工作，公租房事业的发展在当前形势下是必然的。在制定具体的投资方案时，需要开展项目的可行性研究。一般要求可行性决策方案在两个以上，从而进行有效的对比和分析，可以选择较好的公租房建设投融资方案。具体而言，公租房建设项目投资决策需要考虑三个因素。第一，需求因素。公租房建设项目不能超前建设。需要根据所在地具体的需求情况来安排，否则只会造成公共资源的浪费和闲置。第二，时期和时间价值因素。资金的安排需要根据建设进度的实际情况来安排，必须能够在特定关键时间节点上满足公租房建设项目的实际需要。同时，必须考虑资金的时间价值因素，从而计算出相关的动态项目评价指标，为公租房建设项目决策提供依据。第三，成本因素。成本包括投入和产出两个阶段的成本费用。在投入阶段，成本包括施工成本和运营初期的费用等。这是因为，在运营初期，基本上所有项目的净现金流量均为负值，仍然需要由投资方提供资金以帮助项目实现正常运作。在产出阶段，成本包括运营期的成本、费用和税金等。

二 公租房建设项目的可行性研究

（一）项目可行性研究的发展历程

项目可行性研究最早诞生于美国。在20世纪30年代，美国田纳西流域出现了一些问题。比如，航道的无序使用导致航道使用效率的降低，流域内企业任意使用水资源和排放污水导致水源枯竭和污染，流域内任意捕鱼导致渔业资源枯竭，因此，为了促进田纳西流域的长期健康发展，美国政府决定开始开发保护田纳西流域。而田纳西流域开发的成功实施，对推动美国经济的发展，尤其是田纳西流域的发展作用巨大。在田纳西流域的合理开发和综合利用的过程当中，美国开创了可行性研究的方法，并取得了良好的效果。可行性研究（Feasibility Study）自20世纪30年代在美国产生之后，经过不断的探索和实践，已经形成一套完整的理论和方法。第二次世界大战以后，可行性研究得到了广泛的应用和推广，在科学技术和经济建设领域，取得了显著的效果并形成一整套有效的研究方法。1978年联合国工业发展组织制定《工业可行性研究编制手册》。1980年，该组织与阿拉伯国家工业发展中心共同制定《工业项目评价手册》。在我国，1982年，项目可行性研究已经成为建设工程项目实施中的一项重要程序。在我国的建设领域，一般是先编制项目建议书，项目建议书获得审批部门同意后，才开始着手编制项目可行性研究报告。该报告着重对项目在技术上和经济上是否可行进行科学分析和论证。具体而言，可行性研究，是指在市场调查的基础上，通过一系列研究方法的应用和实施，对建设投资项目的技术经济可行性进行的分析评价。项目可行性研究的主要任务，是针对新建或改扩建项目，开展详细的技术经济分析和论证，并合理预测项目建成投产后的现金流量，随后开展项目建设投融资方案的论证选择，达到预定的社会经济效果。

在我国建设领域进行可行性研究比较晚，在改革开放以后，才开始引入可行性研究。国家有关部门和高等院校也多次举办教育培训活动，进行可行性研究的推广和普及。与此同时，我国的一些大型建设工程项目，如宝钢等建设工程项目，实施了项目可行性研究工作。而我国政府从1981年开始正式将可行性研究纳入基本建设程序。1981年，国务院30号文件《关于加强基本建设计划管理，控制基本建设规模的若干规定》和12号文件《技术引进和设备进口工作暂行条例》中明确要求所有的新建、改扩建项目都开展项目可行性研究，编制研究报告。1983年，国家计委颁发《关于建设项目进行可行性研究的试行管理办法》（计资［1983］116号文件），要求可行性研究可以采取主管部门下达计划的方式或者委托设计单位的方式来开展。目前，可行性研究已经得到普遍推广，实施效果良好。

(二) 项目可行性研究的流程

在国外，业主（包括政府在内）和可行性研究报告的编制机构紧密合作，整个可行性研究报告的流程分为6个阶段。第一阶段，开始准备阶段。需要明确业主的目标，确定项目可行性研究的范围，制订项目可行性研究的实施大纲。第二阶段，进行实地调查，收集数据资料，开展技术经济方面的论证分析。项目可行性研究从市场需求、竞争情况等方面入手分析市场机会的状况，同时，结合项目实际实施的工艺技术选择原材料和施工方法等。以上这些内容较多，但是又相互关联，需要分别评价和整体评价同时进行和开展。第三阶段，优选项目实施的方案。根据项目的不同情况设计成多个可供选择的方案。该项工作的顺利完成有赖于咨询机构的经验和水平，目的在于制定出少数可供选择的方案，便于最优方案的确定。在此基础之上，业主需要最终做出决定，并确定项目实施的最终形式。第四阶段，对选出的方案进行详细的研究，确定项目实施的具体范围，并且合理确定投资估算。为了达到预期目标，可行性研究必须优先论证技术可行性，从而确保项目的可施工性，以及工程管理三大目标是否能够满足业主的要求。不仅如此，投资估算中还必须包括所有可能发生的未预见费用（比如预备费和暂定金额）。财务分析必须说明项目的融资方案是合理的，建设资金的规划设计可以实现。敏感性分析用于对项目的风险水平进行合理分析和论证。第五阶段，编制项目可行性研究报告。报告的编制过程必须符合国家的法律法规和相关规定，如果是利用外资的项目，也必须满足国外机构对项目建设投融资活动的要求。这些要求和规定直接关系项目能否顺利实施。第六阶段，编制项目融资方案。项目的融资方案在前面已经进行了分析论证。但是，在与贷款机构谈判签约时，实际融资情况可能发生改变，比如贷款机构无法提供贷款。同时，项目本身要求的改变也会导致资金安排必须进行调整。这些都需要进行相应的调整并最终确定。最后，不管是否被业主采纳，项目可行性研究报告需要得出一个明确的结论，以供业主做出决策。通过以上论述，不难看出，项目可行性研究必须明确融资方案，这样才能更好地为项目服务。

(三) 公租房建设项目可行性研究的要求

从项目可行性研究的理论和方法角度出发，公租房建设项目的可行性研究和一般项目的可行性研究没有区别。但是考虑到公租房建设工程项目的特殊属性，二者仍然有着很大的不同。一般项目的可行性研究工作的重点是，第一，项目的目标是否正确。第二，项目是否进行了多方案的比选，选择是否正确。第三，所预期的项目结果能否实现。具体内容包含：市场需求预测、建设规模及其构成、工艺技术和装备的选择、原材料的供应、项目的投资估算和融资方案等一系列技术经济分析。由于公租房建设项目的特殊性质，其效益分析的着重点在于社会效益的实现和社会需求的满足。内容的重点是，场址选择、建设项目的设计和施工、投资估算和资金筹措、社会评价和公租房的后期管理方案。

第一，场址选择。如果公租房建设项目场址选择不当，比如位置偏僻、交通不便，则一定会对公租房的分配入住产生负面的影响。所以说，公租房建设项目的可行性研究不仅仅是公租房建设项目本身建设可行、资金筹措到位，而且是公租房建设项目建成投入运营之后可行、发挥出预先设计的社会保障作用。

第二，建设项目的设计和施工。公租房并不是低设计标准的商品房，也不是低施工质量的商品房。公租房的设计需要满足公租房租户在公租房内的生活需要，并保证公租房租户的生活水平。其施工标准也必须满足国家的相关规定，不能降低。

第三，投资估算。公租房建设项目的决策不应以项目的投资回报作为项目取舍的主要依据。因此，只要投资估算合理，资金筹措可行，公租房建设项目是具备可行性的。

第四，社会评价。公租房建设项目的社会评价比一般项目的社会评价要更加重要。这是因为公租房建设项目的保障属性决定了能否满足社会需求发挥保障作用，是公租房建设项目成功的根本标志。

第五，公租房的后期管理方案。在公租房建设项目建成投入使用之后，租金的收取金额和方式，小区物业的管理水平等都会对公租房的承租者产生长期深远的影响。而这个因素需要在项目可行性研究的时候就加以论证，而不能等到项目建成以后再作打算。

三　公租房建设项目的设计管理

（一）公租房建设项目设计管理的发展现状

项目建筑设计管理贯穿项目开发建设的所有阶段与过程，设计管理的任务由产品的市场定位、设计进度规划、建筑规划与方案、扩充与施工图设计、设计图纸的优化与审查、施工过程中的设计控制等内容构成。设计阶段的工作非常重要，是影响项目最终结果的最重要环节，通过在设计阶段管理过程中对设计关键点的有效预控，可以提高建设单位的投资效益，实现降低项目总投资的目的。

在公租房建设领域，我国已经开展了“全国公租房优秀设计方案公示”的活动，并且给出了“全国公租房优秀设计方案汇编”。其中，所涉及方案的种类较多，已经演化成为我国公租房的国家指导性设计方案，在全国推广，作为我国公租房建设的重要参考。在公布的户型中，基本上以超小户型（建筑面积大约40平方米）为主。根据公布的户型图纸，以41.66建筑平方米的户型为例，这种户型设计非常紧凑。而按照国家的相关要求，公租房的建筑面积必须控制在这种水平上下。国家开展“全国公租房优秀设计方案公示”的原因在于，我国的公租房建设规模巨大，但是又缺乏相关建设经验，使得很多公租房存在着一些设计上的问题，进而使得公租房建设工程项目在成本控制、后期维护等方面也存在一些问题。因此，出台上述标准，目的在于规范公租房的设计和建设。由于公租房的建设与公租房租户的切身利益直接相关，其设计水平和公租房居住的舒适性直接相关。随着国家政策的不断出台，基本形成了40平方米为主的设计标准。但是，超小户型不利于合理的住房功能分割，进而降低公租房的居住适用性。所以，设计方案就成为能否充分利用空间的主要途径和手段。此外，公租房在建筑材料的选用等方面同样缺乏相应的实施标准。这些是公租房建设面临的共性问题。并由此导致公租房质量低下、位置偏远、配套设施缺乏等一系列问题。而在2011年，住建部组织编制了《公共租赁住房优秀设计方案》，目的是提高公租房的设计水平。在公开发布《公共租赁住房优秀设计方案》之后，最终制定公租房的设计方案标准，并成为我国公租房设计的重要依据。由于商品住宅设计等方面在不断地完善和改进，可以预见公租房在设计建设中需要一个国家级的指导标准。与此同时，考虑到全国各地地理条件、天气条件的不同和差异，河南省开展公租房的建设中也可以考虑适时推出河南省公租房优秀设计方案，并进行动态调整以满足社会公众的需要。

（二）公租房建设项目设计管理的注意事项

在公租房建设项目设计管理当中，还需要注意以下事项。第一，公租房设计应符合地方政府的城市规划要求。在方案设计阶段，不能违背规划部门核发的设计要求和总平面图。在符合城市规划要求的基础上，公租房建设工程项目的设计方案是可以进行局部调整或细节优化。但是，设计方案中有一些指标不能变更和突破，比如容积率、退距和间距等。具体而言，设计方案中的容积率不得超过规定的上限指标。而设计方案中的退距和间距也不能低于国家规定，必须同时符合国家和地方技术规范的要求。因此，这些关键指标就是设计方案实施中的红线或底线。

第二，在符合城市规划的基础之上，设计单位不可以为了迎合业主或者施工单位的要求，在半地下室、架空层、阳台以及飘窗等地方进行“偷工减料”的设计，不可以改变建筑功能。即便是国家和地方技术规范没有明确规定，也需要注意设计施工后实际效果是否能够满足公租房租户的需求。

第三，符合编制深度要求，提高设计图纸的可施工性。设计文件往往存在编制深度不足的问题。编制深度不足将会导致关键设计图纸缺失，或者设计图纸前后不一致，也可能是指设计图纸表达不准确、不清楚和标注不规范。因此，设计单位必须努力完善设计图纸，满足编制深度上的要求，确保设计图纸审查备案能够顺利通过。同时将设计方案中涉及的施工重点和技术难点表达清楚，以确保图纸会审阶段的工作能够顺利开展，最终提高设计图纸的可施工性。

（三）公租房建设项目设计管理模式和设计单位的选择

一般而言，建设工程项目设计管理模式有三种。一是业主直接管理模式，二是代理管理模式，三是委托管理模式。针对公租房建设项目设计管理而言，业主直接管理模式就是业主方——政府主管部门——直接开展设计管理工作。但是，政府主管部门显然缺乏专业知识和经验能力从事设计管理。针对委托管理模式而言，项目管理公司是作为政府部门的延伸，由项目管理公司负责组织进行公租房的设计或者通过设计招标选择设计单位来进行公租房的设计。但是，此举显然不利于政府主管部门的管理和控制。因此，代理管理模式是政府部门开展公租房建设项目设计管理的唯一可行模式。代理管理模式下，政府部门需要雇佣专业咨询公司提供咨询服务，在此基础上开展公租房建设项目的设计管理。

设计单位的选择可以采取直接指定、设计招标和设计方案竞赛等方式来确定。这几种模式在公租房建设项目设计中都是可行的。但是考虑到我国已经开始规范公租房建设项目的设计，设计竞赛的方式显然是没有必要的，这是因为设计竞赛一般适用于商业地产、地标性建筑物。因此，一般可以找有经验的设计院直接指定或者开展设计招标。

第二节　项目招投标阶段的投资管理研究

一　公租房建设项目的招投标

招投标，是招标投标的简称，是招标投标活动的两个对应的方面和活动。招标投标是市场经济高度发展的产物，是应用相关的技术和方法以及竞争机制的作用，进行择优成交的模式。该模式在商品、服务和工程项目的采购中应用广泛。一般而言，招标人通过招标公告，吸引不同的投标人进行技术和价格的竞争，按照招标公告规定程序组织实施开标评标，确定最终的中标人的过程，从而以较低的价格获得满足招标人需求的项目和服务。因此，招投标有如下优点。第一，工期普遍缩短。第二，工程成本普遍合理下降，工程质量不断提高，工期目标得以落实。第三，充分发挥了市场机制的作用。根据《招标投标法》等法律法规和文件的规定，涉及公共利益和安全、使用国有资金的建设工程项目，以及国外资金兴建的建设工程项目，符合以下标准之一的，都必须强制进行招标。一是施工相关的单项合同估算价超过 200 万元人民币。二是货物采购相关的单项合同估算价超过 100 万元人民币。三是服务采购相关的单项合同估算价超过 50 万元人民币。四是项目总投资额在 3000 万元人民币以上的。

很明显，不管从哪一个角度去审查，公租房建设项目都属于必须招投标的建设工程项目。和一般项目的招投标一样，公租房建设项目的招投标工作也应当遵循招投标的一般流程和要求。公租房建设项目的招标文件一般包括，第一，招标条件；第二，项目概况与招标范围；第三，投标人资格要求；第四，资格审查方式；第五，相关法律法规要求；第六，投标保证金；第七，资格审查申请文件和投标文件的递交；第八，开标、评标的具体要求等内容。但是，针对公租房建设项目的招投标，其招标文件里面的具体内容和一般招标文件有着巨大的不同，比如，招标条件。公租房建设项目建设如果由政府筹措资金，则需注明建设资金为国有资金；如果建设资金为企业自筹和政府专项补贴，则必须注明企业自筹的金额，政府专项补贴的金额和发放方式及时间；如果建设资金由企业自筹垫付，然后由政府回购，则需注明企业自筹垫付的金额，政府回购的金额、方式和时间。此外，还需要注明，如果出现特殊情况而导致以上资金筹措安排不能落实，双方应如何应对，即在招投标双方之间进行权利义务的合理划分。

此外，在公租房建设项目招投标实施过程当中，相关参与方还需要注意以下事项。第一，参加招标工作的人员必须遵守相关的法律法规。包括招标方式必须经过审批才可以实施；在工程招标中，不得隐瞒工程真实情况，弄虚作假，不得“钓鱼”招标；不得泄露标的或串通招标单位（即串标），排挤竞争对手妨碍投标单位的公平竞争；不得受贿或者索贿。第二，与招标工作无关的人员不得干扰招标工作。包括在招标过程中以各种方式向工作人员授意、施加压力；向招标工作人员骗取有关情况并进行串标。第三，投标单位必须遵守相关的法律法规。包括不得在投标中弄虚作假；不得非法获取标的；不得在投标中串通投标；不得采取行贿或其他违规违法手段串通投标单位排挤竞争对手；承包单位不得将承包工程违法转包或违规分包。

二　公租房建设项目的合同管理

（一）合同管理的一般理论

建筑工程合同是一种经济合同，是由发包人和承包人共同签订生效的法律文件。这是二者为了达成工程项目的建设目标以及完成与工程项目的建设目标有关的具体工作，明确二者的权利、责任和义务关系的法律文件。不仅能够规范双方的经济行为和关系，而且还能够作为解决二者合同纠纷的法律依据。合同管理则是建设工程项目的相关行为主体基于法律法规和相关规定，对合同本身及其签订进行计划、组织、领导和控制等管理工作，目的在于保护相关行为主体的合法权益，避免违法违规行为的产生，确保合同条款实施也即建设工程项目顺利实施的一系列活动、工作和职能。

合同管理涉及建设工程项目的各个阶段，是实现工程管理三大目标的重要手段，因此，良好的合同管理水平也可以产生巨大的经济效益。为了做好建设工程合同管理，需要明确合同管理的目标，服务于项目总目标和企业总目标，确保项目总目标和企业总目标的实现。但需要注意以下事项，第一，合同管理应以法律为依据，保证整个工程合同的签订和实施过程符合法律的要求，切实保障业主的根本利益，顺利建设工程项目。即便是政府部门，也不能将行政权力凌驾于法律之上。第二，合同管理必须实事求是，符合建设工程的实际情况和需要，保证建设工程在实现工程管理三大目标的前提下投入使用，实现工程项目的三大目标。第三，合同管理应以预防为主，使项目的实施过程顺利，减少合同争议，合同各方均能履行合同责任。第四，将建设工程参建各方的权利、义务及责任合理纳入合同管理的范畴，从而保证建设工程能够顺利投入使用。第五，作为业主或业主委托的专业项目管理公司，合同管理必须以保护业主的合法利益为原则，推进项目的顺利建设和实施，努力实现项目各参建方的共赢。共赢的标志之一就是，业主按计划获得一个合格的工程，达到投资目的；承包商不但获得合理的利润，还赢得了信誉，建立双方友好合作关系。

（二）公租房建设项目合同管理的注意事项

公租房建设项目的合同管理应遵循合同管理的一般理论，具体而言，还需要完成以下具体工作。

第一，建立公租房建设项目合同实施的保证体系。公租房的建设主体是政府部门，政府部门相关的工作人员需要通过不断学习掌握合同管理的基本理论和方法，熟悉合同管理的操作流程和注意事项。具体而言，需要组织项目小组成员和各工程负责人学习合同文件，掌握合同的主要内容，避免施工中的违法行为。同时，必须将合同总体目标逐层分解到具体工程建设的活动上；还必须将合同责任分解落实到人。

第二，严格进行公租房建设项目的合同交底。公租房建设项目的合同交底非常重要，但是在实践当中，一旦签订公租房建设合同，合同交底往往不被重视。这样容易导致合同签订与合同执行脱节，给日后的合同纠纷埋下隐患。首先应该由政府部门向项目负责人进行合同交底，重点在于明确合同的执行范围和合同的执行要点等内容。其次，项目负责人向项目部各个职能部门的负责人进行合同交底。再次，由各个职能部门的负责人向施工人员进行合同交底。最后，进行反馈，由项目部合同管理人员对合同相关的事项进行修改完善，确定合同管理文件。

第三，及时做好公租房建设项目合同跟踪，使合同管理贯穿于公租房建设工程项目的全生命周期。这有助于合同管理目标的实现，可以产生良好的经济效益。作为业主方的政府部门需要对包括合同文件在内的工程技术文件进行收集整理，了解工程实施的实际状况，进而分析工程实施的实际情况与合同文件等的区别和不同，比如是否存在工期拖延等问题。最后对合同的执行情况进行总结和评价，提出书面报告。

第四，提高合同管理基础工作质量。合同管理基础工作的质量问题，涉及的内容比较多，但是必须明确两点。一是提高合同进度计量和支付工作的效率。部分工程的前期项目已基本完工，主体工程的开挖和支护基本结束，但是工程量的计量工作并没有彻底完成。因此一些项目的完工支付无法进行，合同管理处于停滞不前的状态。另外，主体工程已经完成的项目工程总量和已经支付工程量不一致，造价预测和计划编制的准确性均受影响。因此，必须加大工程量清理和及时计量的力度，做好已经交工项目的完工支付和在建项目的及时支付工作，为工程建设提供资金保证的基础。二是统供材料单位耗量指标核定。统供材料的核销工作直接影响交工合同项目的完工支付和最终结清，对于在建的合同项目来说，确定统供材料供应的控制指标，有利于解决承包人投标时统供材料需求计划与实际需求偏差过大以及因工程发生变更带来的统供材料供应和核销的问题，也可以使统供材料采购和仓储计划能够相对有计划性，同时，也利于预测价差和进行造价分析预测工作。

第五，根据合同分析结果，进行有效的监督和管理。通过这一做法，政府主管部门可以协调与建设单位及监理单位的关系，督促二者共同完成合同职责。如果存在违约或者不履约的情况，应追究相关责任人的经济责任和法律责任，适时开展索赔与反索赔，处理矛盾和纠纷。此外，政府主管部门对建设中出现的特殊问题需要进行合理解释，及时预防不利于项目实施的法律后果的出现，弥补合同管理中可能存在的漏洞。

第六，及时合理处理变更、索赔和补偿费用。其中，如何进行计量和如何对变更进行处理是重点内容。合同变更是索赔的依据之一，因此必须合理进行合同变更，一旦实施应迅速处理。同时，合同变更必须有相应的符合合同规定的合同变更指令。在合同变更的种类当中，最可能发生的是工程变更台账，并由此产生巨额的工程索赔。因此，工程变更的原因是索赔与反索赔的直接依据。

第三节　项目实施阶段的投资管理研究

一　公租房建设项目施工前准备工作

施工前准备工作包括建设工程项目施工前所安排的一切工作内容。其目的在于确保施工工作的顺利开展。施工前准备工作非常重要，不仅在开工前需要做一些准备，开工后也需要做一些准备。这是因为在开工后，项目施工是分阶段逐步实施的，在每一阶段的施工工作开展之前，都需要开展相应的施工前准备工作。施工前准备工作是有组织、有计划、有步骤分阶段地实施和开展。施工前准备工作的完成与否对合理利用各项资源，实现工程管理三大目标，落实施工安全管理等均起着重要作用。一般而言，施工前准备工作包括图纸会审、施工技术交底、项目管理实施规划的审查、施工图预算的审查、工程项目配套建设申请及工程施工许可证的办理和施工现场准备等主要工作。

具体到公租房建设项目的施工前准备工作而言，需要做好以下工作。

第一，在政府有关部门的主导下，施工单位要参与设计方案的制定，从而提高设计方案的可施工性。在此基础之上，编制施工组织设计，这是施工准备的首要环节，各项施工准备工作都必须按施工组织设计来开展。

第二，基于不同的工程项目管理模式，施工单位要和建设单位或设计单位签订协议，在完成公租房建设总目标的前提下，明确权利、责任和义务。如果参与的施工单位不止一家，必须由总承包单位和建设单位签订工程总承包合同，然后总承包单位与分包单位签订工程分包合同。这样，分包单位对总承包单位负责，总承包单位对建设单位负责，责任体系才得以建立并发挥效果。不管是什么样的工程项目管理模式，施工单位要协助建设单位和设计单位完成相关的工作，从而为施工准备创造良好的条件。

第三，合理安排施工力量进行施工组织。根据公租房的建设目标，确定施工组织机构。部署合适的施工力量，不仅要满足工程管理三大目标的要求，还要努力提高生产力水平，并根据实际需要进行劳动组织。

第四，生产和生活基地的建设准备。生产基地包括混凝土搅拌区域、钢筋木材等的加工工棚的一系列设施的建设。一般情况下，这项工作必须提前进行布置，并按照统一规划进行分期建设。生活基地包括施工队伍的居住等建筑物，原则上应多利用永久性建筑，少搭建临时性建筑。

第五，确定建筑材料等资源的品种、数量及运输方式，要努力实现零库存，并努力实现当地施工当地采购。还要根据施工组织设计的安排，合理地布置现场堆放场所。

第六，实现“三通”和其他必要资源设施的通畅使用。原则上要多利用永久工程设施，少利用临时性管线工程。一般做法是先场外后场内，先室外后室内，先地下后地上，开展各类管线工程的施工，避免管道工程的重复开挖。

第七，进行建设区域的工程测量、放线定位等工作。必须在施工前实现一平，即清除施工现场的障碍物和平整场地。努力实现挖填平衡，降低土方的重复倒运量。

公租房建设项目的施工前准备工作也存在以下重点和难点。一方面，掌握施工图纸和有关的工程技术文件。这部分工作涉及的内容最多，但是如果能够成功完成，将直接对施工工作产生积极的推动作用和意义，使得施工工作得以顺利开展和实施。另一方面，编制施工图预算和施工预算，签订工程合同或补充合同，编制施工组织设计。建筑施工过程非常复杂，为了正确处理不同施工活动之间的关系，必须根据拟建工程的特点和要求，编制出切实可行的施工组织设计。

二 公租房建设项目施工现场管理

施工现场是指进行各种施工活动，经政府批准占用的施工场地及人类进行安全生产、文明工作、建设的场所，包括陆地、海上以及空中的一切能够进行施工工作的地域。项目经理全面负责施工现场的一切管理工作，应根据施工现场的具体情况，建立相应的施工现场管理体系。因此，施工现场管理就是在施工现场这个平台之上开展一切有利于项目施工活动开展的管理工作。具体而言，包括投资管理、技术管理、材料管理、施工管理、人员管理、资料管理、保护管理、安全管理、质量管理、进度管理等具体的工作内容。当然，以上这些方面的管理工作相互交叉和重叠，即便没有相互交叉和重叠，也还存在直接的相互影响。由于这种特殊的相互关系的存在，管理工作本身也会存在有矛盾，所以，做好协调工作也是施工管理的一个方面。因此，有一种通俗的说法，施工现场管理主要包括三管三控一协调。具体而言，三管包括安全管理、合同管理和信息管理；三控包括进度控制、质量控制和成本控制；一协调就是指组织开展施工现场管理，协调施工现场所有参与方的关系和行为。具体到公租房建设项目的施工现场管理而言，由于公租房建设项目属于一般的房屋建筑，技术复杂性较低，所以施工现场管理难度小。但是，还有几个方面的工作需要强调和做好。

第一，文明施工管理。公租房建设项目意义重大，性质特殊，如果文明施工管理得不到落实，则会产生不良的社会影响。具体而言，一是在施工作业过程中禁止吸烟，只能在休息时间到指定地点吸烟。二是施工现场必须设置临时卫生间。临时卫生间使用后要及时冲洗，确保卫生。三是必须整齐堆放相关的各类原材料。领用和运输原材料过程中避免沿途遗洒，如果出现沿途遗洒，需要派人及时清理。四是必须及时清理运输施工垃圾，实现工完料清。五是施工现场的工作人员必须着装整洁，必须佩戴安全帽。此举也是为了防止施工现场高空坠物造成重大安全生产事故。同时，施工现场地面可能存在施工废料，穿拖鞋容易扎伤，导致不安全事件的发生。六是必须保证工棚整洁，及时清除生活垃圾和生产废物。七是严禁酒后上岗，避免安全事故的发生。八是采取有效措施严格控制施工机械等产生的噪声，按照政府相关监管部门的规定时间段开展施工作业，最大限度减少噪声扰民。

第二，职业健康安全管理。其中，最重要的就是安全管理，避免事故的发生。而安全管理落实的难点就是安全管理与施工生产有时会出现矛盾。一般来讲，安全生产的方针是“安全第一、预防为主”，安全第一意味着，在生产范围内，安全是最重要的。预防为主是指应努力避免各种不利于项目顺利实施因素的产生。必须事先确定生产中的不安全因素，然后努力消除这些因素。安全管理不仅仅是安全员的工作，而是涉及建设工程项目全过程，需要全员参与的工作。坚持持续改进，安全管理是在施工现场开展的，是一种动态管理。为了做好安全管理，需要不断调整以适应施工现场中施工活动的变化，这样才能够消除不安全因素。此外，施工组织设计中需要包含有完善的文明施工方案，以及相应的环境卫生管理办法。而安全文明施工管理水平是施工企业综合管理水平的最好体现形式。只有通过以上措施的落实，才能做好施工现场的安全管理。

安全管理涉及的内容非常多，并且大都是施工现场中的细节管理，包括禁止私搭乱接、佩戴安全帽、使用安全带以及搭设脚手架等相应的施工安全措施。这项工作的落实，仅靠施工现场的施工员是不够的，需要成立安全管理的组织机构，通过培训检查督促来实现防患于未然。任何建设工程项目的顺利实施都离不开安全管理的参与和实施，尤其考虑到施工现场环境极其复杂，安全管理涉及建设工程项目实施的每个层次和环节以及所有的工作人员。加之建设工程项目的建设周期长，施工工作以室外露天作业为主，最终导致安全管理的难度较大。具体而言，需要做好以下工作。一是在施工人员入场之后，不论这些施工人员是否具有施工经验，一律进行安全教育。二是施工人员进入施工现场后，必须正确佩戴安全帽，必须正确使用安全带等个人劳动安全保护用品。三是施工人员必须按规定正确操作施工机械，操作前还必须检查相应的安全设施是否能够正常使用。四是特殊工种的施工人员无证不得上岗。五是施工人员在高空作业时，必须系好安全带，不能随意走动。六是基坑施工作业必须做到坡度稳定并及时加固。七是临边、坑口必须要有栏护，还要设置安全标志和警示灯。八是原材料的堆放、工器具的布置以及各种施工车辆停放，都必须确保安全。九是吊装运输碾压等大中型施工机械必须制定专门的管理办法，由专人负责。十是小型及电动工具的使用必须注意安全用电。十一是施工人员有权不执行违反安全管理要求的操作方法。

第三，施工环境管理。施工环境管理是非常重要的，如果施工环境出现脏乱差的现象，也将对公租房建设项目的社会形象产生负面影响。为了做好公租房建设项目的施工环境管理，考虑到我国目前提倡的环境治理，重点在于做好防治大气污染工作。一是为了减少扬尘，施工场地的主要道路和地面应进行硬化处理。此外，还需要覆盖、固化裸露的场地和土方，如果需要，还应当洒水降尘。二是使用密目式安全网对在建项目进行封闭。同时，为了降低或防止施工过程产生的扬尘，必须采用相应的洒水措施。三是禁止在施工现场熔融沥青，禁止在施工现场进行焚烧。四是施工现场应根据实际情况，进行土方相关的施工作业。五是施工现场进行混凝土搅拌必须采取封闭、降尘措施。六是施工现场必须设置密闭式垃圾站，必须分类存放施工垃圾和生活垃圾，并由专业公司及时清运出场。七是工程运输车辆应尽量以密闭式运输车辆为主，至少需要采取覆盖措施。八是环境敏感区域等地的施工现场原则上应以使用清洁能源为主。九是施工车辆应采取密封、覆盖措施，不得泄露、遗洒，只能到指定地点倾卸。十是运送车辆不得装载过满，避免交通事故的发生。

三　公租房建设项目施工的目标管理

一般而言，工程管理的三大目标是质量目标、进度目标和成本目标。三者之间相互影响、相互制约，都是通过合同管理的牵线搭桥将这些目标联系到一起，发挥公共促进的作用。

（一）质量管理目标

质量管理的内容非常多，包括以下内容。

第一，钢材、水泥、防水等各种工程用材料，钢材焊接或连接接头须由监理现场见证随机取样后进行复试。装饰工程和安装工程等主要材料必须先送样品，需要复试及必要的功能性检测的，尚应见证取样复试合格后方可组织材料大批进场，监理部根据样品分批进行验收。进场材料发现以次充好必须退场并给以相应的处罚。

第二，施工单位要建立书面技术交底记录制度。每道工序施工前应有项目部技术人员依照施工操作规范、验收规范向专业工长进行详细技术交底，并有被交底人签字的书面记录，报监理部核验。

第三，严格执行监理程序报验制，没有报验，不得进入下道工序。

第四，施工单位、监理单位和建设单位主管工程师要认真落实质量巡检制度，对于巡检中发现的问题要及时整改。

第五，施工单位对监理部下发的《监理工程师通知单》应在规定时间内进行整改并回复，经监理人员核验符合要求后方能进行下道工序。

第六，发生一般质量问题，立即口头上报监理和甲方。施工单位不得自行处理，必须由监理单位和甲方单位人员进行现场检查鉴定，然后再由施工单位编制质量问题处理方案，经监理单位等审核通过后，最后在监理单位的监督下进行处理。

第七，发生严重工程质量问题，因施工单位的管理不力或施工人员违反操作规程而影响工程进度在问题处理期间停止工程款支付。

第八，施工单位和监理单位在施工过程中必须建立台账制度，并严格执行。台账种类非常多，比如，包括材料实验台账、材料进场台账、材料见证取样台账、隐蔽验收台账、坍落度测定台账、工程款支付统计台账、工程变更台账、技术核定统计台账、现场签证统计台账，项目部不定期对施工单位、监理单位的各种台账进行检查。

第九，施工资料必须与项目进度同步，建设单位定期、不定期对施工资料、监理资料进行检查，如出现缺、漏现象，对施工单位项目经理、资料员及监理单位总监、资料员进行处罚。如出现严重失误的，将书面通知施工、监理单位对人员进行调整。

其中，需要重点做好以下工作。

第一，努力落实工程前期准备工作，合理编制符合项目实际情况的施工组织设计。针对建设工程项目的不同特点，完善施工方案的制定，确保施工技术的可行性。在施工图纸会审的基础上，结合企业的施工能力，对图纸中的问题进行修正和改进。然后，与业主方和设计单位共同最终确定施工图纸，解决设计图纸缺乏可施工性的问题，为施工工作的顺利开展提供服务。

第二，结合施工活动的需要，确定施工工艺，指导施工人员施工，确保施工质量。为了保证所选用工艺的合理性，施工单位需要试验新的施工工艺实施的效果，并将应用成功的施工工艺进行推广，进行施工工艺的书面交底。施工工艺的交底包括很多内容，比如，如何准备工器具及施工材料，如何进行施工质量检查，如何正确理解和应用施工技术等方面。并且，必须在施工工作开展之前进行施工工艺的交底，以确保施工工艺得到落实，满足施工工作的实际需要。

第三，加强对施工活动的监督检查，一旦发现问题应努力及时解决。一是开展自我检查和相互检查。施工过程中，各个施工工序一经完成，应由该施工工序的施工人员按照施工技术交底的内容组织实施自我检查。一旦发现问题，应由该施工工序的施工人员自行解决这些问题。在这些问题修正无误后再由施工员进行质量验收和工程量的确认。二是科学合理地安排施工工序的交接活动。在开展新的施工工序作业之前，必须由施工员组织力量进行交接检验，对上一道施工工序的施工质量进行检查。如果发现问题，则由上一道施工工序的施工人员进行修正改进。三是进行施工作业的专项检查。在自我检查的基础之上，施工员要对各道施工工序进行严格检查。如果发现施工质量缺陷要立即处理。同时，还必须明确施工质量缺陷产生的原因，如果相同或者类似情况反复出现，必须制定整改措施和预防措施以杜绝相同的施工质量缺陷再次出现。如果是由于施工人员操作不当引起的，必要情况下需要采取惩戒措施，并向施工人员说明依据。四是定期抽查，监督检查。定期开展建设工程项目的施工质量的监督检查。如果发现施工质量相关的问题，应进行分类分析，以定期召开质量分析会的形式组织相关人员进行分析总结，并制定纠正措施和预防措施。从而使得施工管理水平不断提高，减少施工活动相关的各类问题。五是规范开展内部验收。工程完工后，在移交给业主之前，需要规范开展内部验收。如果发现问题，应及时整改。待内部验收合格后，才能开展外部验收，即一般所谓的竣工验收。

(二) 进度管理目标

施工单位须按照合同所要求的节点工期编制总进度网络计划和施工组织设计，施工期间严格按照计划控制施工进度，还需要按照监理公司及甲方的要求，及时上报周进度计划，周进度计划应与月进度计划相符，否则退回重新申报。如果在农忙季节（麦收、秋收），施工单位要作出计划安排，现场施工人员必须满足正常施工需求，保证施工进度不受影响。除因非施工单位原因造成的工期拖延外，建设单位和监理单位有权要求相关施工单位采取赶工措施并征得建设单位和监理单位同意，由此增加的费用不予赔偿。

(三) 成本管理目标

成本管理首先需要进行设计交底、设计文件、标的的控制，从设计源头上对成本预控。其次，需要开展招标控制，通过合理价、优惠价、低价中标的方式将施工成本降到最低。再次，减少设计变更、施工现场签证等，也可节约成本。最后，在施工阶段，为了更好地进行成本控制，需要落实成本目标的考核。一是由项目经理与项目管理所在单位签订责任书，明确项目经理所应承担的责任。所承担的责任之一就是要明确项目经理的责任成本目标。在责任成本范围内，如果由于人为原因导致成本超支，则根据超支程度按规定的百分比扣除项目经理奖金。如果工程管理三大目标均得以实现，并最终实现了成本节约，则根据节约程度按规定的百分比增加项目经理奖金。但是，如果工程管理三大目标没有实现，即便最终实现了成本节约，也应当扣除项目经理奖金。二是成本控制目标需要根据建设工程项目的实际情况进行逐层分解，并逐层签订与经济利益挂钩责任书。可以将这些责任书打印粘贴于醒目位置，便于时刻督促相关人员努力工作落实目标。三是建立健全具体的考核措施制度。建议在工程部管理之下设立考核小组，由考核小组对每道完成的施工工序进行成本的考核评价。如果成本实现节约，可以将 2% 的节约成本奖励给相关人员。如果成本最终超支，可以以 1% 的超支成本作为罚金扣除奖金。四是在项目施工前和各个阶段施工开始之前，需要做好项目成本预测，制定项目成本计划。五是施工现场成本分析会的召开。主要内容涉及施工现场已完的工程量，监理单位已签字确认的工程量，成本节约或超支的情况及原因，并对成本控制提出具体办法。

第四节　项目收尾阶段的投资管理研究

一　公租房建设项目的竣工及移交

（一）公租房建设项目的竣工验收

竣工验收是国家有关单位根据相关规定对完工的建筑进行的具有法律效果的验收。具体而言，竣工验收指建设工程项目竣工后业主方会同设计、工程质量监督等单位和部门，对建设工程项目的质量等进行全面检验。但是，在实践当中，竣工验收是建立在分阶段验收的基础上。因此，竣工验收前已经完成验收的工程项目一般不再重复验收。因此，竣工验收，是对建设工程项目的全面考核，着重检查建设工程项目是否符合政府制定的相关规范和标准，总结建设工程项目的建设经验意义重大。按照我国相关法律法规的要求，所有的新建、改扩建项目，只要符合验收标准的，都必须及时组织验收。显然，公租房建设项目属于必须进行竣工验收的项目类别。

公租房建设项目的竣工验收条件包括以下几个方面。

第一，完成了公租房建设工程项目的设计和合同约定的各项工作内容。

第二，施工单位已经自行对公租房建设工程项目的工程质量进行了检查，确认工程质量达到验收的标准，已经编制公租房建设工程项目的工程竣工报告，必须经总监理工程师、项目经理和施工单位有关负责人审核并签字。

第三，有完整的技术档案和施工管理资料。

第四，公租房建设工程项目相关的所有责令整改的施工问题全部整改完毕，并满足相关部门和单位的要求。

第五，如果存在委托监理，必须具有相应的监理资料和记录。同时，监理单位还要出具工程质量评估报告，该报告必须经总监理工程师和监理单位有关负责人审核并签字。未委托监理的工程项目，建设单位可以自行编制工程质量评估报告。

第六，勘察设计单位对相关文件以及由设计单位签署的设计变更通知书进行全面检查。在此基础之上，编制公租房建设工程项目的质量检查报告，并经公租房建设工程项目的勘察设计负责人审核签字。

第七，必须有消防等相关部门出具的工程验收文件。

第八，必须签订工程质量保修书。

公租房建设项目的竣工验收内容包括以下几个方面。

第一，检查公租房建设工程项目是否符合设计文件的要求，相关的配套、辅助工程内容是否完成。

第二，检查公租房建设工程项目的质量是否符合相关的标准和规范。

第三，检查公租房建设工程项目设施设备的配套及安装、调试等方面是否满足实际需要。

第四，检查设计概算的执行情况和竣工决算的编制内容。

第五，检查项目范围内的相关设施和设备的运行试验情况。

第六，检查环保、卫生和消防等设施是否符合设计文件的要求。

第七，检查工程竣工文件是否完整、正确。

第八，检查项目范围内的建设用地权属是否合法合规。此外，还需要检查公租房建设工程项目的手续是否齐备。

针对公租房建设项目的融资问题，在公租房建设项目的竣工验收阶段，最重要的工作就是竣工决算的编制。一般情况下，按照我国现行的竣工验收程序，在办理竣工验收手续之前，必须进行资产清理，编制竣工决算，论证投资效果，以备上级主管部门的审查。显然，竣工决算是反映公租房建设项目实际花费的重要文件，值得相关部门的重视。这是因为，如果竣工决算文件里面反映的金额数字过大，超出最初融资的设想，则可能出现以下几种情况。

第一，公租房建设项目融资方案设计不合理，不满足公租房建设项目建设的实际需要，那么，在以后的工作中，更需要落实公租房建设项目的建设资金，编制科学合理的融资方案以满足公租房建设项目的需要。

第二，公租房建设项目融资方案设计合理，但是公租房建设项目具体实施过程当中存在问题和纰漏，致使公租房建设项目实际支出水平高于预期，那么，在以后的工作中，更需要加强公租房建设项目的施工管理，控制实际支出水平，节约公租房建设项目的建设资金。

第三，在公租房建设项目实际实施过程当中，存在客观不可避免的因素，导致公租房建设项目实际支出水平高于预期。这依然可以被看作是公租房建设项目融资方案设计不合理，未能充分考虑公租房建设项目的实际情况。就公租房建设项目融资方案的资金构成而言，可以看作是暂定金额和预留金等的设计不合理。

竣工项目（工程）验收合格后，应及时办理公租房项目的移交手续，还要整理包括竣工图纸在内的各种工程技术文件。为了做好这件工作，建设项目（包括单项工程）竣工验收前，各有关单位必须提前整理好所有的工程技术文件，交给建设单位进行保管，在竣工验收通过后，交业主单位统一保管，以满足项目运营过程当中维修维护的需要。这些工作属于以下将要涉及的公租房建设项目移交的范畴。

（二）公租房建设项目的移交

项目移交是指在全部工程合同内容执行完之后，在政府项目监管部门的组织协助下，业主与相关参与方之间进行的项目所有权移交的活动。对于不同行业的、不同类型的项目，国家或相应的行业主管部门出台了各类项目移交的规程或规范，一般包括个人投资项目、企（事）业单位投资项目和国家投资项目三个大的类别。由于公租房建设项目的特殊性质和目前我国公租房建设投融资体系的运作模式，公租房建设项目一般属于国家投资项目。对于国家投资项目，投资主体是国家，但却是通过国有资产的代表实施投资行为。一般来说，公租房建设运作实践当中，公租房建设项目不被看作是大型基础设施建设项目，也没有中央政府直接运作的先例，所以，公租房建设项目可以被看作是中、小型建设工程项目，这种类型的项目一般是地方政府的某个部门担任业主的角色。对国家投资项目而言，因为项目建成后，项目的使用者（业主）

与项目的所有者（国家）不是一体的，因而，竣工验收和移交要分两个层次进行。第一个层次，项目团队向项目业主进行项目验收和移交。一般是项目已竣工并通过验收班子的竣工验收之后，由监理工程师协助项目团队向项目业主进行项目所有权的移交。第二个层次，项目业主向国家进行的验收与移交。由国家有关部委或者地方政府的相关主管部门组成验收工作小组，在项目竣工验收试运行一年左右时间后进驻项目现场，在全面检查项目的质量、档案、环保、财务、预算、安全及项目实际运行的性能指标、参数等情况之后，进行项目移交手续。移交在项目法人与国家有关部委或国有资产授权代表之间进行。

项目移交的内容包括两大类，即项目实体的移交和相关文件的移交。移交过程当中会产生项目移交报告，该报告必须经项目移交方和项目接收方签字确认。具体而言，项目的实体移交包括移交项目实体或项目服务。首先必须仔细填写移交检查表，罗列项目的所有拟移交成果，并进行准确描述。与项目的实体移交不同，项目的文件移交贯穿项目的整个生命周期。这是因为，项目的不同阶段需要移交的文件是完全不同的。项目早期阶段需要移交的文件包括项目可行性研究报告及其相关附件等一系列文件。项目计划阶段需要移交的文件包括项目的描述文档和计划文档等相关文件。项目实施阶段需要移交的文件包括招投标文件、各种合同等一系列文件。项目收尾阶段需要移交的文件包括项目质量验收报告、项目移交报告等相关文件。

（三）公租房建设项目的竣工及移交中的注意事项

公租房建设项目是一个新生事物，因此公租房建设项目具体的项目特点可能千差万别。比如，公租房建设项目可能是一整个独立规划的建设项目，可以提供上千户公租房承租家庭的居住，租户只要购入简单家具就能直接入住。这种独立规划的项目一般不仅仅包括公租房，还包括配套服务用房、地下停车场、道路及景观绿化等工程。显然，公租房部分和非公租房部分的移交肯定是有所区别的。其中，公租房部分的移交需要经建设单位、监理单位、社区组织及施工单位共同确认，才能顺利移交给社区组织。但是，不同地区和城市的具体规定和要求不同。以重庆市为例，按照公租房建设项目运行管理的要求，由 4 个主体单位进行管理，分别是公租局、市政管理部门、具体用房单位（可能是某个企业单位或某个事业单位）、重庆市城投公租房建设有限公司。项目移交清单需按照这 4 个类别进行汇总编制移交管理，具体内容包括，第一，公租局负责主楼及公共区域土建工程和公共部位的设施设备，按组团分类（含商业和车库内公共部位的设施设备）；第二，市政管理部门负责市政道路及设施设备；第三，具体用房单位负责房屋与设施设备；第四，城投公租房公司负责商业和车库的房屋和专用设施设备。

二　公租房建设项目的后评价

项目后评价（Post Project Evaluation）是指在建设工程项目已经建成并投入使用了一段时间以后，对项目的执行过程、效果效益和影响进行全面的分析和总结的一项活动。19 世纪 30 年代，美国才开始出现项目后评价。直到 20 世纪 60 年代，项目后评价才得以推广和应用。项目后评价是基于项目的可行性研究报告，通过对建设工程项目实际实施情况的评价总结，确定建设工程项目的预期目标是否达到，计算项目的主要经济效果指标是否实现，并通过对比分析总结经验教训，为未来的建设工程项目的决策和计划提出合理建议。同时，项目后评价也需要对建设工程项目实际实施中出现的问题提出解决办法，提高已建成建设工程项目的效益和效果。结合项目后评价的一般特点和操作流程，也可以简单认为项目后评价就是把项目实际执行情况和项目可行性研究进行对比研究，分析项目实际执行情况和项目可行性研究之间的区别和不同。

根据国际项目后评价的程序和模式，项目后评价包括以下几个方面的内容。第一，项目目标的后评价。该项工作的任务是判断项目立项时各项预期目标是否实现。同时，还要对研究确定项目原定目标是否正确。第二，项目效益的后评价，包括财务评价和经济评价。第三，项目影响的后评价，包括经济影响的后评价、环境影响的后评价等内容。第四，项目持续性的后评价。该项工作主要是考察论证项目是否具有可持续性，能否独立运作经营，在将来能否以同样的投入建设同类项目。第五，项目管理的后评价（也可以称之为项目过程的后评价）。项目管理的后评价是对项目实施各阶段管理工作进行评价。结合公租房建设项目的特点，公租房建设项目的目标独特，带有较强的社会保障性质，因此公租房建设项目的决策目标原则上是不会有错误和纰漏的。并且，由于公租房建设项目的预设定位和功能，公租房收取租金不能偏高只能偏低，公租房建设项目的效益肯定偏低，所以，从项目效益方面进行评价并不合适。因此，公租房建设项目的项目后评价内容主要包括项目影响的后评价、项目持续性的后评价和项目管理的后评价。具体而言，包括以下几个方面。

第一，公租房建设工程项目的设计方案。评价公租房建设工程项目设计的水平、公租房建设工程项目选用的技术装备水平，特别是规模和生活设施的合理性。对照公租房建设工程项目的可行性研究报告，找出并分析公租房建设工程项目涉及重大变更的原因及其影响，提出今后如何在公租房建设工程项目可行性研究阶段避免这些变更的措施。

第二，公租房建设工程项目的合同管理。评价公租房建设工程项目的招投标以及合同管理方面的实施情况。对照公租房建设工程项目的合同条款，分析和评价公租房建设工程项目实施中的变化和违约及其对公租房建设工程项目的影响。

第三，公租房建设工程项目的组织管理。公租房建设工程项目的组织管理的评价包括对公租房建设工程项目的执行机构、贷款方和投资者等三方在公租房建设工程项目实施过程中的表现和作用的评价。如果公租房建设工程项目执行得不好，要认真分析公租房建设工程项目相关的组织机构、运作机制等方面是否存在问题。

第四，公租房建设工程项目的投资和融资。分析公租房建设工程项目总投资的变化问题，找出公租房建设工程项目总投资水平变化的原因，以及这种投资变化对公租房建设工程项目效益的影响程度。评价要认真分析公租房建设工程项目主要资金来源和融资成本的变化，重新测算公租房建设工程项目的经济指标，作为公租房建设工程项目实际财务效益的对比指标。

第五，公租房建设工程项目的进度管理。对比公租房建设工程项目计划工期与实际进度的差别，包括公租房建设工程项目的施工准备期进度、施工建设期进度和分配入住期进度。具体分析施工建设期工期延误的原因及其对公租房建设工程项目总投资等指标的影响。

第六，公租房建设工程项目的运营管理评价。根据公租房建设工程项目评价时的运营情况，预测出未来公租房建设工程项目的发展，比如租金收入、入住率等重要议题。对照公租房建设工程项目可行性研究的目标，找出差别及其原因。分析评价公租房建设工程项目内外部环境条件的变化。

第七，公租房建设工程项目的财务状况分析。根据前述公租房建设项目运营及预测情况，分析公租房建设工程项目的财务状况。由于公租房建设工程项目性质特殊，主要应评价公租房建设工程项目的债务偿还能力。如果可能，还要分析公租房建设工程项目的债务比例以及未来可能的资金需求。

第八，公租房建设工程项目经济指标的重新评价。一般在公租房建设工程项目后评价阶段都必须依据项目运营的实际数据和预测数据重新测算经济指标。并将其与公租房建设工程项目可行性研究时的指标进行对比，找出差别，分析原因。同时，公租房建设工程项目后评价还需要根据未来的分配入住情况、租金变化等条件，进行必要的风险分析和敏感性分析。

第九，公租房建设工程项目的环境评价和社会评价。这项工作的关键在于公租房建设工程项目的受益者，即公租房建设工程项目对公租房租户产生了什么样的影响。一般情况下，这部分评价涉及公租房建设工程项目的社会经济、环境影响等许多方面，包括人均收入、就业机会等多项具体指标。

第十，公租房建设工程项目的可持续发展评价。公租房建设工程项目的可持续性主要是指公租房建设工程项目建成之后持续发展的可能性。比如，公租房建设工程项目与当地租户的匹配性，公租房建设工程项目组织管理中租户参与的程度，公租房建设工程项目后期管理的资金来源，政府为实现公租房建设项目目标所承诺提供的政策措施是否落实到位等。

第五节 本章小结

投资与融资是一个问题的两个方面，或者说是一个过程的两个阶段。在融资规模一定的前提之下，加强投资管理就可以更好地发挥融资效果，起到间接增加融资规模的作用。本章从政府财政资金使用的角度出发开展河南省公租房投融资建设中的过程管理问题研究，将公租房建设项目全生命周期的各个阶段和公租房建设项目投资管理相结合，探讨河南省公租房投融资建设中的过程管理，以确保公租房融通资金的合理有效使用。

第十章　博弈视角下公租房退出机制的量化研究

第一节　建立公租房退出机制的必要性研究

不管公租房具体的租赁制度如何设计，公租房的承租期是有限度的。承租期结束之后，承租人可能不符合公租房继续租住的要求。一方面，承租人可能在租住公租房期间通过其他途径获取拥有个人产权的住房；另一方面，承租人也可能由于某些因素的变化而不符合公租房的租赁条件。显然，公租房的退出问题是一个理论性和实践性都非常强的研究议题，如果无法退出，必将存在公租房资源的占用和浪费，降低公租房的有效供给。因此，有必要对公租房的退出机制进行研究，以期为公租房退出问题的解决进行理论上的描述，从而为增加公租房的有效供给形成一些有益的思考和借鉴。

在相关的研究领域，有观点指出必须实现公租房的有序流动，即符合条件就入住公租房，不符合条件就搬出公租房。① 具体到如何实现“有序流动”，有观点建议奖惩并举，奖励遵守公租房相关管理制度的租户，惩罚不遵守公租房相关管理制度的租户。② 还有观点认为要根据公租房申请人的经济状况来对其进行合理划分，不同层次的申请人缴纳的公租房租金水平也不一样。还需要随着社会经济的发展变化适时进行动态调整。③ 并且，一般认为重庆市设计了较为合理的公租房退出机

① 王学辉、李会勋：《追问公租房制度的基本精神》，《理论探讨》2012 年第 3 期。

② 陈俊华、吴莹：《公租房准入与退出的政策匹配：北京例证》，《改革》2012 年第 1 期。

③ 程恩富、钟卫华：《城市以公租房为主的“新住房策论”》，《财贸经济》2011 年第 12 期。

制，使得公租房能够良性周转。[①] 但是，有学者指出，重庆市公租房退出流程仍然有不足和缺陷。[②] 因此，可以认为，由于我国目前尚缺乏有效的个人信息监控机制，在具体执行中难以保证公租房承租与退出规定的有效执行。[③] 也可以认为，在操作层面上，还没有一套行之有效的方式方法解决公租房后期管理过程当中的退出问题。

本章研究的目的是通过博弈理论的应用，对公租房退出机制进行量化研究，以期为公租房退出问题的解决提供切实可行的依据和参照。这是因为，从理论上讲，如果公租房的租赁活动经过了较长时间的博弈，信息不对称问题就可以自然而然地解决，博弈的任一方就很难利用所拥有的信息优势进行牟利，这和一次性博弈有着显著的不同。这也就是说，经过反复的博弈，公租房的承租者将不可能滥用公共资源，占用公租房的指标；但是，如果博弈只有一次，公租房的承租者将很有可能隐藏其不符合公租房承租条件的事实，恶意获取公租房资源，损害社会福利。因此，本章以下将通过理论分析，确定公租房合理有序退出过程中的关键因素及其关系，力求研究结果具有合理性和一定的政策借鉴意义。

第二节 研究模型的构建

在签订了公租房的租赁合同之后，公租房的主管部门完全可以通过承租人在合同签订之后的隐藏行动来采取行动，不需要考虑承租人在合同签订之前的隐藏信息。假设公租房租赁活动中只存在两种类型的承租人，一种是守规型的，另一种是不守规型的。“守规”意味着不会采取隐藏行动去获取公租房分配入住的权力。相反，“不守规”意味着有可能会采取隐藏行动去获取其本不应该享有的公租房分配入住的权力。显然，“不守规”将会损害其他承租人的权益，不利于公租房建设事业的顺利健康发展。公租房的主管部门不能也无法判断实际公租房的承租人

---

① 李晓莉：《重庆市公共租赁住房建设的调查研究》，《经济纵横》2012 年第 7 期。

② 王英、胡梦阳、顾湘：《快速城市化下的重庆公租房制度研究》，《软科学》2011 年第 25 期。

③ 李喜燕：《公租房能否名至实归》，《经济体制改革》2010 年第 6 期。

属于哪种类型，但是一旦承租人采取隐藏行动并被发现，该承租人就可以被归入“不守规”的范围。

下式是采取隐藏行动的承租人的期望效用函数

$$w = b[(1-D)\alpha - \alpha^e] \tag{10-1}$$

式（10－1）中，α（$0 \leqslant \alpha \leqslant 1$）为采取隐藏行动的承租人可以获得的效用水平。$D$ 为采取隐藏行动的承租人的被查获概率，且 D（$0 \leqslant D \leqslant 1$）为常数。（$1-D$）$\alpha$ 表示采取隐藏行动的承租人所获得的期望效用，当 $D=1$ 时，采取隐藏行动的承租人的期望效用为 0。α^e 为公租房的主管部门预期采取隐藏行动的承租人的期望效用水平，且 $0 \leqslant \alpha^e \leqslant 1$。$b$ 为承租人所述的类型。并且，$b=0$ 代表“守规”，$b=1$ 代表“不守规”。同时，假设“守规”的先验概率是 p_0，“不守规”的先验概率是 $1-p_0$。即在博弈的始点（即 $t=0$），公租房的主管部门认为“守规”的概率为 p_0，“不守规”的概率为 $1-p_0$。所以，可以通过 p_0 揭示公租房承租人的信用水平。

在实践当中，公租房的租期最短为 3 年。如果承租人长期租赁公租房，必然会导致长期的博弈问题。在长期、多阶段的博弈过程当中，承租人可以根据采取隐藏行动所获得的期望效用（即 α_t^e（$1-D$））选择可以获得的效用水平（即 α_t），最终获得 t 阶段的效用（即 $w_t = b$［（$1-D$）$\alpha_t - \alpha_t^e$］）。一旦 α_t 确定，公租房的主管部门将根据以上信息得出下一阶段（即 $t+1$ 阶段）承租人可以获得的效用水平（即 α_{t+1}^e）来影响下一阶段（即 $t+1$ 阶段）承租人的行为。在理论上，承租人在各个阶段的行为选择是为了实现全过程总期望效用的最大化。假设长期博弈可以分为 T 阶段，同时，假设 y_t 为 t 阶段承租人“不守规”的概率，x_t 为公租房的主管部门认为 t 阶段承租人“不守规”的概率。如果能够实现均衡，可以自然而然地得出 $x_t = y_t$。因此，如果承租人在 t 阶段是“守规”的，公租房的主管部门在 $t+1$ 阶段认为承租人“守规”的后验概率为

$$p_{t+1} = p_{t+1}(b=0 \mid \alpha_t = 0) = \frac{p_t \times 1}{p_t \times 1 + (1-p_t)x_t} \geqslant p_t \tag{10-2}$$

式（10－2）中，p_t 为 t 阶段“守规”的概率，1 为承租人“守规”的概率。很明显，如果承租人“守规”，公租房的主管部门将认为其“守规”的概率会提高。这也可以认为，承租人提高了其自身的信用

水平。

如果 $x_t < 1$，式（10－2）可以改写为

$$p_{t+1} = p_{t+1}(b=0 \mid \alpha_t = 0) = \frac{p_t \times 1}{p_t \times 1 + (1-p_t)x_t} > p_t \tag{10-3}$$

如果 $x_t = 1$，式（10－2）可以改写为

$$p_{t+1} = p_{t+1}(b=0 \mid \alpha_t = 0) = \frac{p_t \times 1}{p_t \times 1 + (1-p_t)x_t} = p_t \tag{10-4}$$

如果公租房的主管部门发现承租人的“不守规”，那么公租房的主管部门认为该承租人“守规”的后验概率为

$$p_{t+1} = E \times p_{t+1}(b=0 \mid \alpha_t = 1) = \frac{D \times p_t \times 0}{p_t \times 0 + (1-p_t)x_t} = 0 \tag{10-5}$$

基于式（10－5），如果公租房的主管部门发现承租人的“不守规”，那么公租房的主管部门将认为该承租人是不守规型的。

第三节　博弈问题的分析

一　最后阶段的博弈

在最后阶段（即 T 阶段），博弈过程即将结束，“守规”的价值和意义已经不存在了。原因在于，最后阶段的“守规”已经不能带来任何效用。因此，承租人一定会“不守规”以增加自己的效用。在这种情况之下，承租人的最优选择是 $b=1$，$\alpha_T=1$。此时，公租房的主管部门对承租人“不守规”的期望效用水平是 $\alpha_t^e = 1 - p_t$。

承租人的期望效用水平为

$$W_T = (1-D)\alpha_T - \alpha_T^e = (1-D) \times 1 - (1-p_T) = p_T - D \tag{10-6}$$

对 W_T 求 p_T 的一阶偏导数，则有 $\frac{\partial W_T}{\partial p_T = 1 > 0}$。由于 p_T 是指，在最后阶段（即 $t=T$ 时刻），公租房的主管部门认为承租人“守规”的概率为 p_T（即承租人的信用水平）。所以 $\frac{\partial W_T}{\partial p_T = 1 > 0}$ 说明不守规型的承租人的期望效用是信用的增函数。因此，即便承租人“不守规”，他也会努力维护其信用水平。

二 中间阶段的博弈

在倒数第二个阶段（即 $T-1$ 阶段），如果不守规型的承租人在 $T-1$ 阶段之前“守规”，则 $p_{T-1}>0$。公租房的主管部门对该不守规型的承租人“守规”的期望效用水平为

$$\alpha_T^e=1\times(1-p_{T-1})(1-x_{T-1}) \tag{10-7}$$

在式（10-7）中，1 为不守规型的承租人的最优 α 选择，其属于“不守规”的概率为 $(1-p_{T-1})$。但是，公租房的主管部门认为其属于“不守规”的概率为$(1-x_{T-1})$。

为了便于分析和探讨，本书只考虑 $y_t=0$（即在 t 阶段，承租人是不守规型的且“守规”）和 $y_t=1$（即在 t 阶段，承租人是不守规型的且“不守规”）这两种极端情况。这是因为，只有当 $y_t=0$ 和 $y_t=1$ 给不守规型的承租人带来的效用相等时承租人才会选择 $0<y_t<1$；如果 $y_t=0$ 和 $y_t=1$ 给不守规型的承租人带来的效用不相等，就没有必要讨论承租人选择 $0<y_t<1$ 的情况。如果不守规型的承租人在 $T-1$ 阶段采取隐藏行动（$y_{T-1}=0$，即 $\alpha_{T-1}=1$），必然有

$$p_T=\frac{(1-D)p_{T-1}}{p_{T-1}+(1-p_{T-1})x_{T-1}} \tag{10-8}$$

如果公租房的主管部门预期承租人“不守规”的期望效用水平为 α_{T-1}^e。那么，这一承租人在 $T-1$ 阶段“不守规”的总效用水平为

$$\begin{aligned}W_{T-1}(1)+W_T(1)&=[(1-D)\times1-\alpha_{T-1}^e]+p_T-D\\&=1-2D-\alpha_{T-1}^e+p_T\\&=1-2D-\alpha_{T-1}^e+\frac{(1-D)p_{T-1}}{p_{T-1}+(1-p_{T-1})x_{T-1}}\end{aligned} \tag{10-9}$$

如果不守规型的承租人在 $T-1$ 阶段“守规”（$y_{T-1}=1$，即 $\alpha_{T-1}=0$），那么不守规型的承租人的总效用水平为

$$\begin{aligned}W_{T-1}(0)+W_T(1)&=-\alpha_{T-1}^e+p_T-D\\&=-D-\alpha_{T-1}^e+\frac{p_{T-1}}{p_{T-1}+(1-p_{T-1})x_{T-1}}\end{aligned} \tag{10-10}$$

综合考虑以上两式，如果不守规型的承租人在 $T-1$ 阶段“守规”，即 $\alpha_{T-1}=0$ 优于 $\alpha_{T-1}=1$，必然可以得出

$$1-2D-\alpha_{T-1}^e+\frac{(1-D)p_{T-1}}{P_{T-1}+(1-P_{T-1})x_{T-1}}\leqslant-D-\alpha_{T-1}^e+$$

$$\frac{P_{T-1}}{P_{T-1}+(1-P_{T-1})x_{T-1}} \tag{10-11}$$

经不等式（10-11）变形得

$$D \geqslant \frac{p_{T-1}+(1-p_{T-1})x_{T-1}}{2p_{T-1}+(1-p_{T-1})x_{T-1}} \tag{10-12}$$

如果能够实现均衡，公租房主管部门的预期和承租人的选择相一致，即 $x_{T-1}=y_{T-1}$。因此，在 $T-1$ 阶段，如果不守规型的承租人“守规”（此时，$y_{T-1}=1$），必然有 $x_{T-1}=1$，从而 $p_T=(1-D)p_{T-1}$，式（10-12）可以改写为

$$D \geqslant \frac{1}{p_{T-1}+1} \text{或} p_{T-1} \geqslant \frac{1-D}{D} \tag{10-13}$$

基于上式，在 $T-1$ 阶段，如果公租房的主管部门认为承租人“守规”的概率满足式（10-13）的要求，“不守规”的承租人也一定会按照“守规”的要求采取行动。这意味着，如果承租人的信用越高，那么该承租人就会倾向于维护其良好的信用水平。但是，如果承租人的信用越差，那么该承租人就会倾向于“破罐子破摔”，没有积极性去维护其良好的信用水平。此外，如果 $p_{T-1}=\frac{(1-D)}{D}$，不管承租人如何选择（即 $y_{T-1}\in[0,1]$），结果都是最优的。由于 $p_{T-1}\leqslant 1$，则必然有 $\frac{1}{2}\leqslant D\leqslant 1$，且 D 越小，p_{T-1} 越大，即对 p_{T-1} 的要求越高。

三　不同选择的对比分析

在 $T-1$ 阶段，“不守规”的承租人会对比判断当期收益和未来收益的高低，然后再选择行动。假设承租人的真实类型无法确定，如果不守规型的承租人在 $T-1$ 阶段“不守规”而选择牟利（即该承租人选择 $\alpha_{T-1}=1$），那么他在 $T-1$ 阶段的效用为

$$W_{T-1}(1)=(1-D)\times 1-(1-p_{T-1})=p_{T-1}-D \tag{10-14}$$

相反，如果不守规型的承租人在该阶段“守规”（即该承租人选择 $\alpha_{T-1}=0$），那么他在 $T-1$ 阶段的效用为

$$W_{T-1}(0)=p_{T-1}-1 \tag{10-15}$$

基于式（10-14）和式（10-15），在 $T-1$ 阶段，不守规型的承租人“不守规”所获得的效用大于其“守规”所获得的效用，即 $W_{T-1}(1)>W_{T-1}(0)$。在 T 阶段，由于承租人已经“不守规”且被查获，

该承租人将不可能再次“不守规”牟利，他的效用为

$$W_T(0)=(1-D)\times 1-[1-(1-D)p_T]=(1-D)p_T-D \quad (10-16)$$

如果不守规型的承租人在 $T-1$ 阶段“守规”，那么他在 T 阶段的效用为

$$W_T(1)=(1-D)-(1-p_T)=p_T-D$$
$$=\frac{p_{T-1}}{p_{T-1}+(1-p_{T-1})x_{T-1}}-D>\frac{(1-E)p_{T-1}}{p_{T-1}+(1-p_{T-1})x_{T-1}}-D$$
$$(10-17)$$

基于式（10-16）和式（10-17），不守规型的承租人面临的选择是在 $T-1$ 阶段还是 T 阶段“不守规”以提高总体的效用水平。如果 $p_{T-1}\geqslant\frac{(1-D)}{D}$，该承租人的最优选择是在 T 阶段“不守规”以提高总体的效用水平。并且，当 $p_{T-1}>\frac{(1-D)}{D}$ 时，如果实现均衡，可以得到 $x_{T-1}=y_{T-1}=1$，那么公租房的主管部门预期承租人“不守规”的期望效用水平为

$$\alpha^e_{T-1}=(1-p_{T-1})(1-x_{T-1})=(1-p_{T-1})(1-y_{T-1})=0 \quad (10-18)$$

综上所述，如果承租人在 $T-1$ 阶段“守规”，而在 T 阶段“不守规”以提高总体的效用水平；那么，该承租人在 $T-1$ 阶段之前都会“守规”。所以，$p_0\geqslant\frac{(1-D)}{D}$ 是“守规”的有效约束条件。相反，如果 $p_0<\frac{(1-D)}{D}$，不守规型的承租人在 $T-1$ 阶段“不守规”以提高总体的效用水平；那么，该承租人在 $T-1$ 阶段之前都会“不守规”，也不可能去维护其自身良好的信用水平，从而导致前文所述“破罐子破摔”现象的发生。

四　模型研究的结论

通过本节以上的分析和论证，承租人的信用 p_0 和公租房的主管部门对承租人“不守规”的查获概率 D，对承租人是否“守规”或者“不守规”有着直接的影响。$\frac{(1-D)}{D}\leqslant p_0\leqslant 1$ 和 $\frac{1}{2}\leqslant D\leqslant 1$ 表示为博弈分析的有效激励条件。并且，个人信用水平高，且对承租人“不守规”的查获概率越大，承租人选择“不守规”的可能性就越小。据此，公

租房的主管部门可以采取有效措施解决信息不对称问题，防止信息不对称问题对公租房发展事业造成的损害。当然，在最后阶段（即 T 阶段），以上确定的激励条件将无法发挥作用，承租人必然选择“不守规”。如果 $p_0 < \frac{(1-D)}{D}$，不守规型的承租人将会选择“不守规”，在任何阶段都会采取选择“不守规”以提高个人的总体效用水平。

站在公租房主管部门的角度，提高承租人的个人信用水平可以实现承租人的自我激励和自我约束。但是，仅凭提高承租人的个人信用水平是不够的，还需要提高对承租人“不守规”的查获概率，加强对承租人的监督和管理。这是因为 $\frac{(1-D)}{D} \leqslant p_0 \leqslant 1$ 和 $\frac{1}{2} \leqslant D \leqslant 1$ 必须同时被满足。当 $D=\frac{1}{2}$ 时，$p_0=1$。这意味着如果查获概率最低（即 $D=\frac{1}{2}$），承租人的信用水平必须最高（即 $p_0=1$）。当 $D=1$ 时，$p_0=0$。这意味着如果查获概率最高（即 $D=1$），所有的隐藏行动都能被查获，即便承租人毫无信用可言，也不存在任何问题。但是，所有的隐藏行动都能被查获相当于完全信息下的情况，这同样只是理论上的极端情况。所以说，信用水平和查获概率的提高必须同时进行，缺一不可。此外，由于在 T 阶段（即在最后阶段），有效激励条件将不能发挥作用，公租房的主管部门在对公租房的申请人进行资格审查时，有必要考虑申请人信用周期的可持续性，拒绝那些信用周期即将结束和信用周期不可持续的申请人的租住申请，或是采取措施延长这些申请人的信用周期。

第四节　对策建议

一　建立健全个人信用体系

为了提高承租人的信用水平，在实际操作中，应努力建立健全承租人的个人信用体系，尝试建立个人信用档案记录。在此基础之上，评定承租人的信用水平，并将其与公租房租赁合同的签订相挂钩。

第一，与银行、保险公司等金融机构建立起联系。一方面，金融机构已经初步建立起了信用评估体系，可以帮助公租房的主管部门形成自己的信用评估体系；另一方面，通过查询承租人是否有贷款不还、信用额度较低、骗保、保险索赔较多等行为和情况，可以帮助公租房的主管部门进一步确定承租人的信用水平。

第二，与法院等法律机构建立起联系。通过查询承租人是否有违规违法行为，是否有法院判决不履行的情况，也可以从一个侧面反映出承租人的信用水平。

第三，与社区、街道办事处建立起联系。公租房的供应对象是低收入者，按照现行户籍制度，除了农民工等流动性较大的群体外，社区、街道办事处应当是最了解承租人相关信息的单位和部门，可以起到对承租人信息进行甄别和判断的作用。

在信用体系不完善，信用指标缺乏的情况下，以上几种途径可以为公租房的主管部门建立承租人个人信用评估体系起到帮助和促进作用。并且，公租房租赁合同条款应该考虑不同信用等级的影响，使得承租人信用水平越高，则可以支付较少的公租房租金，从而激励承租人持续改善和提高其信用水平。并且，为了避免前文所述“破罐子破摔”现象的发生，有必要将公租房承租人的信用体系和公租房领域以外的信用体系相挂钩，从而有效扩大承租人的信用范围，延长承租人的信用周期，激励承租人在最后阶段“守规”。当然，承租人的信用问题并不是行政管理问题，而且还受到大环境的影响。因此，不能只依靠政府行为和行政手段去解决该问题，还需要重视社会主义精神文明建设。

二 监督管理方法的创新

为了加强监督检查，必然导致公租房主管部门增加行政成本，当公租房租赁合同双方的信息不对称导致承租条件发生变化时，政府部门难以进行有效的监督和管理。因此，应采用低成本且行之有效便于操作实施的方法，建议如下。

第一，建立健全动态公示制度。在承租人所居住的社区进行不定期的随机公示，由在该社区居住的居民或者租户进行监督。这种发动群众解决群众问题的方法可以显著降低行政成本。

第二，建立健全公租房承租人的个人信息登记制度。将承租人的相关信息进行登记和补登，不仅有利于公租房相关的各项行政工作的顺利实施，而且有利于形成对公租房承租人进行监督检查的事实依据，还可以及时反映承租人收入水平的变化，解决退出难问题。

第三，对承租人租住的实际情况进行不定期的实地检查。为了降低检查的成本和费用，也可以仅仅针对那些疑似违规的承租人进行监督检查。

第四，创新探索对违规行为的处罚办法，提高违规行为的成本。这是因为，如果违规成本较低，会“激励”违规行为的发生。公租房相关的政策文件一般会有“依法依纪追究责任”等条文，但是存在执行难的问题。这是因为，大多数公租房承租人的收入水平偏低，如果处罚将会降低他们的生活质量和水平，也极有可能出现不了了之的情况。在这种情况下，应处罚那些提供虚假材料的相关单位，使这些单位必须承担相应的法律责任和经济责任。

第五节 本章小结

随着政府政策从“人人有住房”转变为“人人有房住”，公租房相关的理论与实践也迅速发展起来。本书基于理论模型对公租房的退出机制进行了理论研究和分析。首先阐述了公租房退出机制的研究背景，进行了必要的文献综述。其次进行了合理的研究假设，构建了理论模型。再次进行了理论分析和描述，经研究发现了公租房退出机制中的两个关键因素，即信用水平和查获概率。如果承租人的信用水平越高，承租人“不守规”被查获的概率越大，公租房的退出问题将得到妥善解决。最后，本书提出了一些对策建议去解决实践中存在的公租房退出问题。

结　论

在公租房的概念提出之后，有中央政府的政策文件提出要以其为重点开展保障性安居工程建设，并且这一表述被不断强调和重复，以至于各级地方政府不管是在政策文件的制定上，还是在实际公租房项目的建设上都付出了巨大的努力，并且取得了值得肯定的成效。但是，公租房建设事业所需要的投资规模是非常巨大的，目前公租房建设投资是以政府财政资金和银行贷款为主。一方面，如果以政府财政资金为主来开展公租房项目的建设，将会对政府财政产生巨大的压力，导致政府财政资金紧张的状况。另一方面，如果较多地使用银行贷款，不仅可能拉低提供贷款银行的利润率，而且可能还会导致银行系统面临潜在的贷款风险。具体到河南省的实际情况，在中央政府的号召之下，河南省早已计划大规模建设公租房项目，最终目标是公租房的保障范围将能够覆盖河南省20%的城市人口。该目标的惊人之处在于，直观地判断该目标是难以实现的，甚至是无法实现的。但是，为了该目标的实现，需要长期不断地投入建设资金支持公租房的建设事业。显然，在这一目标的指引之下，如何有效满足公租房建设事业对资金的需求就是一个巨大的难题。因此，仅仅依靠政府财政和银行贷款是不够的，需要将社会资金引入这一领域，多渠道、多元化地为公租房建设事业融通资金，这样才能够合理解决公租房建设中的融资问题。本书开展河南省公租房融资机制研究，目的即是在使用社会资金的前提下，解决公租房建设中客观存在的融资难问题。

当然，本书所能起到的作用可能依然是非常有限，希望本书的研究能够起到一定抛砖引玉的作用，能够为政府政策的制定提供一点有益的思考和借鉴。就主要创新性工作而言，本书的主要创新点可以概括为以下两点。

其一，在公租房建设中融资问题的理论与实践分析中，一方面，在理论上构建了研究模型，在对研究模型建立的研究假设进行了解释和说明的基础之上，进行了推导、分析和论证。确定了模型涉及的各个行为主体之间的相互影响，即作为委托人的政府如何合理确定社会资金投资方的风险水平，同时，如何合理确定社会资金投资方获得的固定收入。另一方面，在实践上结合实际当中收集到的各种数据（包括租金价格和建筑安装成本等），基于资金的时间价值进行了计算和论证，结论是，现行的公租房租金定价标准偏低，不能够起到激励社会资金投资方进入公租房建设领域的作用。为了解决该问题，政府部门需要加大政策创新力度，制定包括补贴在内的各项优惠政策，降低公租房建设相关的各项成本（包含税费结构和税费水平），引导社会资金参与公租房项目的建设，同时努力降低公租房的租金定价水平。

其二，在河南省公租房融资现状与制度环境分析的基础之上，一方面，开展了河南省公租房多元融资模式选择研究，努力转变以往那种以政府财政为基础，以银行贷款为主体的公租房建设投融资模式，尝试建立广泛吸纳各市场参与主体的多样化、多元化融资渠道，尝试建立“政府主导、市场运作、社会参与”的多元化公租房融资机制和体系。另一方面，开展了河南省公租房融资机制创新研究，着力点在于将那些目前尚不能运用在公租房投融资建设领域的融资工具引入公租房的投融资建设领域，并对这些金融工具应用过程中存在的缺乏政策支持、专项立法和相应的成功经验分别进行了探讨和论证。

本书对公租房建设中的融资机制进行了研究，取得了有限的研究成果，但是由于笔者的能力所限，本书研究依然存在一些问题和不足，主要包括以下几个内容。

第一，在我国，公租房存在的时间较短，相关的制度建设会随着时间的推移进一步完善。这种趋势必然导致公租房建设中融资机制研究的思路、模式和框架发生改变。

第二，任何研究都离不开实际数据的收集、处理和使用。获取公租房实践领域的相关数据是相关研究得以开展和实施的依据。但是，基于本书完成的实际情况，数据的收集有着很大的难度。同时，本书所开展的调查研究存在着范围偏窄的客观缺点。只有扩大调查取样的范围，才能获得更有力的论据支持。

第三，相较于庞大的公租房需求，由于实际建成并完成分配入住的项目不多，很难针对宏观的公租房建设事业的发展进行详细深入的研究论证。并且，有必要就具体的公租房建设项目开展重点研究，从而为研究结论的获得提供翔实的数据资料。

附录1　调查问卷

自从公租房的概念形成之后，公租房就成为一个备受社会关注的事物。尤其是在房价高居不下的背景下，公租房更是被寄予厚望去解决或缓解“住房难”问题。鉴于此，我们设计了这份调查问卷，希望您可以耐心回答，从而帮助我们可以获得有用的信息进而勾勒出公租房发展的美好前景。衷心感谢您的支持和参与！

第一部分　个人基本信息

1. 您的性别（　　）

A. 男　　B. 女

2. 您已在郑州生活的时间为多少年（　　）

A. 1 年以下　　B. 1—3 年　　C. 3—5 年

D. 5—10 年　　E. 10 年以上

3. 您是郑州户口吗（　　）

A. 是　　B. 不是

4. 与您共同居住的家庭人员人数（　　）

A. 0 人　　B. 1 人　　C. 2 人

D. 3 人　　E. 3 人以上

5. 您受的教育程度为（　　）

A. 初中及初中以下　　B. 高中或中专、技校　　C. 大专

D. 本科　　E. 硕士及以上

6. 您已经参加工作多少年（　　）

A. 3 年以下　　B. 3—5 年　　C. 5—10 年

D. 10 年以上

第二部分　住房基本信息

7. 您的住房基本情况为（　　）
A. 自有住房　　B. 租住私房　　C. 租住单位住房
D. 租住公租房（含廉租房）
E. 在亲朋好友家中借住
8. 您目前住房的套型是（　　）
A. 集体宿舍　　B. 一居室　　C. 两居室
D. 三居室及以上
9. 您目前的住房面积是多少平方米（　　）
A. 50m^2 以下　　B. 50—80m^2　　C. 80—100m^2
D. 100m^2 以上
10. 您目前的家庭月收入水平是多少（　　）
A. 3000 元以下　　B. 3000—5000 元　　C. 5000—8000 元
D. 8000—10000 元　　E. 10000 元以上
11. 若您目前是租房，则每月租金是多少（　　）
A. 100 元以下　　B. 100—300 元　　C. 300—500 元
D. 500—800 元　　E. 800—1000 元　　F. 1000 元以上
12. 租金占您家庭收入水平的比重为多少（　　）
A. 5% 及以下　　B. 10% 左右　　C. 20% 左右
D. 30% 左右　　E. 35% 及以上
13. 工作单位给您发放的住房补贴为多少（　　）
A. 无　　B. 100 元以下　　C. 100—300 元
D. 300—500 元　　E. 500 元以上　　F. 不知道
14. 您觉得目前的房价（　　）
A. 太高了　　B. 比较高　　C. 合适
D. 比较低　　E. 不知道
15. 您认为承担当前的住房租金（　　）
A. 不困难　　B. 可以承受　　C. 有些困难
D. 困难较大

16. 您家用于日常交通通勤的支出为多少（　　）
A. 60—80 元　　B. 80—100 元　　C. 100—150 元
D. 150—200 元　　E. 200 元以上

第三部分　公租房的相关信息

17. 您对公租房了解有多少（　　）
A. 不了解　　B. 了解一点　　C. 了解很多
D. 从来没听过
18. 您认为现行的公租房政策实施的效果（　　）
A. 非常成功　　B. 比较成功　　C. 不太成功
D. 很不成功　　E. 不知道
19. 您觉得目前公租房存在的最主要问题是（　　）
A. 数量太少，供应紧张
B. 倒卖公租房房号问题严重
C. 部分承租者不符合租住公租房的条件
D. 公租房租金较高
E. 房屋面积过大
F. 不知道
20. 您认为最应该享受公租住房政策的是（　　）
A. 城市低保家庭
B. 农民工
C. 家中主要劳动力下岗待业的家庭
D. 鳏寡孤独的老年家庭
E. 丧失劳动能力的人员及其家属
F. 新就业的大学生
G. 不知道
21. 若您将来入住公租房，您希望租住的公租房方式为（　　）
A. 配建　　B. 集中建设
22. 若您将来入住公租房，您希望租住的公租房套型结构为（　）
A. 一室一厅　　B. 两室一厅　　C. 三室一厅

D. 两室两厅

23. 若您将来入住公租房，您希望租住的公租房面积为（　　）

A. 50m^2 以下　　B. 50—100m^2　　C. 100—150m^2

D. 150m^2 以上

24. 若您将来入住公租房，您希望租住的公租房的装修状况为（　）

A. 毛坯房　　B. 简装房　　C. 精装房

25. 若您将来入住公租房，您希望租住的公租房有基本家具吗（　）

A. 有　　B. 没有

26. 若您将来入住公租房，您是否愿意共用卫生间以降低租金（　）

A. 愿意　　B. 不愿意

27. 若您将来入住公租房，您愿意将家庭月收入的多少用于支付住房租金（　　）

A. 5%—10%　　B. 10%—15%　　C. 20%—25%

D. 25%—30%　　E. 30% 以上

28. 若您将来入住公租房，您愿意每月支付的租金为多少元（　）（不含水电费、物业管理费）

A. 50 元以下　　B. 50—100 元　　C. 100—150 元

D. 150—200 元　　E. 200—300 元　　F. 300—400 元

G. 400—500 元　　H. 500 元以上

29. 在这样的租金水平上，您可以承受的上下班单程通勤的时间是多少（　　）

A. 30 分钟以下　　B. 30—60 分钟　　C. 60—90 分钟

D. 90 分钟以上

30. 您认为公租房的租金水平应该为市场租金水平的多少（　　）

A. 40% 以下　　B. 50% 左右　　C. 60% 左右

D. 70% 左右　　E. 80% 左右

31. 相比市场化租赁租住房而言，您认为公租房有哪些优势？（可多选，若多选请按照公租房的相对优势的程度排序）（　　）

A. 公租房租金相对较低

B. 公租房社会治安较好，安全感强

C. 公租房租住相对稳定，可以作为安家立业的基础

D. 公租房为新建住房，环境较好，有助于提高生活满意度

E. 公租房产权关系明确，减少不必要的纠纷

F. 其他，请说明：

排序：

32. 相比市场化租赁住房而言，您认为公租房有哪些劣势？（可多选，若多选请按照公租房的相对优势的程度排序）（　　）

A. 公租房租金相对较高

B. 公租房5年居住年限偏短

C. 公租房小区居民素质可能相对较差

D. 公租房需要较长的轮候时间

E. 公租房申请及续租条件过于苛刻

F. 财富积累和收入增加后需要迁出

G. 公租房地理位置较为偏僻

H. 其他，请说明：

排序：

33. 如果您获准租住公租房，您希望最短的租住时间是多少年（　）

A. 1年以下　　B. 1—5年　　C. 5—10年

D. 10年—20年　　E. 20年以上

34. 当您的家庭财富积累和收入增加超过公租房标准水平后，您是否愿意主动迁出（　　）

A. 愿意　　B. 不愿意

35. 您对现在公租房政策的实施管理与监督的相关制度满意吗（　）

A. 不满意　　B. 较满意　　C. 满意

D. 不知道

36. 您认为政府设定的公租房定价机制合理吗（　　）

A. 合理　　B. 较为合理　　C. 不太合理

D. 不知道

37. 就目前的政策状况，您认为政府能够及时收回不再符合保障条

件的住户租用的公租房，分配给正在轮候的待保障对象吗（　）

A. 能，因为政府的监管力度比较强，能及时查处不符合条件的住户

B. 能，因为普通住户会主动申请退出，寻找更好的居住环境

C. 不能，因为政府没有及时更新住户的真实家庭情况

D. 不能，因为住户为了继续享受低廉的租金，会隐瞒自己的真实家庭情况

E. 不知道

38. 若您申请过公租房，您在申请的时候遇到过什么困难或者您觉得最麻烦的事情是什么？

39. 从您的切身体会出发，您认为目前公租房在制度及定价层面上分别还存在哪些严重问题？

谢谢您的配合与支持！

附录2　调查问卷的各项数据采集

题号	问题1	问题2	问题3	问题4	问题5	问题6	问题7	问题8	问题9	问题10
1	A	A	B	A	D	A	C	A	A	A
2	A	A	B	B	D	A	B	B	A	A
3	A	A	B	A	D	A	B	A	A	A
4	A	B	B	B	C	B	B	B	A	A
5	A	C	B	C	B	C	C	A	C	B
6	A	B	B	B	C	A	B	C	B	C
7	A	A	B	E	D	A	C	A	A	A
8	A	A	B	D	D	A	B	B	C	A
9	A	E	A	D	E	D	A	C	B	C
10	A	A	B	C	C	B	B	B	B	B
11	A	A	B	D	D	A	A	B	B	A
12	A	A	B	C	D	A	E	C	C	A
13	A	B	B	B	A	B	B	B	B	B
14	A	B	A	C	A	B	C	B	B	B
15	A	A	B	A	D	A	D	A	C	A
16	A	A	B	B	D	A	B	B	A	B
17	A	A	B	E	D	A	C	A	A	A
18	A	A	B	A	D	A	B	B	B	A
19	A	B	B	A	D	A	B	C	B	B
20	A	A	B	A	C	A	C	A	A	A
21	A	A	B	A	C	A	B	B	A	A
22	A	B	B	B	C	A	C	A	A	A

续表

题号	问题 1	问题 2	问题 3	问题 4	问题 5	问题 6	问题 7	问题 8	问题 9	问题 10
23	A	E	A	E	D	A	A	D	D	C
24	A	A	B	B	B	B	B	B	B	B
25	A	B	B	B	B	B	B	C	B	B
26	A	A	B	A	D	A	D	C	B	A
27	A	B	B	C	C	C	B	C	B	B
28	A	D	A	B	B	A	B	C	C	A
29	A	E	B	C	D	D	B	C	C	B
30	A	C	B	B	A	C	B	B	B	A
31	B	B	A	C	D	C	B	B	A	B
32	B	A	A	D	A	A	D	D	C	C
33	B	A	B	A	D	A	C	A	A	A
34	B	A	B	C	D	A	C	A	A	A
35	B	A	B	A	C	A	B	B	A	A
36	B	A	B	E	D	A	C	A	A	A
37	B	C	B	D	C	C	A	D	D	D
38	B	B	B	B	D	A	D	B	B	B
39	B	A	B	A	D	A	C	A	A	A
40	B	A	B	E	D	A	D	B	B	A
41	B	A	B	A	D	A	B	A	A	A
42	B	A	B	A	C	A	D	D	C	A
43	B	C	A	C	D	B	A	D	D	A
44	B	A	B	A	D	A	B	B	A	A
45	B	D	A	B	B	A	B	C	C	A
46	B	B	B	C	B	B	C	C	C	C
47	B	E	A	C	C	D	A	C	D	C
48	B	B	B	A	D	A	C	C	C	B
49	B	D	B	B	D	C	B	C	C	C
50	B	A	B	A	D	A	C	B	B	A
51	B	B	B	B	D	B	B	B	B	A

	问题 11	问题 12	问题 13	问题 14	问题 15	问题 16	问题 17	问题 18	问题 19	问题 20
1	C	B	A	B	B	B	A	C	A	C
2	B	B	A	A	B	B	B	D	C	D
3	A	A	A	A	A	A	A	B	D	B
4	C	B	C	B	B	B	A	C	C	B
5	B	A	D	B	C	B	B	C	A	E
6	C	C	C	A	B	C	B	C	B	F
7	C	C	C	A	B	C	A	C	F	B
8	F	C	D	A	D	B	A	D	C	A
9	B	B	A	B	B	E	A	E	B	E
10	C	B	C	B	B	B	B	B	B	A
11	A	B	E	A	C	A	A	D	A	G
12	C	C	C	B	C	B	B	C	C	A
13	B	B	B	B	B	B	B	B	B	B
14	C	B	D	D	B	D	B	B	B	B
15	E	C	D	B	C	C	B	C	B	B
16	C	C	C	A	B	C	B	B	B	F
17	B	B	A	B	C	E	B	C	A	C
18	C	B	A	A	B	B	B	C	A	F
19	D	B	C	C	B	A	A	C	B	C
20	B	B	B	A	D	A	A	D	B	F
21	B	D	D	C	C	C	C	B	B	B
22	A	B	B	A	B	B	A	B	B	B
23	A	B	B	C	B	E	A	E	A	A
24	C	B	C	B	D	B	C	C	B	B
25	C	A	B	B	B	A	B	B	B	E
26	B	B	A	A	D	A	C	C	A	B
27	B	B	B	B	C	C	B	C	B	C
28	A	B	A	B	D	A	A	E	F	G
29	C	B	C	B	B	B	B	D	A	A
30	B	B	A	B	C	B	D	E	F	B
31	B	B	B	C	B	B	C	B	B	C

续表

	问题 11	问题 12	问题 13	问题 14	问题 15	问题 16	问题 17	问题 18	问题 19	问题 20
32	A	A	A	B	B	A	A	C	A	B
33	B	B	A	B	C	A	A	E	F	G
34	B	C	A	A	D	D	A	C	F	A
35	A	A	A	A	A	A	B	C	C	F
36	B	D	B	B	B	B	B	B	A	E
37	A	A	C	B	B	C	B	C	B	F
38	E	D	A	A	D	A	B	C	B	A
39	A	A	A	A	A	A	B	B	A	F
40	C	C	C	B	C	B	A	C	A	A
41	B	C	A	A	B	B	B	D	C	F
42	B	B	B	B	B	A	B	C	D	E
43	A	A	A	A	B	C	C	B	B	A
44	B	B	B	C	C	C	B	B	B	A
45	B	C	C	A	C	B	A	E	A	B
46	B	A	A	C	B	C	B	B	D	B
47	A	A	A	B	A	D	A	E	F	C
48	E	B	D	B	C	C	B	C	A	B
49	E	B	C	B	C	C	B	C	D	A
50	B	C	A	A	B	C	B	B	B	F
51	B	B	B	B	B	B	B	D	C	F

	问题 21	问题 22	问题 23	问题 24	问题 25	问题 26	问题 27	问题 28	问题 29	问题 30
1	A	C	C	B	A	B	B	G	B	B
2	B	C	B	B	A	A	A	B	A	A
3	A	A	A	B	B	A	B	C	B	B
4	B	B	C	B	A	A	B	C	B	A
5	B	C	C	B	B	A	C	B	B	B
6	A	D	C	B	A	A	B	C	A	B
7	B	C	D	B	A	A	B	D	A	A
8	A	C	C	C	A	B	B	A	B	A

续表

	问题 21	问题 22	问题 23	问题 24	问题 25	问题 26	问题 27	问题 28	问题 29	问题 30
9	B	C	D	B	A	A	A	B	A	B
10	B	B	C	C	A	B	B	C	B	B
11	A	B	C	B	A	B	B	A	C	A
12	B	B	B	B	B	B	C	E	B	A
13	B	C	C	B	B	B	B	B	A	A
14	B	C	C	B	A	A	B	B	A	A
15	B	A	C	B	A	B	A	G	B	A
16	B	C	B	C	A	B	A	E	B	B
17	A	B	B	B	A	A	A	B	C	A
18	A	B	B	B	A	B	A	F	B	B
19	B	D	B	B	A	B	A	E	A	B
20	A	B	B	B	A	A	A	B	B	B
21	A	B	C	B	A	A	B	B	A	A
22	B	C	C	C	A	B	B	A	B	B
23	A	B	B	B	A	A	B	B	B	A
24	B	C	C	A	A	A	A	A	A	A
25	B	B	A	A	B	A	B	A	B	A
26	B	C	C	C	A	B	A	D	A	A
27	B	B	C	B	B	A	B	A	B	B
28	B	D	C	C	A	B	A	F	A	A
29	A	C	C	B	A	A	B	C	B	A
30	B	B	B	C	A	B	A	A	C	A
31	B	B	B	B	A	B	B	C	B	C
32	B	B	B	B	A	A	B	A	B	B
33	A	D	B	C	A	B	A	F	B	B
34	A	C	D	C	A	B	A	A	B	A
35	B	B	A	B	A	A	A	B	A	A
36	A	A	A	B	A	B	D	D	A	A
37	B	C	C	B	B	B	B	E	B	B
38	A	C	C	B	A	B	B	G	A	B
39	A	B	B	B	A	A	B	C	B	B

续表

	问题 21	问题 22	问题 23	问题 24	问题 25	问题 26	问题 27	问题 28	问题 29	问题 30
40	A	B	B	B	A	B	B	D	B	A
41	A	A	B	B	A	B	A	B	B	C
42	A	B	C	C	B	B	C	B	A	A
43	B	A	C	B	A	B	B	C	B	C
44	B	C	B	C	A	A	B	B	A	C
45	B	D	C	C	A	B	B	F	A	A
46	B	C	C	C	A	B	B	C	B	B
47	A	C	D	A	A	B	A	C	A	A
48	B	B	B	C	B	A	A	B	B	A
49	A	C	B	C	A	B	B	B	B	A
50	B	D	C	B	A	A	A	B	C	A
51	B	B	B	C	A	A	A	A	B	A

	问题 31	问题 32	问题 33	问题 34	问题 35	问题 36	问题 37	问题 38	问题 39	
1	AE	CE	C	B	A	C	D			
2	BD	CD	C	A	A	C	A			
3	AD	BCF	B	B	B	B	D			
4	DC	DC	B	B	B	B	B			
5	AE	BDE	B	A	C	B	B			
6	ACE	CD	B	B	B	C	C			
7	ADCB	EG	B	A	A	D	D			
8	ADCBFE	BCDE	E	B	A	D	E			
9	ACD	CGE	C	A	D	C	E			
10	BC	BDF	B	B	B	B	A			
11	AF	DB	D	A	A	C	B			
12	AED	BCEG	C	A	A	B	C			
13	AEC	AGF	A	A	A	A	D			
14	EA	GB	D	A	B	C	D			
15	AD	EB	B	A	A	C	B			

续表

	问题 31	问题 32	问题 33	问题 34	问题 35	问题 36	问题 37	问题 38	问题 39	
16	ACB	GEB	C	A	B	C	D			
17	ACE	ECDG	C	A	D	C	D			
18	AEB	DCB	C	A	A	C	D			
19	EC	CDB	B	A	B	B	C			
20	AED	GEC	B	A	A	C	D			
21	BE	BGD	B	A	B	B	C			
22	AEB	GECA	B	A	A	C	B			
23	F	CGE	B	B	B	B	C			
24	A	AGF	A	A	B	B	C			
25	AEBF	FA	A	A	A	A	D			
26	AED	BG	A	A	B	B	B			
27	AB	AB	A	B	B	C	D			
28	AED	DG	C	A	D	B	D			
29	A	AEB	C	A	A	C	C			
30	F	F	E	B	D	D	E			
31	AC	BC	B	B	B	B	D			
32	ABCDE	BCDF	D	A	B	B	B			
33	AE	BDE	C	A	A	B	D			
34	AE	ECBDG	D	B	A	C	C			
35	EC	CD	A	A	A	B	B			
36	ACE	CG	A	A	C	B	A			
37	AF	CED	B	B	A	C	C			
38	ACEDB	EDC	A	B	B	C	C			
39	AE	EB	B	A	B	B	B			
40	AB	AB	B	B	B	C	D			
41	ABD	DE	B	A	D	D	D			
42	CA	GDE	C	B	C	C	C			
43	BD	DF	B	A	B	A	C			
44	BDF	BG	A	A	B	B	C			
45	BD	GDE	C	A	D	B	D			
46	AE	CG	B	A	B	C	D			

续表

	问题 31	问题 32	问题 33	问题 34	问题 35	问题 36	问题 37	问题 38	问题 39	
47	EDA	CGD	C	A	D	D	A			
48	ADC	CBG	D	A	B	C	C			
49	ACE	EDBG	D	A	C	B	E			
50	ADB	DEBA	E	B	A	C	D			
51	ADBE	BED	D	A	A	C	C			

注：问题 38 和问题 39 属于开放型问题，在这里未对这些问题的回答进行总结。

参考文献

[1] 蔡迎春:《民国文献研究现状与特征分析——基于国内学术期刊的文献计量研究》,《上海高校图书情报工作研究》2016 年第 1 期。

[2] 曹丽娟:《关于我国城市公共租赁住房租金标准制定的思考》,《价格理论与实践》2010 年第 11 期。

[3] 陈俊华、吴莹:《公租房准入与退出的政策匹配: 北京例证》,《改革》2012 年第 1 期。

[4] 程恩富、钟卫华:《城市以公租房为主的"新住房策论"》,《财贸经济》2011 年第 12 期。

[5] 董如意:《REITs 在我国保障房建设融资中的运用——以公租房为例》,《中国城市经济》2011 年第 29 期。

[6] 冯志艳:《房地产投资信托基金在我国公租房建设中的应用》,《改革与战略》2011 年第 10 期。

[7] 顾书桂:《劳动力价值仍是公租房租金确定的基础——兼论公租房退出机制》,《经济问题》2012 年第 8 期。

[8] 郭士征、张腾:《三元到四维: 住房保障体系的构建》,《探索与争鸣》2010 年第 8 期。

[9] 郭文新、曾勇:《双边道德风险与风险投资的资本结构》,《管理科学学报》2009 年第 12 期。

[10] 韩瑾、李芊:《公租房建设中融资模式研究》,《改革与战略》2012 年第 2 期。

[11] 韩林:《ABS 融资引入公租房建设的适用性研究》,《合作经济与科技》2011 年第 12 期。

[12] 何寿奎:《社会资金参与公租房建设利益协调机制探讨》,《现代经济探讨》2012 年第 4 期。

[13] 黄慕雄、刘广:《美国教育电视研究现状与特点——基于 ERIC 近

15 年的文献研究》,《电化教育研究》2010 年第 10 期。
[14] 黄奇帆:《政府如何平衡公租房的建设资金》,《求是》2011 年第 24 期。
[15] 金萍:《论新生代农民工市民化的住房保障》,《社会主义研究》2012 年第 4 期。
[16] 李宝龙:《基于委托代理理论的监理责任保险赔付问题研究》,博士学位论文,天津大学,2010 年。
[17] 李宝龙:《我国公租房租金定价机制研》,《价格理论与实践》2012 年第 7 期。
[18] 李芬、朱紫阳、丁枝秀:《关于中国同行评议研究状况的分析报告——基于 CNKI 核心期刊的文献研究》,《中国科学基金》2009 年第 3 期。
[19] 李克强:《大规模实施保障性安居工程,逐步完善住房政策和供应体系》,《求是》2011 年第 8 期。
[20] 李喜燕:《公租房能否名至实归》,《经济体制改革》2010 年第 6 期。
[21] 李晓莉:《重庆市公共租赁住房建设的调查研究》,《经济纵横》2012 年第 7 期。
[22] 李严昌:《对我国公租房的行政学思考》,《行政论坛》2011 年第 4 期。
[23] 李正伟、马敏达、马智利:《有限合伙型 REITs 在公租房中的应用研究——以重庆市为例》,《经济体制改革》2013 年第 2 期。
[24] 刘亮:《基于博弈论的财产保险市场隐藏信息问题研究》,博士学位论文,中国科学技术大学,2006 年。
[25] 罗寅:《我国公共租赁房建设融资模式研究》,《社会科学家》2013 年第 1 期。
[26] 孟卫东、柳歆:《城市公共租赁房租金定价机制研究》,《价格理论与实践》2011 年第 12 期。
[27] 潘雨红、庞家美、熊建华:《重庆市公租房租金定制的难题与对策——以“民心佳园”项目为例》,《建筑经济》2011 年第 12 期。
[28] 庞元:《创新公租房投融资制度的探索与思考》,《中国房地产》

2011 年第 1 期。
[29] 彭小兵、王梓：《基于房地产投资信托基金的公租房融资模式研究》，《中国市场》2012 年第 42 期。
[30] 申其辉、卢凌燕：《双向道德风险理论研究综述》，《经济学动态》2008 年第 1 期。
[31] 史英哲：《指数关联债券——城市公租房建设融资的途径探索》，《城市发展研究》2011 年第 7 期。
[32] 搜狐财经：《北京朝阳首个公租房今起配租，月租 38 元/平方米》2012 年，www. sohu. com，2012 年 7 月 4 日。
[33] 田秋生、李嘉莉：《解决公租房建设融资问题的一揽子方法》，《南方金融》2011 年第 5 期。
[34] 万冬君、王要武、姚兵：《基础设施 PPP 融资模式及其在小城镇的应用研究》，《土木工程学报》2006 年第 6 期。
[35] 王保安：《大力推进保障性安居工程建设》，《求是》2011 年第 22 期。
[36] 王琨：《中心城市公共租赁住房实施比较及研究》，《建筑经济》2010 年第 7 期。
[37] 王利明、刘方强、代建生：《公共租赁房 BOT 融资模式的博弈决策分析》，《经济问题探索》2011 年第 9 期。
[38] 王诺扬、罗四平：《商业银行支持公租房建设的融资模式探析》，《经营管理者》2011 年第 16 期。
[39] 王学辉、李会勋：《追问公租房制度的基本精神》，《理论探讨》2012 年第 3 期。
[40] 王英、胡梦阳、顾湘：《快速城市化下的重庆公租房制度研究》，《软科学》2011 年第 25 期。
[41] 王英、钟清、顾湘：《公共租赁住房体系运行资金来源问题研究》，《重庆大学学报（社会科学版）》2012 年第 4 期。
[42] 吴方、施松鹤、贺云：《基于层次分析法的我国医药上市公司融资偏好及影响因素研究》，《中国药房》2015 年第 22 期。
[43] 吴海瑾：《城市化进程中流动人口的住房保障问题研究——兼谈推行公共租赁住房制度》，《城市发展研究》2009 年第 12 期。
[44] 许琦：《一种基于引证网络的文献影响因子计算方法》，《情报理

论与实践》2011 年第 7 期。
[45] 许志强：《1840—1914 年伦敦贫民窟问题与工人住房建设分析》，《史学集刊》2012 年第 1 期。
[46] 杨继瑞、黄潇：《公租房制度建设的一个典型案例剖析》，《经济纵横》2012 年第 1 期。
[47] 曾德珩、温晓娟：《国内外公租房运营管理制度比较研究》，《城市发展研究》2012 年第 19 期。
[48] 张爱民、董梅、俞丽辉：《中国平衡计分卡研究的特征分析——基于高引用频率和下载次数的文献研究》，《会计与经济研究》2013 年第 6 期。
[49] 张桂玲：《公租房房地产信托投资基金融资模式构建》，《对外经贸》2012 年第 4 期。
[50] 张维迎：《博弈论与信息经济学》，上海三联书店/上海人民出版社 1996 年版。
[51] 中国市场研究报告网：《北京公租房将借鉴香港，实行精细化配租管理》，2012 年，http：//www. ewise. com. cn/Industry/201206/gongzhufang140933. htm，2012 年 6 月 13 日。
[52] 钟治峰：《社会资本参与公共租赁住房建设的实证研究——以合肥市公租房建设项目为例》，《城市发展研究》2013 年第 4 期。
[53] 周业安、宋紫峰：《社会偏好、信息结构和合同选择——多代理人的委托代理实验研究》，《经济研究》2011 年第 11 期。
[54] 朱卫平、刘伟、高志军：《双向道德风险下的物流服务供应链委托代理分析》，《现代财经》2012 年第 5 期。
[55] 朱振坤、金占明：《转型经济战略管理的文献研究》，《科学学研究》2008 年第 3 期。
[56] 左停、王丽丽：《人口流动背景下我国中心城市的公租房建设》，《中国行政管理》2011 年第 6 期。
[57] Boelhouwer, P. and Priemus, H., "Housing system reform: the opinion of advisory boards versus political reality in the Netherlands", *Journal of Housing and the Built Environment*, Vol. 27, No. 4, 2012.
[58] Buckley, R. M., Kallergis, A. and Wainer, L., "The emergence of large - scale housing programs: Beyond a public finance perspective",

Habitat International, Vol. 54, No. 5, 2016.

[59] Carlson, D., Haveman, R., Kaplan, T. and Wolfe, B., "Long - term effects of public low - income housing vouchers on neighborhood quality and household composition", *Journal of Housing Economics*, Vol. 21, No. 2, 2012.

[60] Copiello, S., "Leveraging energy efficiency to finance public - private social housing projects", *Energy Policy*, Vol. 96, No. 9, 2016.

[61] Decker, P. D. and Dewilde, C., "Home - ownership and asset - based welfare: the case of Belgium", *Journal of Housing and the Built Environment*, Vol. 25, No. 2, 2010.

[62] Doling, J. and Ronald, R., "Home ownership and asset - based welfare", *Journal of Housing and the Built Environment*, Vol. 25, No. 2, 2010.

[63] DON, H., "Agenda for the housing market", *De Economist (Netherlands Economic Review)*, Vol. 157, No. 2, 2009.

[64] Eriksen, M. D. and Rosenthal, S. S., "Crowd out effects of place - based subsidized rental housing: New evidence from the LIHTC program", *Journal of Pulic Economics*, Vol. 94, No. 11, 2010.

[65] Fenton, A., Lupton, R., Arrundale, R. and Tunstall, R., "Public housing, commodication, and rights to the city: The US and England compared", *Cities*, Vol. 35, No. 12, 2013.

[66] Freedman, M. and Owens, E. G., "Low - income housing development and crime", *Journal of Urban Economics*, Vol. 70, No. 2, 2011.

[67] Gan, X., Zuo, J., Ye, K., Li, D., Chang, R. and Zillante, G., "Are migrant workers satisfied with public rental housing? A study in Chongqing, China", *Habitat International*, Vol. 56, No. 8, 2016.

[68] Gutiérrez - Nieto. B, Serrano - Cinca. C and Camón - Cala. J., "A credit score system for socially responsible lending", *Journal of Business Ethics*, Vol. 133, No. 4, 2016.

[69] Hashim, A. E., Samikon, S. A., Nasir, N. M. and Ismail, N., "Assessing factors influencing Performance of Malaysian Low - Cost

Public Housing in Sustainable Environment", *Procedia – Social and Behavioral Sciences*, Vol. 50, 2012.

[70] Hoekstra, J., Saizarbitoria, I. H. and Etxarri, A. E., "Recent changes in Spanish housing policies: subsidized owner – occupancy dwellings as a new tenure sector", *Journal of Housing and the Built Environment*, Vol. 25, No. 1, 2010.

[71] Hu, F. Z. Y. and Chou, K., "The antipoverty effect of public rental housing in Hong Kong", *Habitat International*, Vol. 46, No. 4, 2015.

[72] Kam, G., Needham, B. and Buitelaar, E., "The embeddedness of inclusionary housing in planning and housing systems: insights from an international comparison", *Journal of Housing and the Built Environment*, Vol. 28, No. 6, 2013.

[73] Lewis, T. R., Sappington, D. E. M., "All – or – nothing information control", *Economics Letters*, Vol. 37, No. 2, 2004.

[74] Lewis, T. R., Sappington, D. E. M., "Insurance, adverse selection, and cream – skimming", *Journal of Economic Theory*, Vol. 65, No. 2, 1995.

[75] Lewis, T. R., Sappington, D. E. M., "Ignorance in agency problems", *Journal of Economic Theory*, Vol. 61, No. 4, 2004.

[76] Li, D., Chen, H., Hui, E. C., Xiao, C., Cui, Q., & Li, Q., "A real option – based valuation model for privately – owned public rental housing projects in China", *Habitat International*, Vol. 43, No. 6, 2014.

[77] Li, D., Chen, Y., Chen, H., Guo, K., Hui, E. C. and Yang, J., "Assessing the integrated sustainability of a public rental housing project from the perspective of complex eco – system", *Habitat International*, Vol. 53, No. 4, 2016.

[78] Li, D., Guo, K., You, J. and Hui, E. C., "Assessing investment value of privately – owned public rental housing projects with multiple options", *Habitat International*, Vol. 53, No. 4, 2016.

[79] Malcomson, J., "Work incentive, hierarchy and internal labour mar-

kets", *Journal of Political Economy*, Vol. 92, No. 3, 1984.

[80] Mandic. K, Delibasic. B, Knezevic. S and Benkovic. S., "Analysis of the nancial parameters of Serbian banks through the application of the fuzzy AHP and TOPSIS methods", *Economic Modelling*, Vol. 43, No. 12, 2014.

[81] Moreno, D., Wooders, J., "Prices, delay, and the dynamics of trade", *Journal of Economic Theory*, Vol. 104, No. 2, 2002.

[82] Norris, M., and Hearne, R., "Privatizing public housing redevelopment: Grassroots resistance, co - operation and devastation in three Dublin neighbourhoods", *Cities*, Vol. 57, No. 9, 2015.

[83] Ommeren, J. N. V. and Vlist, A. J. V., "Households' willingness to pay for public housing", *Journal of Urban Economics*, Vol. 92, No. 3, 2016.

[84] Ommeren, J. V. and Koopman, M. Public housing and the value of apartment quality to households. *Regional Science and Urban Economics*, Vol. 41, No. 3, 2011.

[85] Priemus, H. and Whitehead, C., "Interactions between the financial crisis and national housing markets", *Journal of Housing & the Built Environment*, Vol. 29, No. 2, 2014 .

[86] Radzimski, A., "Subsidized mortgage loans and housing affordability in Poland", *GeoJournal*, Vol. 79, No. 4, 2014.

[87] Stone, M. E., "Social Housing in the UK and US: Evolution, Issues and Prospects", Goldsmiths University of London, 2003, http://uranus.gold.ac.uk/media/Stonefinal.pdf, 20140329.

[88] Tanaphooma, W. and Bart, D., "An overview of public housing characteristics and living satisfactions: old and new public housing project in Bangkok", *Procedia Environmental Sciences*, Vol. 28, 2015.

[89] Tsenkova, S. and Polanska, D. V., "Between state and market: housing policy and housing transformation in post - socialist cities", *Geojournal*, Vol. 79, No. 4, 2014.

[90] Villeneuve, B., "Competition between insurers with superior information", *European Economic Review*, Vol. 49, No. 2, 2005.

后　记

自从2011年到洛阳理工学院工作以来，我一直从事与公租房融资相关的研究工作，完成项目、论文若干，也获得过几次科研成果奖励，但是从未出版过专著。本书是我以独著的形式完成的第一本著作。通过不断的努力和完善，最终完成本书的撰写工作。尽管在这一过程中遇到了一些问题，但是最终都得到了妥善的处理。在本书即将完成之际，我对它的出版既充满期待又略带忐忑，同时涌现出些许的欣喜与感动。

首先，要感谢天津大学。在天津大学的学习为我的研究能力和技巧打下了一定的基础，天津大学的学术氛围让我领略到奋斗的力量。在天津大学几年的学习时间里，最需要感谢的当然是自己的导师王雪青教授。没有导师的认可，我进不了天津大学；没有导师的指导，我也无法顺利毕业。不仅是严厉的导师，同时也是一位亲切的长辈，她那种淡泊名利投身于教育事业的精神是我一生学习的榜样。

其次，要感谢洛阳理工学院。我是在洛阳理工学院工作之后才开始从事公租房融资的研究工作，由于个人能力、精力有限，所开展的研究工作始终未能取得重大突破。以本书为例，我在书中欲构建一个完善的公租房融资机制体制，因此，研究内容过于宽泛；同时，受到现行法律法规和政策的限制，所涉及的很多内容在目前的实践中并不具有可行性，只是具有理论上的可行性。在以后的研究工作中，应将本书中一部分内容加以重点研究；同时，应努力在公租房融资的理论和实践之间牵线搭桥，努力做到理论联系实际，为推动我国公租房建设事业的发展提供些许参考和借鉴。因此，本书肯定存在许多瑕疵，敬请大家批评指正，在以后的研究工作当中，我要朝着更高水平、更好质量的方向去努力。

再次，在本书撰写过程中、在学习、工作、生活中值得感恩感谢的人非常多。比如，我要感谢中国社会科学出版社的工作人员，正是由于该出版社工作人员的努力付出，才使得本书顺利出版；还要感谢朱乾坤同学帮助我完成调查问卷的实施，也预祝朱同学能够顺利获得硕士学位证书和毕业证书，找到理想的工作。

最后，还要谢谢我的家人，至亲的关爱和支持都是毫无保留的，也是我前进的勇气和依靠。时光荏苒，已年近四十的我将不断努力，带着长辈的教诲、同辈的友爱，在人生的道路上大步向前。不过，由于笔者精力和能力有限，本书不可避免地会存在很多问题，希望大家能够提出批评和指正。

李宝龙

2018 年 4 月 30 日